'영화 속 세상'과 '영화 밖 세상'을 통해 본 대중영화의 이해

# 시네마 인&아웃

장 일 · 김예란 지음

에피스테메
EPISTEME

# 시네마 인 & 아웃

지은이 / 장 일·김예란
펴낸이 / 조남철
펴낸곳 / 한국방송통신대학교출판문화원
　　　　　주소　서울특별시 종로구 이화장길 54 (110-500)
　　　　　대표전화　1644-1232
　　　　　팩스　(02) 741-4570
　　　　　http://press.knou.ac.kr
　　　　　출판등록　1982. 6. 7. 제1-491호
초판 1쇄 펴낸날 / 2006년 8월 30일
개정판 1쇄 펴낸날 / 2013년 9월 3일

ⓒ 장 일·김예란, 2013
ISBN 978-89-20-01191-7 (93680)
값 13,000원

편집 / 이지수·김미란·김현숙
편집 디자인 / 프리스타일
표지 디자인 / 예진디자인
인쇄·제본 / (주)키움프린팅

## 머리말

　바야흐로 영상시대가 도래했다는 외침은 이제 더 이상 우리의 관심을 끌지 못한다. 영상시대, 영상매체, 그리고 특히 영화라는 매체는 이미 너무도 당연하게 우리네 삶의 일부로서 완전히 자리를 잡았기 때문이다. 이제 영화를 보고, 영화에 대해 이야기하거나 글을 쓰고, 영화를 직접 만드는 일은 일부 전문가들만의 특권적인 창작행위나 소일거리가 아니다. 그만큼 대중이 영화라는 영상매체와 어떠한 형태로든 관련을 맺는 일이 자연스러워진 것이다.

　하지만 정작 '영화란 무엇인가?', '대중영화란 무엇인가?' 등의 질문을 접했을 때, 그 대답을 명쾌히 정리할 수 있는 사람은 많지 않은 것 또한 사실이다. 왜냐하면 어떠한 방식으로든 영화를 '즐기는' 문화는 꽤 널리 퍼져 있는 반면에, 영화를 '공부'하고, 그것을 학습의 대상으로 삼는 일은 다소 등한시되고 있기 때문이다. 학습의 대상으로 영화를 '공부'하는 것과 여가선용의 대상으로 영화를 '즐기는' 것, 이 둘 사이의 간극을 메우는 일이 『대중영화의 이해』라는 책의 가장 궁극적인 목표이다. 영화에 대한 공부, 영화에 대한 학습은 영화에 대한 친숙감을 더욱더 높일 수 있을 것이고, '대중'문화와 '대중'영화의 주역으로서의 대중, 관객, 혹은 수용자라는 개념 또한 우리의 일상으로 완전히 자리를 잡을 수 있을 것이다.

　그러한 목표를 달성하기 위해서 먼저 제1부에서는 '영화 속의 세상'이라는 부제 하에 영화와 관련된 각종 기본지식을 제공한다. 영화의 탄생을 가능하게 한 이전 시기의 기술적인 발명들과 초기영화의 두 흐름인 사실의 기록과 상상의 재현이라는 문제, 무성영화 시대의 코미디나 유성영화 시대의 뮤지컬 등의 초창기 영화의 발달사와 동시대 유럽에서 태동한 갖가지 다양한 영화사조들, 제2차 세계대전 이후 각국의 영화계 현실과 당시에 새로이 부상하던 영화사조들, 아시아권 영화의 대표적인 사조들, 영화언어의 형식적인 구성요소들, 영화의 제작과정과 영화산업의 특징과 변천사, 내러티브와 장르, 스토리와 플롯이라는 개념 등을 개괄적으로 다룰 것이다.

다음으로 제2부에서는 '영화 밖의 세상'이라는 부제하에 영화를 통한 세상 읽기를 시도한다. 제1부가 영화라는 매체 자체에 초점을 맞추고 있다면, 제2부는 영화와 영화 밖 세상의 관계에 대해 주목하고 있는 것이다. 영화와 인간 주체의 문제, 영화에 나타난 현대사회의 모습과 그 문화적 함의, 그리고 한국 영화와 대중의 정치적 경험 등이 제2부의 주제어들이다. 영화라는 매체는 결국 우리의 일상 및 정치적 · 사회적 환경과 떼려야 뗄 수 없는 관계를 맺고 있기에 그만큼 제2부의 중요성 또한 강조되어도 무방할 듯하다.

더불어, 각 장은 풍부한 사진자료들이 함께한다. 일차적으로 사진자료들은 본문에서 설명되고 있는 주제들에 대한 예시이자 보충일 것이다. 하지만 사진자료들은 그 자체로 또 하나의 텍스트를 구성하고 있기도 하다. 다소 딱딱하고 무거운 본문 텍스트로부터 벗어나 잠시 구체적인 영화작품들을 머릿속에 떠올려 보고 그에 얽힌 각종 흥미로운 정보를 공유할 수 있게 하는 독자적인 텍스트 말이다. 이 책은 결국 즐기는 대상으로서의 영화와 학습의 대상으로서의 영화의 결합, 그리고 영화라는 영상언어와 영화에 대한 코멘트를 담고 있는 문자언어의 결합이다. 이 책을 통해서 독자들이 영화 밖 현실 속에서 영화를 사유하고, 영화 스크린으로부터 드넓은 세상의 고민을 찾아내는 기회를 갖게 되는 것이 필자들의 작은 바람이다.

■ 이 책에 사용된 사진은 무비스트(www.movist.com)와 알파 포스터(alpha@korea.com)에서 제공받았음을 밝힙니다.

# 제1부
## 영화 속의 세상

# 제 1 부
## 영화 속의 세상

제 **1** 장

# 영화의 탄생

## 개관

영화는 산업적인 예술임과 동시에, 건축, 음악, 회화, 문학, 무용, 연극 등 인접한 다른 예술 장르들을 아우르는 종합예술이다. 이 장에서는 영화의 탄생을 가져온 이전 시기의 기술적인 발명들을 살펴보고, 초기영화의 두 흐름이라고 할 수 있는 사실의 기록과, 상상의 재현이라는 측면에서 영화 탄생의 과정을 살펴본다.

학습목표

1. 영화 탄생의 역사적 배경을 설명할 수 있다.

2. 종합예술로서의 영화의 특징을 설명할 수 있다.

3. 영화의 탄생을 가능하게 했던 기술적 발명들을 열거할 수 있다.

4. 뤼미에르와 멜리에스로부터 비롯된 초기 영화의 두 가지 흐름을 구별할 수 있다.

주요용어

산업적인 예술 · 종합예술 · 언어적 기능 · 플래시백 · 플래시포워드 · 카메라 옵스큐라 · 잔상효과 · 키네토스코프 · 시네마토그래프 · 뤼미에르 · 멜리에스

# 1
# 영화란 무엇인가?

## 1) 산업적인 예술

영화는 산업혁명과 그에 따른 과학기술의 발달이라는 근현대사의 커다란 전환 속에서 탄생하였다. 대중의 미적 관심과 예술에 대한 열망 역시 영화의 발달에 중요한 역할을 하였지만, 기본적으로 영화라는 매체는 19세기 이후 과학적인 호기심과 기술적인 실험의 결과라고 할 수 있다. 19세기 이전에는 산업과 예술이 본질적으로 상반되는 영역이었지만, 영화라는 매체에서부터 이 두 영역은 서로 동반자 관계에 들어섰다고 해도 과언이 아니다.

영화예술의 기술적인 요소들은 영화라는 '예술'을 급속도로 발전하게 만드는 요인이었으며 그 기술들은 이윤창출이라는 사업적인 마인드에 의해서 더욱 공고한 기반을 마련하게 되었다. 1895년 뤼미에르(Lumière)가 영화를 탄생시킨 이후 100여 년이라는 시간의 흐름 속에서, 영화는 도전적인 예술가들의 노력과 기술적인 발명, 그리고 사업가 정신이 결합되어 오늘날 그 누구도 의심할 수 없는 대중문화의 꽃으로 성장해 온 것이다.

## 2) 종합예술

영화는 또한 수 세기에 걸쳐 발달해 온 수없이 많은 예술 장르들, 즉 사진, 연극, 회화, 무용, 문학 등 각각의 예술들이 가지고 있는 장점들을 흡수하면서 발전해 왔다. 영화는 때로 배우의 존재와 연기라는 측면 때문에 연극과 흡사한 것으로 생각되기도 하고, 때로 이야기 구조와 플롯을 갖고 있다는 측면으로 인해 문학과 유사한 것으로 간주되기도 한다. 또한 영화는 시각예술이라는 측면에서 사진이나 회화와 그 뿌리를 나누고 있기도 하다. 영화가 이렇듯 다양한 예술 장르들과 공통점 내지는 유사점을 보이고 있는 것은 바로 영화가 '종합예술'이기 때문이다. 그래서 초기영화는 다른 예술 장르와 함께 전시될 수 있는 보드빌(vaudeville), 음악회장, 연예

오락장, 장터, 이동극단 등을 통해서 주로 상영되었다.

사진은 영화와 같은 영상예술이라는 측면에서 영화의 탄생에 결정적인 역할을 담당했다. 정적인 화면을 잡아내는 예술로서의 사진은 곧 동영상을 보여 주는 영화로 진화하였다. 비록 사진기술이 영화 탄생의 기술적 기반을 마련해 주기는 했지만, 활동사진으로서의 영화는 사진이 제공할 수 없었던 새로운 형태의 영상을 보여 주었다.

한편, 문학은 이야기와 플롯을 갖고 있다는 점에서 영화와 유사성을 지닌다. 그래서 과거부터 현재에 이르기까지 많은 문학작품들이 영화로 만들어져 왔는데, 두꺼운 독자층을 확보하고 있는 문학의 상품성이 상업영화에 대중성을 부여하는 중요한 기반이 되어 주었기 때문이다. 영화와 소설의 가장 큰 차이는 문자언어와 영상언어의 묘사성의 차이로 설명될 수 있다. 즉, 소설 속의 등장인물은 작가가 전해 주는 대사와 묘사를 통해 철저하게 독자의 상상 속에서 창조된 독자만의 인물로 존재하지만, 영화의 경우에는 감독의 선택에 의해 시각적으로 이미 완성된 등장인물이 사건의 흐름에 따라 영화 속 세계를 만들어 가므로 문학에 비해 독자가 개입할 여지가 적다.

연극 역시 배우와 연기, 무대배경 등의 제작요소를 갖고 있다는 점에서 영화와 유사하다. 연극과 영화는 모두 관객이 배우의 대사와 몸동작을 통해 의미를 전달받기에, 이야기의 진행이 철저하게 독자들의 상상을 통해 이루어지는 문학과는 확실한 차이가 있다. 그러나 연극과 영화는 현저한 차이점 또한 지니고 있는데, 그것은 한마디로 시공간적 한계 속에서 일회성을 갖는 공연예술과 시공간적 제약 없이 무한히 복제될 수 있는 기록예술의 차이라고 말할 수 있겠다. 즉 연극이 관객들과 공간적으로 좀 더 가까운 곳에서 그들과 어우러져 행해지는 예술이라면, 영화는 기본적으로 관객과의 시공간적 거리감이 유지될 수밖에 없는 기록예술이라는 것이다.

덧붙여, 연극과 영화는 관객이 배우의 감정을 전달받기까지의 과정에서도 커다란 차이점을 가지고 있다. 연극에서 배우는 시작부터 끝까지 연기의 연속성을 바탕으로 관객에게 감정을 전달하지만, 영화는 각각 개별적으로 촬영된 배우의 연기를 편집이라는 과정을 통해 관객에게 전달하므로, 연극과 영화라는 두 매체는 제작 과정에서 엄청난 차이점을 드러낸다.

그래서 기록예술인 영화와 공연예술인 연극의 차이점을 정리해 보면 다음과 같다. 첫째, 이 둘의 관계는 평면예술인 회화와 입체예술인 조각이나 건축물의 관계와 유사하다고 할 수 있다. 영화는 연극처럼 입체적인 공간적 지위를 누리지 못하고 2차원의 화면 위에서만 그 내용을 표현할 수 있지만, 관객들의 심리적인 암시 내지는 상상력을 통해서 3차원적인 영상으로 전달될 수 있다. 둘째, 대상을 강조하기 위해 사용되는 기법인 클로즈업을 비롯한 수많은 영화언어들은 연극이라는 매체가 도저히 흉내 낼 수 없는 영화만의 고유한 표현법이다. 셋째, 과거의 일을 회상할 때 사용되는 플래시백(flash-back)이나 미래의 일을 예견할 때 사용되는 플래시포워드(flash-forward) 등을 통하여 영화는 연극에 비해 시간을 훨씬 능동적으로 활용할 수 있는 능력을 지니고 있다. 넷째, 카메라와의 동일시와 극중인물과의 동일시라는 두 가지 차원의 감정이입 역시 연극과 구별되는 영화만의 고유한 특징이라고 할 수 있다. 특히 연극에서와는 달리 영화에서는 '이중적 동일시'가 이루어지고 있다는 점을 주목해야 하는데, 여기서 말하는 이중적 동일시란 카메라 렌즈와 인간의 눈의 형식적인 차원에서의 동일시, 즉 1차적 동일시와 극중인물과 관객의 내용적 차원에서의 동일시, 즉 2차적 동일시가 결합된 개념이라고 할 수 있겠다.

❖ 학습활동─플래시백 flash-back과 플래시포워드 flash-forward

플래시백은 과거를 보여 주는 일련의 장면들을 삽입하여, 현재 시점과의 단절을 표현하는 편집기법이다. 주로 회상장면에서 사용되고는 하는데, 과거의 일을 묘사하여 작품 속에서 현재 일어나고 있는 사건의 인과관계를 설명하거나 등장인물의 성격을 드러냄으로써 사건의 긴박감과 감정의 고조 등을 전달하는 데 큰 역할을 한다. 이때, 특정 등장인물이 회상하는 형식으로 제시되는 과거 장면들은 등장인물의 주관적인 시간을 나타낸다. 따라서 플래시백 장면들은 특정 이야기 속의 가장 주관적인 순간들을 제시한다고도 할 수 있다. 즉 플래시백은 기억과 역사 등 주관적인 진실의 영화적 재현이다.

반면, 플래시포워드는 플래시백과는 반대되는 시간성. 즉 앞으로 진행되거나 예견되는 상황을 보여 주면서 지금 벌어지고 있는 사건이 미래 시점에서 어떠한 과정을 겪으며 전개될 것인지를 유추하게 만들어 주는 기법이다. 플래시포워드는 주로 공상과학 영화 등에서 희망이나 꿈이 어떻게 실현될지를 예견할 때에 효과적으로 사용되곤 한다. 간단히 말해서 플래시포워드는 상상, 예상, 꿈 등 미래 시제의 장면들이 삽입되는 경우를 지칭하는데, 플래시포워드 역시 플래시백과 마찬가지로 주관적인 진실의 영화적 재현이라고 할 수 있다.

## 3) 영화예술의 특징

이러한 영화의 특징을 바탕으로, 영화예술의 성격을 규정하자면 다음과 같다. 첫째, 영화의 영상에는 언어적 기능이 있다. 영상언어는 문자언어와는 분명 다른 모습을 띠고 있으며 그 전달 과정 역시 확연히 차이가 나지만, 문자언어와 유사한 특징들 또한 지닌다. 따라서 '영화는 언어다'라고는 말할 수 없을지 몰라도, '영화는 언어적 기능을 지니고 있다'고 주장하는 데에는 무리가 없을 것이다. 둘째, 영화는 건축, 음악, 회화, 문학, 무용, 연극 등 인접한 다른 예술 장르들을 아우르는 종합예술이다.

❖ 학습활동─예술영화는 좋은 것인가?

사전적으로 정의하자면 예술영화라는 개념은 1950년대에 처음 사용되기 시작한 것으로, 스토리를 중시하는 할리우드의 전통적인 영화 스타일을 벗어나 사회적이거나 심리적인 현상에 중점을 둔, 상업적인 의도보다는 예술적인 의도가 두드러지는 비(非)할리우드적인 영화를 말한다. 일반적인 독립영화나 실험영화, 유럽의 작가주의 영화들이 이 범주에 속한다고 볼 수 있다. 예술영화가 영화제의 화려한 스포트라이트를 받는 것으로 노력을 보상받는다면, 상업영화는 박스오피스의 1, 2위를 다투는 흥행 성적으로 가치를 인정받는다고 할 수 있을 것이다. 영화는 그 시작단계에서부터 예술성과 상업성이라는 두 가지 측면을 함께 가지고 있었다. 즉, 영화는 간단한 눈요깃감을 만들어 돈을 벌기 위한 상업적 목적으로 시작되었으나 영화가 하나의 예술로 성장할 수 있다고 생각한 학자들과 예술가들에 의해 예술로서 자리를 잡을 수 있었다. 소위 예술영화들이 관객들에게 지루함과 난해함을 주는 이유는 감독이 명확한 메시지 전달보다는 메시지의 상징성에 중점을 두기 때문일 수 있다.

한편, '독립영화'는 일명 '인디영화'라고도 불리는데, 이윤 확보를 1차 목표로 하는 일반 상업영화와는 달리 창작자의 의도가 우선시되고, 주제와 형식, 제작방식 면에서 차별화되는 영화를 의미한다. 일반적으로, '독립영화'라는 용어의 '독립'이라는 표현은 자본과 배급망으로부터의 독립을 의미한다.

21세기를 사는 현대인들은 소수의 엘리트주의적인 영화보다는 좀 더 쉽게 사람들에게 다가설 수 있는 영화들을 상업성뿐만 아니라 예술성까지 있는 것으로 여기는 경향이 있다. 대중의 취향과 동떨어진 예술성은 예술성이라기보다는 소수성의 한 범주로 생각하는 경향이 강해진 것이다. 예술성은 고정되어 있는 개념이 아니다. 마찬가지로 예술영화라는 개념 역시 고정적인 개념일 수는 없다. 시대적인 가치관과 사고방식의 변화에 따라 작품을 바라보는 시선도 변화하고 작품도 재평가된다. 대중화라는 시대적 조류 속에서 영화의 예술성도 새롭게 정의되고 있다. 즉, 과거 소수의 사람들을 대상으로 한 무거운 주제의식을 중시하던 경향도 다수의 사람들이 함께 공감할 수 있는 쉬운 영상적 표현과 주제의식을 선호하는 방향으로 바뀌어 가고 있다.

# 2
# 영화를 있게 한 기술적 발명들

사진이나 영화의 탄생 이전부터 2차원적인 평면 위에 인공광원을 이용하여 특정 물체의 상을 투영하고자 하는 욕망은 항상 존재해 왔다. 이를 영사 혹은 환등이라고 하는데, 고대 그리스인들로부터 아리스토텔레스를 거쳐 레오나르도 다 빈치에 이르기까지 영사 혹은 환등을 실현시키기 위해 노력해 왔다. 16세기에 이르러 드디어 카메라 옵스큐라(camera obscura)가 탄생하게 되었는데, '암실'이라고도 불리는 카메라 옵스큐라는 한 쪽 벽에 있는 작은 구멍을 통해 반대편 벽 안쪽으로 외부 물체의 거꾸로 된 상을 비추는 원리로 만들어졌다. 당시에는 화가들이 실물 사생을 위한 도구로 사용하던 이 '어둠상자'는 훗날 사진을 찍는 카메라의 원조가 된다.

카메라 옵스큐라의 발명은 원근법의 발명에 힘입은 것이라고 할 수 있다. 원근법이 발명되기 이전의 회화는 묘사의 현실성보다는 종교적이거나 문화적인 의미의 전달을 주된 목표로 삼고 있기에, 하나의 화면에 서로 다른 시간대를 표현하는 이야기가 그려지기도 했고, 그림에 등장하는 인물의 비중에 따라서 물리적인 크기가 결정되곤 히였다. 따라서 왕이나 성자, 아버지 같은 주요 인물들은 그림의 중심에 크게 그려지는 경향이 있었고, 일반인들과 하인, 자식 등은 작게 표현되었다.

그러나 원근법이 발명된 이후에는 보는 사람의 눈을 기준으로 하여 내용을 전달할 수 있도록 그려지기 시작했다. 레오나르도 다 빈치의 역작 〈최후의 만찬〉에서 볼 수 있듯이, 중앙에 앉은 예수는 열두 명의 제자들에 비해서 절대로 크게 묘사되어 있지 않으며, 천장과 벽이 형성하는 공간은 관람자의 시점과 배경 뒤의 소

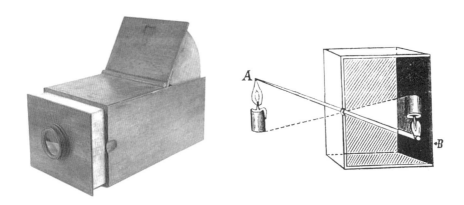

[그림 1-1] 카메라 옵스큐라

어원적으로 '암실', 즉 '어두운 방'을 의미하는 카메라 옵스큐라는 캄캄한 암실 한 쪽에는 작은 구멍이 뚫려 있고, 그 구멍을 통해 반대 측면에 외부 물체의 모습이 거꾸로 비추어지는 원리로 만들어졌다. 1569년에 이탈리아의 조반니 바티스타 델라 포르타가 카메라 옵스큐라를 처음 만든 것으로 알려져 있다.

실점을 연결하는 축을 중심으로 배치되어 있다. 이처럼 보는 이의 시점에서 구성된 원근법의 공간은 서구문명 발달사에서 시각을 표현하는 대표적인 원리로 자리 잡게 되었다.

이후, 정지된 영상매체로서의 사진은 1826년 판화 화가 니엡스(Niepce)가 발명하였는데, 카메라 옵스큐라(camera obscura)의 원리를 이용하여 암실 벽에 뚫린 작은 구멍을 통하여 빛의 작용으로 암실의 벽면에 투사된 바깥 세계의 모습을, 감광물질을 이용하여 정착시킴으로써 탄생한 것이다. 그 후 사진의 발명과 발전에서 감광물질 개발과 그 영상의 고착기술은 매우 중요한 역할을 차지하였다.

16세기, 조반니 바티스타 델라 포르타(Giovanni Battista della Porta)는 그의 책『자연의 마술』에서 예술가들이 카메라 옵스큐라를 적극적으로 사용할 것을 제안했다. 이로부터 많은 사람들이 카메라 옵스큐라의 이미지를 어떠한 형태로든 고정시킬 수 있는 방법을 연구하게 되고, 마침내 니엡스는 개량된 감광재료를 사용해서 최초의 현대적 영상인 사진을 만들어 낸다. 이제 인간의 육체, 즉 손이나 눈으로부터 벗어나 이미지를 표현할 수 있게 됨으로써, 빛을 사용한 현대적인 의미로서 이미지의 역사가 시작되었다고 볼 수 있다. 또한, 비로소 영상 혹은 이미지의 손쉬운 대량복제가 가능해졌다. 그리고 사진은 그 지표적인 속성 때문에, 회화와는 크게 다른 효과를 생산한다.

오늘날까지도 동영상 매체의 꽃이라 불리는 영화는 사진기술을 바탕으로 그 이전부터 존재했던 그림자극, 어둠 속에서 스크린에 그림을 영사하는 환등기술을 사용한 각종 이미지 투영 놀이집회, 그리고 여기에 여러 장의 사진을 빠르게 촬영하고 영사하는 기술이 결합되어 탄생했다. 한 장의 사진이나 이미지로 표현할 수 없는 이야기를 여러 장의 화면으로 표현하는 방식은 이미 19세기의 대중신문 삽화들을 통해서 대중화되어 있었고, 어둠 속에서 빛의 작용으로 드러나는 환상적인 이미지를 보고 싶어 하는 대중의 욕망은 이미 오래전부터 존재했다.

대중의 이러한 욕망은 과학적인 원리를 바탕으로 하여 구체적으로 실현되기에 이르는데, 1824년, 영국의 의사인 피터 마크 로제(Peter Mark Roget)는 「수직 구경을 통해 보이는 바퀴살 형태의 착시에 대한 설명」이라는 논문을 발표했다. 이는 소위 잔상(persistence of vision)효과를 밝힌 논문으로, 인간의 지각은 시각이 전해 주는 정보를 곧이곧대로 받아들이는 것이 아니라는 사실을 밝힌 획기적인 논문이었다. 로제는 울타리 사이로 움직이는 마차의 바퀴를 바라보던 중 마차 바퀴의 살이 똑바로 보이는 것이 아니라 약간 뒤틀려 보인다는 점을 발견했는데, 이러한 착각은 마차 바퀴의 살이 울타리 뒤로 사라진 뒤에도 여전히 그의 머릿속에 남아 있기 때문이었던 것이다.

잔상효과에 착안하여, 영국의 또 다른 의사인 존 에어튼 패리스(John Ayrton Paris)는 1826년 '회전요지경 유희(Thaumatropical Amusement)'를 발명했다. 이는 부채와 흡사하게 생긴 원판의 한 쪽에는 새, 다른 한 쪽에는 새장을 그려 놓는 식으로, 이 원

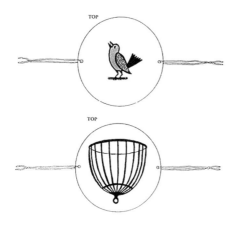

[그림 1-2] 회전요지경 유희

1826년 영국인 존 에어튼 패리스가 발명한 회전요지경 유희는, 원판의 한 쪽에는 새를 그려 놓고 다른 한 쪽에는 새장을 그려 놓은 후, 이 원판을 빠르게 회전시키면 마치 새가 새장에 갇혀 있는 것처럼 보이는 원리를 이용한 놀이기구이다. 회전요지경 유희는 인간의 눈에 한 번 비추어진 이미지는 그 이미지가 눈앞에서 사라진 이후에도 잠시 동안이나마 여전히 인간의 머릿속에 남아 있다는 '잔상효과'의 원리를 이용해서 만들어진 최초의 발명품 중 하나이다.

판을 빠르게 회전시키면 마치 새가 새장에 갇혀 있는 것처럼 보이는 원리를 이용한 놀이기구였다.

뒤이어 벨기에의 조제프 플라토(Joseph Plateau)는 1832년 페나키스티스코프 (Phenakistiscope)를 발명했다. 페나키스티스코프는 두 개의 원판으로 구성되어 있었는데, 하나는 가장자리에 구멍이 나 있고, 다른 하나는 안쪽 면의 구멍들 사이에 표현 대상의 움직임을 연속적으로 표현해 주는 그림이 그려져 있었다. 따라서 관찰자가 원판을 돌리면서 구멍 안쪽을 들여다보면 각각의 그림은 마치 움직이고 있는 것처럼 보이게 된다. 이와 비슷한 장난감으로, 영국의 유명한 수학자였던 윌리엄 조지 호너(William George Horner)가 개발한 조이트로프(Zoetrope)와 에밀 레노(Emile Reynaud)가 완성한 프락시노스코프(Praxinoscope)가 있다.

영국계 미국인 에드워드 머이브리지(Edward Muybridge)는 1879년 말이 달리는 연속동작을 담아내기 위한 카메라 실험을 통해 현대영화의 프레임 효과를 발견하였다. 이 실험 결과는 프랑스의 의사이자 과학자인 에티엔 쥘 마레(Etienne Jules Marey)의 사진총(Photographic Gun)으로까지 발전하게 되었다. 사진총은 엽총과 권총의 중간쯤의 형태로 생긴 기계였는데, 마레는 사진총을 사용하여 초당 24장의 사진을 찍어서 하늘을 나는 새를 포착할 수 있었다.

1889년 에디슨(Edison)과 딕슨(Dickson)은 세계 최초의 영사기라고 할 수 있는 키네토스코프(Kinetoscope)를 개발하게 된다. 키네토스코프는 필름으로 찍힌 영화, 즉

[그림 1-3] 페나키스티스코프

1832년 벨기에의 조제프 플라토가 발명한 페나키스티스코프는 회전 원판의 그림을 회전시켜 그림이 움직이는 듯한 착각을 하게 만드는 광학기구이다. 관찰자가 거울 앞에서 원판을 잡고 회전시키며 원판의 가느다란 구멍 안쪽을 들여다보면 각각의 그림 속 사물이 마치 움직이고 있는 것처럼 보인다.

[그림 1-4] 조이트로프

1834년 영국의 수학자였던 윌리엄 조지 호너가 발명한 것으로, 회전하게 만든 여러 장의 그림을 사용하여 작은 구멍을 통해 회전 드럼이 만드는 움직이는 환영을 볼 수 있도록 하는 초기 애니메이션 기구이다. 이전에 조제프 플라토가 만들었던 페나키스티스코프를 원통형 모양으로 바꾼 기구라고 볼 수 있다.

[그림 1-5] 프락시노스코프

1877년 프랑스의 에밀 레노는 조이트로프를 개조해 프락시노스코프를 만들었는데, 프락시노스코프는 거울과 프리즘을 이용해 더욱 환상적인 움직임을 표현할 수 있는 발명품이었다. 이후, 레노는 이를 '빛의 극장'이라는 이름으로 파리에서 공개하여 대중의 인기를 모았다.

[그림 1-6] 에드워드 머이브리지가 찍은 달리는 말의 연속 사진

머이브리지는 연속 촬영이 가능한 고속도 사진기로 인간과 동물, 새 등의 동작이나 운동의 연속 사진을 촬영하여 인간의 육안으로는 판별하기 힘든 움직임의 순간을 과학적으로 증명하려 노력했다.

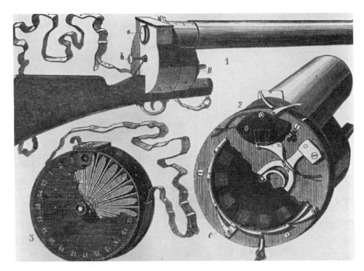

[그림 1-7] 에티엔 쥘 마레의 사진총

프랑스 출신 과학자였던 마레는 동물의 동작을 연구하기 위해 과학 사진술 분야에 몰두하여, 사진총이라는 발명품을 만들었다. 마레는 기존의 카메라를 개량하여 노출시간을 단축시킴으로써 곤충이나 새의 비행과 같은 빠른 속도의 운동을 객관적으로 관찰할 수 있는 길을 열었다.

[그림 1-8] 에디슨과 딕슨의 키네토스코프

에디슨과 딕슨이 개발한 키네토스코프는 필름으로 찍힌 영화, 즉 활동사진을 관람자 한 사람만이 그 기계의 구멍을 통해 들여다볼 수 있는 장치였다. 길이 12.2 m의 필름을 자동장치로 회전시켜 아래에 있는 전구의 빛을 통하여 위에서 확대경으로 들여다보도록 하는 원리로 구성되어 있다.

[그림 1-9] 오귀스트 뤼미에르와 시네마토그래프

루이 뤼미에르와 오귀스트 뤼미에르 형제는 실용적인 필름 카메라이자 영사기인 시네마토그래프를 발명했다. 시네마토그래프는 영사기와 카메라 기능을 하나로 통합하였지만, 그 크기는 에디슨의 키네토그래프나 키네토스코프보다 훨씬 작았다. 또한 시네마토그래프는 동시에 많은 사람이 시청할 수 있다는 장점도 지니고 있는 발명품이었다.

활동사진을 관람자 한 사람만이 그 기계의 구멍으로 통해 들여다볼 수 있는 장치였다. 한편, 뤼미에르 가의 루이와 오귀스트 형제는 시네마토그래프(Cinematograph)를 발명하여 현대영화의 등장에 크게 기여했다. 시네마토그래프는 에디슨의 키네토스코프보다 훨씬 작고 가벼워서 들고 다니면서 촬영하기에 적합하였을 뿐 아니라, 동영상을 찍는 카메라의 기능 외에도 영사기와 인화기의 기능까지 함께 갖추고 있어 하나의 작은 영화공장이라고 할 수 있었다.

**3**

# 초기영화의 두 흐름: 사실의 기록과 상상의 재현

1895년 12월 28일 프랑스 파리의 지하 '그랑 카페'에서 영화시대의 서막을 알리는 최초의 영화 〈공장노동자의 퇴근 Workers Leaving the Factory〉이 사람들 앞에 첫 선을 보였다. 필름의 길이가 17m밖에 되지 않고 상영시간이 고작 1분에 지나지 않는 기록영화였으나 이 짧은 영화 한 편이 바로 또 다른 예술의 서막을 알리는 작품이다.

뤼미에르 형제의 최초의 영화상영은 영화를 가능케 한 그 이전의 발명품의 역사,

[그림 1-10] 뤼미에르 형제의 〈기차의 도착 The Arrival of the Mail Train〉과 〈공장노동자의 퇴근 Workers Leaving the Factory〉

1895년 12월 28일 프랑스 파리의 그랑 카페에서 첫 선을 보였던 〈공장노동자의 퇴근〉과 뤼미에르 형제의 또 다른 대표작 〈열차 도착〉은 당시의 영화가 사실의 기록이라는 영화의 일차적인 미학성에 충실했다는 사실을 보여 준다. 이로 인해 뤼미에르 형제는 영화의 아버지이자, 기록영화의 아버지라고 불리기도 하는 것이다.

과학기술의 발달사와는 질적으로 다른 하나의 중요한 사건이었다. 대중 관객에게 유료로 상영을 함으로써 영화는 상업수단이 되었고, 자본주의의 성장과 밀접한 관련을 갖게 되었다. 영화가 예술인가, 상품인가 하는 논쟁의 발단이 바로 여기서 시작되었다.

초기의 영화는 움직임을 사진으로 재현할 수 있다는 것만으로도 사람들의 흥미를 유발시켰다. 〈공장노동자의 퇴근〉이나 〈열차 도착 The Arrival of the Mail Train〉 등 1895년에 만들어진 영화들의 특징은 모두 극영화가 아닌 기록영화라는 점이다. 초창기의 영화는 영화가 가진 일차적 미학인 기록과 사실이라는 측면에 충실했음을 알 수 있다.

우리가 에디슨의 영상실험이 아닌 뤼미에르 형제의 영화를 최초의 영화로 인정하는 것은 그가 보여 준 영화 미학적인 측면 때문이다. 에디슨의 실험은 정지된 사진을 연속적으로 빠르게 넘겨서 마치 움직이는 것처럼 보이게 만든, 일종의 착시현상을 이용한 단순한 볼거리에 지나지 않았지만, 뤼미에르 형제의 영화는 영화의 예술적 가능성을 보여 준 것은 아닐지라도 실생활의 생생한 장면을 포착하여 그것을 기록으로 남겼다는 데 의미가 있다. 또한 에디슨의 실험과는 달리 실험실이 아닌 실제 생활현장에서 촬영이 이루어지는 원시적인 극영화 방식을 보여 주었다는 점에서 뤼미에르 형제의 영화를 영화의 출발로 생각하는 것이다.

사실, 에디슨은 뤼미에르 형제에 앞서 거의 완벽한 영화 영사기인 키네토스코프와 영화 촬영기 키네토그래프를 발명하였으나, 그것들은 일반 대중을 대상으로 상영할 의도로 만들어졌던 발명품이 아니었던 데다가, 그 크기도 피아노만큼이나 커서 실용성에는 다소 문제가 있었다. 이에 비해 뤼미에르 형제는 작고 기동성이 뛰어나면서 촬영, 현상, 영사기의 기능까지 고루 갖춘 시네마토그래프를 발명하여 현실세계의 모습을 담아낸 후에, 그것을 대중들에게 유료로 상영하면서 영화역사의 첫 획을 그었다. 영화가 완벽한 형태의 영상매체로 자리를 잡기 위해서는 제작, 배급, 상영이라는 세 단계가 모두 이루어져야 한다는 현대적 상식의 관점에서 보더라도 영화의 아버지는 에디슨이 아니라 뤼미에르 형제인 것이다.

한편, 초기영화 중 하나인 멜리에스(Georges Méliès)의 1902년 작품 〈달나라 여행 A Trip to the Moon〉은 로켓을 타고 달나라를 탐험한 뒤 다시 지구에 도착한다는 내용으로 영화의 상상력을 최대한 표현한 작품이다. 단순한 기록영화가 아니라 극적인 설정과 줄거리가 있는 대표적 초기영화로 평가받는 이 작품은 극장주 겸 유명

[그림 1-11] 멜리에스의 1902년 작품, 〈달나라 여행 A Trip to the Moon〉

〈달나라 여행〉은 로켓을 타고 달나라를 탐험한 뒤 다시 지구에 도착한다는 내용으로, 영화의 상상력을 최대한 표현한 작품이다. 단순한 기록영화가 아니라 극적인 설정과 줄거리가 있는 대표적 초기영화라는 평가를 받는다. 무려 100여 년 전에 만들어진 영화지만 촬영 기법이나 전개방법 등이 지금의 시각으로 봐도 뛰어날 정도의 테크닉을 갖춘 작품으로 인정받고 있다.

한 마술사인 멜리에스에 의해 만들어졌다. 그는 뤼미에르 형제의 기록영화와는 달리 이야기가 있는 장편영화를 만들어 내는 데 주력했으며, 1896년 4월 자신이 경영하는 '로베르-우뎅 극장'에서 자신이 제작한 영화를 직접 보여 주기 시작했다. 멜리에스는 또한 우연한 발견을 통해 일종의 트릭영화, 즉 오늘날의 특수효과 영화를 만들어 냈으며 단순한 1분 내외의 짧은 기록영화가 아닌 이야기와 줄거리가 있는 영화를 만들어 냈고, 그로 인해 영화의 상영시간도 10분에서 15분 내외로 늘어났다. 멜리에스는 1897년 프랑스 최초의 상설 영화 촬영소를 세웠으며 프랑스 최초의 영화사인 스타 영화사를 설립해 영화사업에 몰두했다. 그의 이러한 열정은 그가 발견한 독특한 영화적인 기술 특징에 바탕을 둔 것이었다.

뤼미에르 형제와 멜리에스는 영화를 이해하는 가장 큰 두 줄기인 비(非)내러티브와 내러티브 구조를 만들어 낸 사람들이다. 뤼미에르의 기록영화들에서 나타난 비내러티브적인 영화구조는 사실 그대로를 찍어 주제의식을 표현함으로써 기록성과 사실성에 바탕을 둔 미학을 보여 주었다. 이렇게 사실성을 바탕으로 어떤 사건이나 사실의 진실성을 추구하는 것, 또는 생생한 기록 보존에 초점을 맞춘 기록영화는 추후 다큐멘터리의 효시가 되었으며, 멜리에스에게서 시작된 내러티브 영화는 훗날 극영화라 불리는 영화형태로 발전한다.

# 요점정리

**1** 영화는 산업적인 예술이다.

**2** 영화는 종합예술이다.

**3** 영화의 영상은 언어적 기능이 있다.

**4** 카메라 옵스큐라의 발명은 원근법의 발명에 힘입은 것이다.

**5** 뤼미에르 가의 루이와 오귀스트 형제는 시네마토그래프를 발명하여 현대영화의 등장에 크게 기여하였다.

**6** 세계 최초의 영화는 뤼미에르 형제의 〈공장노동자의 퇴근〉이다.

**7** 멜리에스의 1902년 작품 〈달나라 여행〉은 영화의 상상력을 최대한 표현한 작품이다.

**8** 뤼미에르와 멜리에스는 각각 다큐멘터리와 극영화의 효시이다.

**01** 다음 중 뤼미에르 형제가 개발한 영화 촬영용 카메라는 무엇인가?

① 키네토그래프　　　　　　　② 키네토스코프
③ 시네마토그래프　　　　　　④ 키네마토스코프

**02** 영화와 연극의 유사점과 차이점에 대한 설명 중 올바르지 <u>못한</u> 사항은 무엇인가?

① 영화와 연극은 모두 배우, 연기, 무대배경 등의 제작요소를 갖고 있다.
② 연극은 관객과 직접 호흡하고 만나면서 이루어지므로 영화에 비해 훨씬 더 생동감이 있다.
③ 영화는 연극처럼 입체적인 공간을 갖지는 못하지만 심리적 암시로 공간적 깊이를 느낄 수 있다.
④ 영화에서 배우는 시작부터 끝까지 연기의 연속성을 바탕으로 감정을 전달하나, 연극에서 배우는 각각의 장면을 단위로 연기한다.

**03** 영화사 학자들이 에디슨의 영상실험이 아닌 뤼미에르 형제의 영화를 최초의 영화로 인정하는 이유는 무엇인가?

① 에디슨의 실험은 착시현상을 이용한 볼거리였지만, 뤼미에르 형제의 영화는 생생한 장면을 포착하고 실험실이 아닌 곳에서 촬영이 이루어지는 극영화 방식을 취했기 때문이다.
② 에디슨은 상업적인 목적에서 기술 발명품을 소개한 것이지만, 뤼미에르 형제는 정부의 지원을 받아 순수한 예술영화를 제작했기 때문이다.
③ 에디슨은 계속해서 영사기와 영화를 제작하지 않았고, 뤼미에르 형제는 극장 상영용 영화들만을 제작하였기 때문이다.
④ 에디슨은 일종의 트릭영화를 만들었지만, 뤼미에르 형제는 실험정신을 갖고 영화를 비영리 목적으로 만들었기 때문이다.

**04** 다음 빈 칸에 들어갈 알맞은 단어는 무엇인가?

　　뤼미에르의 영화들에서 나타난 비(非)내러티브적인 영화미학은 사실 그대로를 찍어 주제의식을 표현함으로써 (　　　)과 (　　　)에 바탕을 두고 있다.

① 기록성과 사실성　　　　　　　② 현실성과 창의성
③ 역사성과 형식성　　　　　　　④ 표현성과 조작성

**05** 다음 중 영화를 있게 한 기술적 발명품과 그 발명품을 개발한 인물의 연결이 올바르지 **못한** 것은?

① 회전요지경 유희 — 존 에어튼 패리스
② 페나키스티스코프 — 조제프 플라토
③ 프락시노스코프 — 에밀 레노
④ 조이트로프 — 에티엔 쥘 마레

**정답** | 01 ③　　02 ④　　03 ①　　04 ①　　05 ④

## 연구과제

**01**　영화의 탄생을 가능하게 했던 수많은 발명품들의 작동원리에 대해 조사해 보시오.

**02**　종합예술로서의 영화를 특징 지을 수 있는 여러 가지 요소들에 대해서 살펴보고, 각각의 요소들이 기존의 다른 예술들과 서로 어떠한 공통점과 차이점을 지니고 있는지 탐구해 보시오.

**03**　기록영화 미학과 극영화 미학이 이후 어떻게 발전하였는지에 대해 논해 보시오.

제 **2** 장

## 영화의 역사 I

### 개관

영화의 탄생 직후에는 단순한 기록물들이 영화의 주류를 차지하고 있었으나, 1915년을 기점으로 네러티브 영화가 영화형식의 기본으로 자리를 잡았다. 에드윈 포터와 데이비드 그리피스를 거치며 영화 내적 내러티브의 완성도와 산업적 시스템의 체계성을 구축하게 된 미국 영화는 서서히 세계 영화시장의 중심부를 차지하게 된다. 이 장에서는 무성영화 시대의 코미디 영화, 유성영화 시대의 뮤지컬 영화, 세기의 거장 오손 웰스 등을 중심으로 초창기 영화의 발달사를 살펴보고, 동시대 유럽에서 태동한 갖가지 다양한 사조들에 대해서 살펴본다.

1. 초기영화 발전에 기여한 여러 영화감독들의 역할을 설명할 수 있다.

2. 영화언어가 어떻게 성립되어 갔는지 시기적으로 배열할 수 있다.

3. 초기영화 시기 독일 · 러시아 · 프랑스에서 태동한 여러 영화사조들의 특징과 그 사조들이 등장할 수 있었던 사회적 배경을 설명할 수 있다.

4. 사운드가 도입됨에 따라 무성영화를 주로 제작해 왔던 영화인들이 기술적 변화에 어떻게 대응했는지 살펴봄으로써 영화에서 기술의 중요성을 평가할 수 있다.

5. 유성영화 시대에 새롭게 등장한 영화들의 특징을 무성영화와 비교하여 설명할 수 있다.

단순 기록물 • 내러티브 영화 • 에드윈 포터 • 데이비드 그리피스 • 동시편집 • 교차편집 • 슬랩스틱 • 찰리 채플린 • 독일 표현주의 • 형식주의 • 몽타주 • 프랑스 인상주의 • 초현실주의 • 사운드의 도래 • 오손 웰스

# 1

# 초기영화

뤼미에르 형제가 영화를 탄생시킨 이후, 1903년경까지는 단순한 기록물들이 영화의 주류를 차지하였다. 이러한 기록영화들은 매우 단순하였지만 산업혁명 이후의 급격한 사회변동이라는 외부적 상황과 맞닿아 일반 대중들의 관심을 끌기에 충분했다. 사회의 모든 것이 천천히 진행되던 농경사회로부터 사회의 전반적 속도가 빨라진 근대사회로의 이행에 결정적인 역할을 담당했던 것은 테크놀로지의 발달이었고, 영화는 이러한 테크놀로지의 발달을 일상적으로 경험하게 해 주는 유일한 매체였다. 당시의 관객들이 단지 일상생활을 그대로 옮겨 놓은 단순한 기록물에 대해서도 열렬히 반응하였던 이유는 바로 그 영화들이 보는 즐거움을 선사해 주었기 때문이다.

잘 짜인 이야기의 전달보다는 볼거리의 전달에 초점을 맞추었던 이러한 영화를 '견인의 영화(cinema of attractions)'라고 부르기도 한다. '원시영화(primitive cinema)'라고도 불리는 이러한 영화들은 현대영화에서와 같은 이야기 구조를 지니고 있지는 않지만, 그 때문에 이러한 영화들을 열등한 영화로 간주해서는 안 될 것이다. 주로 보드빌(vaudeville) 쇼나 놀이공원의 한 부분으로서 제공되었던 초기의 '견인의 영화'들은 그 자체로 형식적인 완결성을 지니고 있었으며, 훗날 아방가르드 영화에 그 영향력을 행사하기도 하였다.

하지만 멜리에스(Georges Méliès)의 〈달나라 여행 A Trip to the Moon〉(1902)이 제작, 상영된 이후부터 상황이 바뀌기 시작했다. 마술사였던 그는 이야기 전달에 초점을 맞추는 영화제작에 관심을 기울였고, 일관성 없이 각기 따로 떨어져 있는 볼거리로 구성된 단순 기록물보다는 완성된 형대의 서사체에 주력하기 시작했다. 이러한 서사체, 즉 이야기가 있는 내러티브 영화들은 서서히 대중들의 관심을 끌기 시작했고, 이윤창출의 측면에서도 단순 기록물에 비해 훨씬 유리한 것으로 판명되기 시작했다. 따라서 1904년경부터는 서사형식을 갖춘 영화들이 서서히 영화산업에서 주도적인 위치를 점하기 시작했으며, 1915년을 전후하여 내러티브 영화는 영화형식의 기본으로 완전히 정립되어 오늘날에까지 이르게 된다. 이러한 과정에서

에디슨을 비롯한 사업가들과 에드윈 포터(Edwin Porter)나 데이비드 그리피스(David Griffith)를 비롯한 거장 감독들의 역할이 지대했음은 두말할 나위 없다.

# 2

# 에드윈 포터와
# 데이비드 그리피스

미국의 에드윈 포터는 영화 〈미국인 소방수의 생활 Life of an American Fireman〉(1902)과 〈대열차강도 The Great Train Robbery〉(1903)를 통해 극적인 이야기 구성과 동시편집의 개념을 도입해 진정한 영화의 시작을 알렸다. 멜리에스가 포터에 비해 영상적인 측면에서 훨씬 풍부한 볼거리를 제공한 것은 사실이지만, 멜리에스 영화의 특징은 모든 영화 속의 장면이 마치 연극처럼 펼쳐진다는 점이다. 멜리에스 영화의 등장인물들은 무대에서 연기하듯 관객을 향해 연기를 펼쳤고 때로는 관객들을 향해 인사를 하는 경우도 있었다. 그러나 포터의 영화 속에 등장하는 배우들과 영화적 설정들은 영화 속에 완전히 녹아들어 있어서 멜리에스의 연극적인 영화들과는 큰 차이를 보였다.

또한 포터의 영화들은 독특한 영화적 표현기법으로 클로즈업을 도입하였으며, 이야기를 풀어 나가는 방식에서 현대 할리우드 영화의 모태가 될 정도로 완성도가 높았다. 〈대열차강도〉는 강도들이 열차를 강탈하고, 그 강도들을 추격하기 위해 민병대가 조직된다는 내용이다. 마을에서 조직된 민병대가 강도들을 추격해 강도들과 일전을 치룬 후 승리한다는 〈대열차강도〉식의 구조(rescue)영화는 이후 수많은 다른 이야기들로 변주되어 나타났다. 포터가 창안해 낸 구조영화는 약자가 위급한 상황을 맞게 되면 주인공이 나타나 구해 준다는 전통적인 할리우드 영화의 서사구조로 자리를 잡게 된다.

포터와 함께 동시대 미국 영화를 이끌었던 데이비드 그리피스는 상업적인 측면에서 주목받던 영화를 예술의 경지로 끌어올린 인물이었다. 그리피스 감독은 숏(shot)을 기본 단위로 한 영화언어의 문법을 확립함으로써, 시간 및 공간의 연속성을 확보하면서 연극과 다른 방식으로 이야기를 전개했다. 1915년 그리피스가 선보인

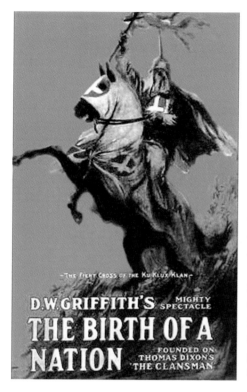

[그림 2-1] 데이비드 그리피스의 1915년 작품, 〈국가의 탄생 The Birth of a Nation〉

초기 무성영화 시대의 거장으로 꼽히는 그리피스 감독의 작품이다. 인종 차별적인 내용으로 많은 논란에 휩싸이기도 했지만 대중적으로 큰 인기를 끌었으며, 이 영화에서 사용된 교차편집과 같은 영상기법은 영화역사상 큰 의미를 지닌다. 서구 영화학계에서는 〈국가의 탄생〉을 최초의 스펙터클 영화, 오락으로써의 기능을 다한 최초의 영화, 선전도구로 활용될 수 있는 가능성을 열어 준 영화, 현대적인 의미의 블록버스터 효시 등 여러 가지 의미를 지니는 영화로 평가하고 있다. 더불어, 〈국가의 탄생〉은 1915년부터 1946년까지 미국을 제외한 해외에서 2000만 명 이상의 관객을 동원했다는 기록을 남기기도 했다.

〈국가의 탄생 The Birth of a Nation〉은 당시까지의 영화역사상 가장 기념비적인 작품으로 평가 받는다. 이 작품은 미국의 남북전쟁과 링컨 암살사건, 인종문제에 이르는 광범위한 주제의식을 다루고 있는 대서사시였으며 역사의 재현 그 자체였다.

또한 그의 작품 〈인톨러런스 Intolerance〉(1916)는 20세기 초 미국 젊은이들의 고민, 기원전 6세기의 페르시아인에 의한 바빌론 함락과 예수의 생애, 그리고 16세기 성 바돌로매(St. Bartholomew) 축일 전야의 대량학살 등 네 가지 이야기를 옴니버스 스타일로 엮어 낸 대서사시였다. 그리피스를 통해 영화는 지금까지 어떤 예술도 보여 주지 못했던 시각적인 예술성을 확립했고, 현대영화는 서서히 장편화되었다. 예를 들어 이 무렵 영화가 대부분 상영시간 10분 안팎의 단편영화였던 것에 비해, 그리피스의 〈국가의 탄생〉은 1914년 7월부터 10월까지 촬영되고, 석 달이 넘는 편집기간을 거쳐 이듬해 개봉된 3시간짜리 대작 장편영화였다.

[그림 2-2] 데이비드 그리피스의 1916년 작품, 〈인톨러런스 Intolerance〉

서로 다른 시기에 발생한 네 가지 이야기를 에피소드 형식으로 동시에 진행시킨 작품이다. 20세기 초 미국 젊은이들의 고민, 16세기 유럽 종교개혁 시기의 위그노 학살, 예수의 생애에 대한 에피소드, 그리고 고대 바빌로니아 이야기가 '인톨러런스(불관용)'라는 주제하에 함께 다루어진다. 당시로서는 드물게 복잡다단한 구성을 취한 이 영화는 현대의 영화인들에게 그리피스 감독 최고의 작품으로 평가받기도 한다. 이 영화에서 드러나는 그리피스의 획기적인 시도는 후배 영화인들에게 영감의 원천이 되었다. 특히, 시간적으로는 서양 고대에서 20세기 현대까지, 공간적으로는 오리엔트에서 출발해 지중해를 지나 서유럽을 거쳐 미국 역사까지 동시에 다루고 있는 〈인톨러런스〉는 비록 흥행에는 실패하였지만, 그리피스는 이 작품으로 영화예술의 아버지라 불릴 정도의 지위를 누리게 되었다.

영화가 서서히 장편화되고 산업적인 형태로 자리를 잡아 가게 됨에 따라서, 할리우드에는 거대한 촬영소, 즉 스튜디오가 생기기 시작했다. 당시 스튜디오의 대표이자 제작자로 중요한 인물이었던 토머스 인스(Thomas Ince)는 수백 편의 영화제작을 관리하였고, 서부극 장르를 개발한 것으로 평가받는다. 서사형식이 영화의 주류로 완전히 정착하고 있던 1915년, 그리피스와 토머스 인스, 그리고 대표적인 코미디 영화감독 겸 제작자였던 맥 세넷(Mack Sennett)은 트라이앵글 영화사를 설립하였다.

# 3

# 1920년대 슬랩스틱 코미디와
# 찰리 채플린

영화의 발전은 예술적이고 미학적인 측면뿐만 아니라 오락적이고 상업적인 측면에서의 발전도 동시에 의미한다. 영화의 오락성과 상업성에 기반을 둔 코미디도 이당시 중요한 장르로 자리매김했는데, 맥 세넷과 버스터 키튼(Buster Keaton), 헤럴드로이드(Herold Lloyd)는 찰리 채플린(Charlie Chaplin)이 등장하기 전까지 1920년대 미국의 코미디 장르를 대표하는 인물들이었다. 그들은 코미디 영화의 원형과도 같은, 슬랩스틱(slapstick)이라고 불리는 우스꽝스러운 과장연기를 창조해 냈다.

[그림 2-3] 버스터 키튼의 1927년 작품, 〈제너럴 General〉

찰리 채플린과 함께 무성 코미디 영화의 대표 자리를 다투는 버스터 키튼 감독의 작품이다. 그를 특징짓는 것은 기예에 가까운 퍼포먼스이다. 이 영화에서도 기차 위추격 장면을 통해 기계체조에 가까운 개그의 한 경지를 보여 준다. 〈제너럴〉은 유머와 서스펜스, 역사적 재구성과 인물 연구, 시각적 아름다움과 기술적 정밀함 등 모든 면에서 완성도 높은 영화의 전형을 나타낸다. 이 영화가 주는 즐거움의 대부분은서사 자체에서 배어 나온다는 점 또한 주목할 만하다.

당시의 코미디가 무대 위에서 언어를 중심으로 한 개그에 초점을 맞추고 있었던 것에 비해, 영화는 보는 즐거움에 중점을 두었다. 슬랩스틱은 당시의 영화가 가지고 있던 무성영화라는 기술적 한계를 코미디 배우들의 독창적 창작성으로 극복해 낸 것이었다.

1914년 〈메이킹 어 리빙 Making a Living〉이라는 단편 코미디 영화로 등장한 찰리 채플린은 코미디 영화의 진정한 전성기를 이룬 인물이었다. 1889년 가난한 배우의 아들로 태어난 그는 비록 단신의 볼품없는 외모를 지니고 있었으나 외형적인 단점을 자신의 코미디 미학으로 승화시켰다.

채플린의 영화 역시 기존의 영화들처럼 해프닝과 슬랩스틱을 기반으로 했으나 채플린은 코미디 영화가 메시지를 줄 수 있으며 감동까지 선사할 수 있다는 또 다른 가능성을 보여 주어 대중들로부터 큰 사랑을 받았다. 코미디 무성영화의 전성시대를 이끌고 있었던 채플린은 유성영화가 도래하면서, 어떻게 시대 변화에 적응해야 하는지를 결정해야 하는 중대한 기로에 서게 된다. 결국 〈모던 타임스 Modern Times〉를 통해, 대세를 거스를 수 없었던 유성영화의 시대를 시작한 채플린은 1947년 자본주의 사회를 비판한 〈살인광 시대 Monsieur Verdoux〉로 인해 매카시즘에 휘말렸고 끝내 공산주의자로 몰려 미국에서 완전히 추방되기에 이른다.

[그림 2-4] 찰리 채플린의 1936년 작품, 〈모던 타임스 Mordern Times〉

가장 위대한 희극 배우이자 감독인 찰리 채플린의 최고 걸작 중 하나이다. 근대 공장 노동자의 모습을 웃음과 페이소스를 곁들여 표현해 낸 작품으로 컨베이어 벨트로 상징되는 자본주의 사회의 노동의 본질과 인간의 소외를 가장 잘 드러낸 영화로 일컬어진다.

[그림 2-5] 찰리 채플린의 1940년 작품, 〈위대한 독재자 The Great Dictator〉

미국영화연구소(AFI) 선정 '100대 코미디 영화'에 뽑힌 채플린의 걸작 영화이다. 이 영화에서 채플린은 히틀러를 풍자한 독재자 '힌켈(Hynkel)'과 유대인 이발사의 1인 2역으로 열연을 펼친다. 〈모던 타임스〉 때문에 공산주의자로 몰려 할리우드를 떠났던 채플린이 5년 만에 만든 영화로, 그가 만든 최초의 완전 유성영화이기도 하다.

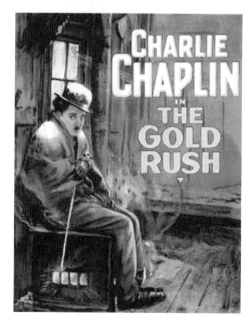

[그림 2-6] 찰리 채플린의 1925년 작품, 〈황금광 시대 The Gold Rush〉

황금을 찾아 알래스카로 떠나는 한 시굴자의 좌충우돌 모험담을 다룬 영화이다. 원래 1925년 무성영화로 제작되었지만 상업적 성공에 힘입어 이후 유성영화로 재개봉되기도 했다. 주인공이 허기에 지쳐 구두를 삶아 먹는 장면은 채플린 영화를 상징하는 명장면으로 기억되고 있다. 하지만 영화의 분위기와 어울리지 않는 해피엔딩은 그가 할리우드와 타협했다는 비판을 받게 만들었다.

# 4
## 초창기 유럽 영화의
## 대표적 사조들

### 1) 독일 표현주의

독일은 1910년대 후반부터 1920년대 중반에 이르기까지 회화적이며 시각적으로 강렬한 무성영화들을 만들어 냈다. 1918년 제1차 세계대전이 끝난 후 미국이 세계 영화산업에 대한 지배력을 강화하는 동안, 독일은 세련된 주제와 기술의 발전을 통해서 영화예술을 새롭게 이끌었다. 전쟁 패배로 인해 국가의 위신이 손상되고 물

[그림 2-7] 프리드리히 빌헬름 무르나우(Friedrich Wilhelm Murnau)의 1922년 작품, 〈흡혈귀 노스페라투 Nosferatu, Eine Symphonie des Grauens〉
독일 표현주의 영화의 상징으로 알려진 영화이다. 뾰족한 직선들로 구성된 기하학적 세트, 뚜렷한 대비효과를 강조한 조명, 이중노출 등 관객의 공포감을 증폭시키는 갖가지 영화기술이 처음 사용된 작품으로 유명하다. 가장 시적인 분위기의 공포영화라는 평가를 받기도 하는 〈흡혈귀 노스페라투〉는 오늘날 할리우드 공포영화에 많은 영향을 끼쳤다.

가폭등과 실업, 식량부족 등 독일의 경제는 무력화되었는데, 이러한 시대적 배경은 영화 예술인들에게 소위 표현주의 영화라고 불리는 새로운 영화가 탄생할 수 있는 계기를 마련해 주었다.

로베르트 비네(Robert Wiene) 감독의 〈칼리가리 박사의 밀실 The Cabinet of Dr. Caligari〉(1919)은 제1차 세계대전의 와중에서 독일 국민과 사회의 혼란한 시대적 징후를 표출해 냈다. 이 영화는 인간의 내면적 불안심리를 외적인 형식 속에서 표현해 낸 대표적인 독일 표현주의 작품으로 평가받는다. 독일 영화의 발전은 독일의 비참한 현실에 바탕을 두었지만 감독들의 지속적인 영화활동에 걸림돌이 되기도 했다. 결국 독일 감독들은 훨씬 더 좋은 작업환경을 찾아 할리우드로 이주하여 미국 영화산업을 더욱 발전하게 만들었다.

〈드라큘라 Dracula〉 시리즈와 〈프랑켄슈타인 Frankenstein〉 같은 공포물은 미국으로 이주한 1920년대 독일 감독들의 영향이라고 말할 수 있다. 오늘날 미국 할리우드 영화의 주류를 형성하고 있는 SF영화와 공포영화에도 독일 영화는 많은 영향을 주었다. 현대의 영화들에서 때때로 발견할 수 있는 사악하고 환상적인 주제, 미

[그림 2-8] 프리츠 랑의 1931년 작품, 〈엠 M〉

SF영화의 전범으로 꼽히는 〈메트로폴리스 Metropolis〉를 만든 프리츠 랑 감독의 범죄 누아르 영화이다. 〈메트로폴리스〉가 그랬던 것처럼 이 영화 또한 이후 1930~1940년대의 필름 누아르 영화에 지대한 영향을 주었다. 인물의 심리적 상태를 표현하기 위해 사용된 그림자와 거울은 이후 누아르 영화에서 가장 중요한 모티프가 되었다. 또한, 〈엠〉은 화면 밖의 내레이션이라는 또 하나의 새로운 기법을 곁들여 내레이션과 함께 각각의 장면을 하나하나 보여 주면서 공포에 사로잡힌 독일 도시의 한 단면을 그려 내고 있다.

술작품을 보는 듯한 회화적 조명, 분장과 의상, 특수효과를 이용한 촬영 등은 1920년대에서 1930년대까지의 독일과 미국에서 볼 수 있었던 영화 그대로의 모습이라고도 말할 수 있다.

많은 영화감독과 스태프들이 더 나은 작업환경을 찾아 미국으로 떠난 후에도 프리츠 랑(Fritz Lang)은 독일에 남았지만, 그의 〈메트로폴리스 Metropolis〉(1927)가 나치즘의 전조라는 비난을 받게 되고, 곧이어 실제로 나치 통치가 시작되자 랑 역시 독일을 등진다. 결과적으로, 1920년대 중반 이후의 독일 영화는 미국 영화와의 경쟁에서 밀리게 되고, 표현주의 사조의 독특함은 점차 그 힘을 잃게 된다. 한마디로 말해서, 독일 표현주의는 파시즘이라는 광기가 유럽 전역을 휩쓸기 이전에 독일 국민의 정신세계를 표현한 사조이고, 그 스타일적인 영향력은 공포영화나 필름 누아르를 통해 지금까지 전해져 오고 있다.

## 2) 형식주의와 소련 영화

러시아인들은 독일인들보다 제1차 세계대전의 영향을 훨씬 많이 받았다. 전쟁의 후유증으로 러시아에서는 1917년 볼셰비키 혁명이 일어났는데, 혁명 시기의 혼란이 안정된 1925년이 되어서야 누구나가 인정하는 탁월한 무성영화들이 만들어지기

❖ 학습활동—쿨레쇼프 효과

구 소련의 영화감독 레프 쿨레쇼프(Lev Kuleshov)는 소련 배우 모주힌(Mozhukhin)의 무표정한 얼굴을 클로즈업으로 찍은 긴 필름을 이용하여 행한 실험을 통해 똑같은 화면이라도 어느 화면과 연결되느냐에 따라 그 의미가 달라질 수 있다는 사실을 증명했다. 쿨레쇼프 효과는 같은 표정의 얼굴이라도 수프 접시 숏 뒤에 연결되었을 경우에는 관객이 그 얼굴을 배고픈 표정으로 받아들이고, 곰 인형을 갖고 노는 아이의 숏 뒤에 연결되었을 경우에는 흐뭇해하는 표정으로 받아들이며, 관에 누워 있는 여인의 숏 뒤에 연결되었을 경우에는 슬퍼하는 표정으로 받아들이는 식으로 작용한다. 이렇듯, 편집에 따라 상이한 정서적 효과가 발생한다는 것을 증명해 낸 이 실험을 통해서 쿨레쇼프는 특정 문맥에서 특정한 숏들을 연결시킴으로써 다양한 의미를 창출할 수 있다는 사실을 밝혀냈다. 쿨레쇼프의 실험은 소비에트 몽타주 이론의 기초적인 개념을 제공했다. '숏의 충돌이 새로운 의미를 빚어낸다'는 소비에트 몽타주의 원리가 만들어진 것이다. 이로 인해 쿨레쇼프는 몽타주 이론의 아버지로 불리기도 한다.

[그림 2-9] 세르게이 에이젠슈테인(Sergei Eisenstein)의 1925년 작품. 〈전함 포템킨 Battleship Potemkin〉

영화역사 100년을 논할 때 빠지지 않는 기념비적인 작품이다. 에이젠슈테인은 이 영화에서 그의 유명한 몽타주 기법을 가장 효과적으로 사용하였다. 몽타주 기법의 대표적인 장면으로 꼽히는 '오데사의 계단' 장면은 지금까지도 수많은 감독이 모방과 재창조를 하고 있다.

시작한다.

1920년대 소련 영화를 대표하는 용어인 몽타주(Montage)라는 말은 프랑스어에서 나온 것으로, 원래 'monter'는 단순히 '증가하다' 혹은 '조립하다'라는 의미였다. 소련의 감독들은 몽타주 이론을 통해서 영화라는 새로운 세계를 창조하는 데에 편집이라는 요소가 중요함을 인식하고 새로운 표현법을 만들어 갔다. 기존에 편집이라는 것은 단순히 장면과 장면을 연결시킨다는 의미 그 이상도 이하도 아니었다. 그러나 소련의 감독들에게 편집은 장면들 간의 단순한 연결이 아닌, 완전히 새로운 의미를 창조하는 과정이었다. 어떠한 연관성도 없는 두 장면을 연결함으로써 완전히 새로운 의미를 만들어 내는 몽타주는 결국 장면 자체의 의미와는 상관이 없이 장면들 간의 연관 안에서만 발생하는 효과라고 할 수 있다.

정부로부터 완전히 지원을 받았던 소련 영화는 무엇보다도 소련 인민에게 혁명의 실과와 대의를 교육, 고취시키려고 하는 사회적 목적을 가지고 있었다. 볼셰비키 공산주의 혁명을 이끌었던 선봉장 레닌은 영화의 가능성과 힘을 그 누구보다 잘 파악하고 있었다. 대중적인 집단관람이 가능한 영화의 특징이 소련 공산주의자들의 마음을 사로잡은 것이다. 소련의 무성영화는 교육적이며 선동적이었지만, 당시 영화감독들이 참여한 거대한 사회적 실험과 영상실험을 통해 영화는 새로운 발전적 토대를 마련하게 되었다.

1920년대에 정점을 이루었던 소련 감독들의 비판적인 실험정신은 레닌 사후, 스탈린이 정권을 잡으면서 퇴색하기 시작했다. 스탈린 통치하의 소련 당국은 일반 대중 누구나가 쉽게 이해할 수 있을 만한 단순한 영화를 장려하였다. 따라서 소련의 감독들은 더 이상 형식적인 실험이나 현실과 동떨어진 주제를 시도하기 어렵게 되었고, 형식주의 사조는 지가 베르토프(Dziga Vertov)의 〈열광 Fievre〉(1931)과 푸도프킨(Pudovkin)의 〈도망자 Deserter〉(1933)를 마지막으로 역사의 뒤안길로 사라졌다.

## 3) 프랑스 인상주의와 초현실주의

프랑스의 영화산업 역시 제1차 세계대전으로 심각한 타격을 입었다. 따라서 1910년대 후반에서 1920년대 후반에 이르기까지 프랑스의 영화산업은 미국의 영향을 강하게 받을 수밖에 없었는데, 이에 아벨 강스(Abel Gance), 루이 들뤼크(Louis

[그림 2-10] 루이스 부뉴엘의 1977년 작품, 〈욕망의 모호한 대상 Cet Obscur Objet du Désir〉
피에르 루이즈의 1898년 소설 〈인형과 여성〉을 영화화한 이 작품은, 감독의 마지막 연출작으로서 인간 욕망의 다양한 측면을 포착하고 있다. 특히 성적 관계와 욕망의 어두운 부분에 관한 뛰어난 통찰력을 보여 주는데, 이를 위해 두 명의 여배우가 한 인물을 연기하는 색다른 시도를 한다.

Delluc), 장 엡스탱(Jean Epstein), 제르멘 뒬라크(Germaine Dulac) 등의 감독들은 미국 할리우드 영화에 도전할 만한 새로운 영화형식을 실험하기 시작했다. 이들 인상주의 감독들은 극중인물의 의식을 최대한 드러낼 수 있는 서사형식의 창조에 주안점을 두었다. 이들은 영화의 주관성을 강조하였고, 극중인물의 지각적인 경험과 인상을 주로 화면에 담으려 노력했다. 하지만 인상주의 감독들은 다분히 엘리트주의적이었고, 강스의 〈나폴레옹 Napoleon〉(1927)이 처참한 흥행실패를 겪음과 동시에 인상주의는 쇠퇴하게 되었다.

초현실주의는 인상주의에 비해 더 급진적인 사조라고 말할 수 있다. 따라서 인상주의 감독들이 주류 영화산업 내에서 활동했던 것에 비해서, 초현실주의 감독들은 좀 더 개인적인 영역에서 자신만의 영화를 제작하는 경향이 있었다. 프로이트 심리학의 영향을 받은 초현실주의자들은 억제되지 않은 욕망이나 환상을 직접 드러내는 영화를 선호하였다. 루이스 부뉴엘(Luis Bunuel)의 〈안달루시아의 개 Un Chien Andalou〉(1928)와 제르멘 뒬라크의 〈조개껍데기와 신부 The Seashell and the Clergyman〉(1928)가 대표적인 초현실주의 작품이라고 할 수 있다. 특히 루이스 부뉴엘은 50여 년 동안 꾸준히 초현실주의적인 전통을 이은 영화를 제작했다.

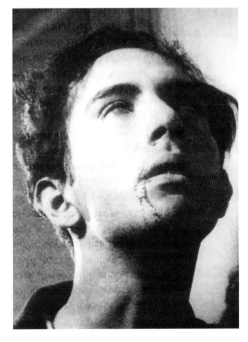

[그림 2-11] 루이스 부뉴엘의 1928년 작품,
〈안달루시아의 개 Un Chien Andalou〉
감독의 친구였던 초현실주의 화가 살바도르 달리의 꿈을 바탕으로 한 작품으로, 달리의 협력하에 제작된 전위영화이다. 기괴한 영상이 불안정하게 교차하는 몽타주 장면으로 유명하다. 특히, 면도칼로 눈을 베는 장면은 영화사상 가장 충격적인 장면 중의 하나로 손꼽힌다.

〈참고할 영화〉

〈메트로폴리스 Metropolis〉(1926, 프리츠 랑)

〈엠 M〉(1931, 프리츠 랑)

〈흡혈귀 노스페라투 Nosferatu, Eine Symphonie des Grauens〉(1922, 프리드리히 빌헬름 무르나우)

〈마지막 사람 Der Letzte Mann〉(1924, 프리드리히 빌헬름 무르나우)

〈칼리가리 박사의 밀실 The Cabinet of Dr. Caligari〉(1919, 로베르트 비네)

〈전함 포템킨 Battleship Potemkin〉(1925, 세르게이 에이젠슈테인)

〈10월 October〉(1927, 세르게이 에이젠슈테인)

〈무비 카메라를 든 사나이 The Man with a Movie Camera〉(1929, 지가 베르토프)

〈열광 Fievre〉(1931, 지가 베르토프)

〈나폴레옹 Napoleon〉(1927, 아벨 강스)

〈조개껍데기와 신부 The Seashell and the Clergyman〉(1928, 제르멘 뒬라크)

〈안달루시아의 개 Un Chien Andalou〉(1929, 루이스 부뉴엘)

〈부르주아의 은밀한 매력 Le Charme Discret de la Bourgeoisie〉(1972, 루이스 부뉴엘)

〈욕망의 모호한 대상 Cet Obscur Objet du Désir〉(1977, 루이스 부뉴엘)

# 5
# 사운드의 도입과
# 뮤지컬 영화

　19세기 활동사진의 등장과 함께 이어졌던 일련의 무성영화 작품들은 1920년대 초까지 무성영화의 황금기를 이루었다. 기존의 무성영화들 속에서 소리는 극장에서 객석을 향해 연주되는 오케스트라 연주나 피아노 연주뿐이었는데, 당시 영화에서 음향은 영화의 중요한 한 요소라기보다는 관객들의 감정을 고조시키는 보조적인 수단으로 간주될 뿐이었다. 무성영화의 대표적인 배우였던 찰리 채플린은 유성영화가 시작된 후에도 9년 넘게 무성영화를 고집하면서 영화에서 소리의 비중을 경시했지만, 그마저도 1936년 영화 〈모던 타임스 Modern Times〉에서 최초로 자신의 목소리를 들려주기에 이르렀다.

　1927년 10월 6일 최초의 유성영화인 〈재즈 싱어 The Jazz Singer〉가 뉴욕에서 대

성공을 거두며 화려하게 유성영화의 시대를 열었다. 그러나 엄밀한 의미에서 〈재즈 싱어〉는 완전한 유성영화는 아니었다. 영화의 대부분은 여전히 무성으로 만들어졌으며, 부분적으로 도입된 노랫소리만이 이 영화가 유성영화라는 사실을 알 수 있게 해 주었기 때문이다. 그러나 자막이 영화 중간에 흘러나와 줄거리를 전달해 주었음에도 불구하고 〈재즈 싱어〉는 관객들의 열렬한 지지를 받았다.

영화에서 사운드, 즉 소리의 도입은 영화가 단순히 회화성이 강한 예술의 지위에서 벗어나 실생활에 훨씬 가까운 세밀한 의사 전달이나 의미 전달을 할 수 있는 매체가 되었다는 의의를 갖는다. 또한 사운드의 도입은 그때까지 영상과 자막을 교대로 봐야 했던 무성영화의 불편함이 사라지면서 높은 문맹률을 기록하고 있던 당시의 일반 대중들에게 영화가 보다 친밀하게 다가갈 수 있는 계기를 만들기도 했다.

음향의 도입으로 주요 할리우드 영화 장르 가운데 하나인 뮤지컬 영화가 서서히 전성기를 맞이하게 되었다. 이와 함께 1930년대에 컬러필름이 등장하면서 이 신기술을 활용한 영화들 역시 속속 등장한다. 빅터 플레밍(Victor Fleming) 감독의 1939년

[그림 2-12] 빅터 플레밍의 1939년 작품, 〈오즈의 마법사 The Wizard of Oz〉

〈바람과 함께 사라지다〉를 감독한 빅터 플레밍의 작품으로 프랭크 바움의 원작소실을 영화화했다. 꿈과 환상의 세계의 오즈를 표현하기 위해서 사용된 특수효과들은 지금의 기준으로 본다면 조악한 수준이지만, 1930년대 작품인 점을 고려한다면 놀라움을 금할 수 없다. 주인공 도로시 역을 열연한 주디 갈런드는 이 영화로 스타덤에 올랐으며 영화에 나오는 노래 'Somewhere over the rainbow'는 지금까지도 많은 사람의 사랑을 받는 명곡이다.

작 〈오즈의 마법사 The Wizard of Oz〉는 초기영화 역사에서 사운드와 컬러를 가장 효과적으로 사용한 작품으로 평가 받는다. 〈오즈의 마법사〉에서 흑백과 컬러 영상은 현실과 꿈의 세계를 구분하는 경계로 사용된다. 빅터 플레밍 감독은 〈오즈의 마법사〉 성공에 이어 〈바람과 함께 사라지다 Gone with the Wind〉에서도 화려한 색채를 선보이며 흑백영화에서 컬러영화로의 변화를 주도했다.

〈참고할 영화〉

〈재즈 싱어 The Jazz Singer〉(1927, 앨런 크로스랜드)

〈오즈의 마법사 The Wizard of Oz〉(1939, 빅터 플레밍)

〈바람과 함께 사라지다 Gone with the Wind〉(1939, 빅터 플레밍)

〈사운드 오브 뮤직 Sound of Music〉(1965, 로버트 와이즈)

〈메리 포핀스 Mary Poppins〉(1964, 로버트 스티븐슨)

# 6
# 영화 100년사
# 최고의 영화감독, 오손 웰스

1940년대 영화감독이자 배우였던 오손 웰스(Orson Welles)는 〈시민 케인 Citizen Kane〉을 통해 영화미학의 새로운 가능성을 선보였다. 오늘날 〈시민 케인〉은 딥 포커스(deep focus)와 미장센(mise en scène)을 적극적으로 도입해 창조적으로 사용한 영화로 기억된다. 딥 포커스는 화면의 전경과 배경을 똑같이 선명하게 보여 주는 영화기술로 이를 통해 관객은 화면 안에 존재하는 모든 인물이나 공간을 취사선택해서 보게 됨으로써 화면을 더욱 풍부하게 느낄 수 있었다. 또한 웰스는 딥 포커스를 통해 연극미학이었던 미장센을 영화미학에서 주목받게 하는 계기를 마련했다.

웰스는 〈시민 케인〉에서 지금까지 단순히 배경화면에 지나지 않았던 다양한 시각적인 요소들을 영화의 화면구성에서 아주 중요한 부분을 차지하는 위치로까지 격상시켰으며, 이런 효과를 위해 카메라와 조명, 그리고 소품에 이르기까지 아주 세

[그림 2-13] 오손 웰스의 1941년 작품, 〈시민 케인 Citizen Kane〉

영화 100년사에서 최고의 천재감독으로 꼽히는 오손 웰스의 대표작이다. 이 영화에서 그가 사용한 새로운 영상문법과 내러티브 구조는 여전히 그 가치를 인정받고 있을 정도이다. 그 가운데 특히 화면의 전경, 중경, 배경에 모두 초점을 두는 딥 포커스 기법은 영화사에서 가장 획기적인 발견으로 불릴 만하다. 그러나 20대의 나이에 이미 최고의 걸작을 만들어 낸 오손 웰스는 이후 어쩔 수 없이 내리막길을 걷게 되는 아이러니한 운명에 처한다.

심하게 신경을 썼다. 기존의 영화에서 천장은 조명기가 설치되어 있는 숨겨진 공간, 죽은 공간이었으나 오손 웰스는 미장센을 살려 죽은 공간을 살아 있는 공간으로 재탄생시켰던 것이다. 천장의 조명기가 사라지면서 오손 웰스는 세트 곳곳에 촛불이나 햇불 같은 다양한 보조조명을 배치해 광원 부족의 기술적인 한계를 극복했다. 영화의 미장센을 살리기 위해 세트 제작과 조명, 소품 배치에 이르기까지 기존의 영화와는 차별화되는 장면의 설계를 시도했던 것이다.

〈오손 웰스의 대표작〉

〈시민 케인 Citizen Kane〉(1941)
〈위대한 앰버슨 가 The Magnificent Ambersons〉(1942)
〈상하이에서 온 여인 The Lady from Shanghai〉(1948)
〈오셀로 The Tragedy of Othello: The Moor of Venice〉(1952)
〈악의 손길 Touch of Evil〉(1958)
〈카프카의 심판 The Trial〉(1963)

# 요점정리

**1** 영화의 탄생 이후, 1903년경까지는 단순한 기록물들이 영화의 주류를 차지하였다.

**2** 1915년을 전후하여 내러티브 영화는 영화형식의 기본으로 자리 잡는다.

**3** 에드윈 포터는 극적인 이야기 구성과 동시편집의 개념을 도입했다.

**4** 그리피스 이후, 영화는 서서히 장편화되었고 산업적인 형태로 자리를 잡아 가게 되었다.

**5** 맥 세넷과 버스터 키튼, 헤럴드 로이드는 코미디 영화의 원형과도 같은, 슬랩스틱이라고 불리는 우스꽝스러운 과장연기를 창조해 냈다.

**6** 채플린은 코미디 영화가 메시지를 줄 수 있으며 감동까지 선사할 수 있다는 또 다른 가능성을 보여 주었다.

**7** 독일은 1910년대 후반부터 1920년대 중반에 이르기까지 회화적이며 시각적으로 강렬한 무성영화들을 만들어 냈다.

**8** 몽타주라는 개념은 형식주의와 소련 영화를 대표한다.

**9** 프랑스 인상주의 감독들은 극중인물의 의식을 최대한 드러내 줄 수 있는 서사형식의 창조에 주안점을 두며, 영화의 주관성을 강조하였고, 극중인물의 지각적인 경험과 인상을 화면에 담으려 노력했다.

**10** 1927년 〈재즈 싱어〉는 유성영화의 시대를 열었다.

**11** 오손 웰스는 〈시민 케인〉을 통해 딥 포커스와 미장센을 적극적으로 도입하는 등 영화미학의 새로운 가능성을 선보였다.

**01** 다음 중 에드윈 포터가 1903년도에 만든 영화제목은 무엇인가?

① 〈달나라 여행〉        ② 〈대열차강도〉

③ 〈국가의 탄생〉        ④ 〈전함 포템킨〉

**02** 소련의 감독 세르게이 에이젠슈테인이 시도한 영상문법으로 두 개의 숏을 충돌시켜 강한 효과를 만들어 내는 영상기법을 무엇이라고 하는가?

① 누아르 기법        ② 제작 준비단계

③ 몽타주 기법        ④ 광학적 합성 기법

**03** 1927년 사운드의 도입은 영화의 역사에서 혁명적 사건이었다. 다음 중 사운드의 도입 의미를 가장 잘 설명한 것은 무엇인가?

① 사운드의 도입은 영화를 단순히 회화성이 강한 예술의 지위에서 벗어나도록 했으며, 일반 대중들에게 영화의 친밀성을 제고시켰다.

② 사운드를 통해 사람들은 영상의 의미를 보다 잘 이해할 수 있었으나, 동시에 영상과 함께 전달되는 사운드는 관객들이 자막을 보는 데 방해가 되기도 하였다.

③ 사운드의 도입으로 인해 심오한 고급문화로 간주되던 영화가 문맹률이 높은 대중만을 상대로 하는 대중매체로 전락하게 되었다.

④ 무성영화의 대표적 배우였던 찰리 채플린은 영화에서 소리의 비중을 경시하여 단 한 번도 유성영화에 출연하지 않았다.

**04** 회화적이고 과장스러운 조명과 분장이 특징이며, 오늘날 미국 할리우드의 SF영화와 공포영화에 많은 영향을 준 영화양식은 무엇인가?

① 프랑스 사실주의        ② 독일 표현주의

③ 러시아(소련) 형식주의        ④ 이탈리아 네오리얼리즘

**05** 영화 100년사에서 최고의 천재감독으로 꼽히는 오손 웰스의 대표작으로, 딥 포커스와 미장센을 적극적으로 도입해 창조적으로 사용한 영화는 무엇인가?

① 〈시민 케인〉        ② 〈오즈의 마법사〉

③ 〈전함 포템킨〉        ④ 〈바람과 함께 사라지다〉

정답 | 01 ②   02 ③   03 ①   04 ②   05 ①

**01** 사운드의 도입과 컬러필름의 발명이 영화산업에 어떠한 영향을 미쳤는지에 대해 생각해 보시오.

**02** 초창기 유럽의 대표적인 영화사조들의 특징을 조사해 보시오.

제**3**장

# 영화의 역사 II

## 개관

제2차 세계대전을 기점으로 해서 그 전후의 영화의 성격은 분명 다르다고 할 수 있다. 그 이전의 영화가 '이야기로서의 영화'라는 영화의 주된 형식을 완성해 갔다면, 그 이후의 영화는 완전히 무너진 영화산업으로부터 새로운 것을 창조해 내려는 시도에서 만들어졌다. 이러한 구분은 특히 유럽 영화의 경우에 더욱 잘 들어맞는다. 제2차 세계대전 후 미국의 영화산업은 스튜디오 시스템을 더욱 공고하게 만들면서 크게 성장한 반면에, 전쟁의 피해를 직접 겪어야만 했던 유럽의 각국은 다시 처음부터 영화산업을 일으켜야만 했기 때문이다. 이 장에서는 제2차 세계대전 이후 각국의 영화계의 현실과 당시에 새로이 부상하던 각 사조들에 대해서 살펴본다.

## 학습목표

1. 알프레드 히치콕 감독이 영화의 역사에서 차지하는 위치에 대해 설명할 수 있다.

2. 제2차 세계대전이라는 영화 외적인 사건이 영화산업 전반에 어떠한 영향을 미쳤는지 구체적인 사례를 들어 설명할 수 있다.

3. 누벨바그, 뉴 저먼 시네마, 네오리얼리즘 등 제2차 세계대전 후 유럽에서 등장한 새로운 영화사조의 특징과 영화사적 의미를 설명할 수 있다.

## 주요용어

알프레드 히치콕 • 맥거핀 • 세미다큐멘터리 • 프리 시네마 • 로버트 플래허티 • 존 그리어슨 • 매카시즘 • 네오리얼리즘 • 누벨바그 • 뉴 저먼 시네마 • 카이에 뒤 시네마 • 베르톨트 브레히트 • 라이너 베르너 파스빈더

# 1

# 알프레드 히치콕,
# 고전영화에서 현대영화로

프랑스 철학자 질 들뢰즈(Gilles Deleuze)는 제2차 세계대전 이전의 영화를 '운동-이미지' 중심의 고전영화, 이후의 영화를 '시간-이미지' 중심의 현대영화라고 불렀다. 그만큼 제2차 세계대전을 기점으로 해서 그 전후의 영화 성격이 명확히 구분될수 있다는 말이다. 고전영화가 '이야기로서의 영화'라는 영화의 주된 형식을 완성해가는 과정에서 자리매김 되었다면, 현대영화는 제2차 세계대전 이후 완전히 무너진영화산업으로부터 새로운 것을 창조해 내려는 시도에서 만들어진 산물이라고 할 수

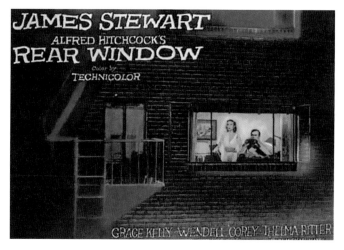

[그림 3-1] 알프레드 히치콕의 1954년 작품, 〈이창 Rear Window〉

코넬 울리치(Cornell Woolrich)의 단편소설에 바탕을 둔 영화이다. 남자 주인공이 자신이 사는 아파트에서 한 발자국도 나가지 않은 채, 그의 시선으로만 긴장과 공포를 만들어 낸 이 영화는 관객의 엿보기 심리를 교묘하게 건드린다. 특히영화 〈이창〉의 남자 주인공인 사진작가는 고전영화에서의 관객과도 같은 지위를 누리는 모습으로 그려지고 있다. 즉 남이 행하는 행위와 그 행위에 의해서 발생하거나 해결되는 상황을 그저 가만히 지켜보기만 하는 존재로 그려지고 있는것이다. 이는 히치콕 감독의 영화에서 흔히 찾아볼 수 있는 관객과 극중인물의,역할과 관계의 역전현상을 보여 주는 대표적인 사례라고 할 수 있다.

[그림 3-2] 알프레드 히치콕의 1959년 작품, 〈북북서로 진로를 돌려라 North by Northwest〉

알프레드 히치콕 감독의 대표적인 걸작 중 하나로 꼽히는 작품이다. 인물이나 형식 면에서 히치콕 영화의 결정판이라고도 불리는 영화로, 당시의 영화로서는 지나치게 복잡한 플롯으로 주연배우인 캐리 그랜트조차도 내용을 제대로 이해하지 못했다고 전해진다. 히치콕의 대표적인 스릴러 영화인 이 작품은 예측을 불허하는 극적인 구성으로 인해, 관객으로 하여금 거의 모든 장면에서 손에 땀을 쥐게 한다. 1960년 아카데미 시상식에서 각본, 편집, 미술상 후보에 올랐다.

있다.

알프레드 히치콕 감독은 운동—이미지 중심의 고전영화를 완성함과 동시에 그것의 위기를 가져오기도 했다는 평가를 받는다. 이는 히치콕이 관객을 영화라는 매체가 작동하는 형식적인 틀 안으로 적극적으로 끌어들였기 때문이다. 히치콕 이전의 영화들, 즉 기존의 운동—이미지 중심의 고전영화에서 관객은 극중인물들의 움직임과 그들의 행위에 의해서 발생하거나 해결되는 상황을 그저 가만히 지켜보기만 하면 되었다. 하지만 히치콕 영화는 관객이 극중인물들과 보다 적극적이고 능동적인 관계를 형성하게 만든다.

많은 히치콕 영화에서 관객은 이미 극중인물들보다 더 많은 것을 알고 있거나 극중인물들이 영화의 전반적인 상황을 이해하기 이전에 미리 이야기의 전개 과정을 알게 되어, 궁극적으로 극중인물들의 역할까지도 수행할 수도 있게 된다.

이것을 설명하는 대표적인 용어가 바로 '맥거핀(MacGuffin)'이라고 할 수 있다. '작품 줄거리에는 영향을 주지 않지만 관객의 시선을 의도적으로 묶어 둠으로써 공포감이나 서스펜스를 자아내게 만드는 영화 구성상의 속임수'라고 정의되는 맥거핀은, 관객을 영화 속의 이야기에 적극적으로 반응하도록 만듦으로써 긴장감과 서스펜스를 배가시킨다. 맥거핀은 영화가 등장인물들에 의해서만 완성되는 것이 아니라, 최종적으로는 관객에 의해 완성된다는 점을 잘 말해 준다.

❖ 학습활동―맥거핀

　　맥거핀의 대표적인 예로, 히치콕의 1960년 작품 〈사이코 Psycho〉에 등장하는 돈다발을 들 수 있다. 〈사이코〉에는 여주인공이 돈을 훔쳐 달아나는 장면이 나온다. 이후 관객은 자연스레 영화가 그 돈다발의 행적을 좇아 전개되리라고 예상한다. 그러나 관객의 기대와는 달리, 여주인공이 사이코에게 살해당한 후 돈다발은 신문더미 속에 감추어진 채 다시는 영화 속에 등장하지 않는다. 즉 돈다발은 〈사이코〉 전체의 스토리에는 거의 아무런 영향을 주지 못하는 일개 소품일 뿐이다. 하지만 관객은 돈다발이라는 매개체를 통해서 공포감이나 혼란, 전율, 서스펜스 등을 느낀다. 그러한 느낌은 영화가 끝나는 순간까지 지속되지만, 결국 따지고 보면 돈다발의 실질적인 역할은 제로에 가깝다고 해도 과언이 아니다. 따라서 맥거핀은 주인공들의 실질적인 행위와는 상관없이 관객의 입장에서 영화세계를 풀어 나가고자 했던 히치콕 감독의 창의적인 노력의 산물이라고 할 수 있다.

그리고 히치콕 영화는 관객에게 극중 등장인물의 역할을 부여하는 동시에, 역으로 등장인물에게 관객의 역할을 맡긴다. 이것이 바로 히치콕이 운동―이미지 중심의 고전영화를 완성함과 더불어 그것의 위기를 가져왔다는 평가를 받는 이유이다. 극중 등장인물에게 관객의 역할을 부여한다는 의미는, 영화 속 특정한 상황을 변화시키는 능동적인 주체로서만 존재해 왔던 등장인물들이 이제는 단지 상황을 수동적으로 바라보기만 하는 관객의 역할까지도 담당하기 시작했다는 것이다. 〈이창 Rear Window〉의 주인공 사진작가가 바로 이러한 '상황을 수동적으로 바라보기만 하는' 존재로서의 극중인물의 대표적인 사례라고 할 수 있다.

제2차 세계대전이라는 시대배경과 알프레드 히치콕이라는 감독은 영화사에서 커다란 전환점이 된다. 제2차 세계대전 후 미국의 영화산업은 스튜디오 시스템을 더욱 공고하게 만들면서 그 누구와의 경쟁도 허락하지 않을 정도로 크게 성장한 반

[그림 3-3] 알프레드 히치콕의 1963년 작품, 〈새 The Birds〉

공포와 스릴러 영화의 거장. 알프레드 히치콕의 작품 중 인간의 근원적인 공포를 가장 잘
포착해 냈다는 평가를 받는 작품이다. 아무런 이유도 없이 인간을 공격하는 새 떼의 모습
은 관객의 가슴을 섬뜩하게 한다. 하늘을 나는 새들을 표현하기 위해 유리판 위에 새를
그려 넣은 후 배경과 합성하는 기법을 사용했는데, 이 새들은 히치콕 자신이 직접 그려
넣었다고 한다. 〈새〉는 히치콕의 영화 중에서 전통적인 공포영화의 장르에 가장 가까이
다가간 작품이라는 평가를 받는다.

면, 전쟁의 피해를 직접 겪을 수밖에 없었던 유럽 각국은 다시 무(無)에서부터 영화
산업을 일으켜야만 하는 실정에 처했던 것이다.

〈알프레드 히치콕의 대표작〉

〈39 계단 39 Steps〉(1935)　　　　　〈사보타주 Sabotage〉(1936)

〈레베카 Rebecca〉(1940)　　　　　　〈스미스씨 부부 Mr. and Mrs. Smith〉(1941)

〈로프 Rope〉(1948)　　　　　　　　〈다이얼 M을 돌려라 Dial M for Murder〉(1954)

〈이창 Rear Window〉(1954)　　　　　〈현기증 Vertigo〉(1958)

〈북북서로 진로를 돌려라 North by Northwest〉(1959)

〈사이코 Psycho〉(1960)　　　　　　　〈새 The Birds〉(1963)

〈마니 Marnie〉(1964)　　　　　　　　〈프렌지 Frenzy〉(1972)

# 2
# 제2차 세계대전 전후
# 영국과 미국의 영화

## 1) 영국 전시의 세미다큐멘터리

제2차 세계대전을 전후하여 활동했던 영국 감독들의 정신적 지주는 존 그리어슨 (John Grierson)이다. 그가 실제로 제작했던 영화는 〈유망어선 Drifters〉(1929) 단 한 편에 불과하지만, 기록영화 감독들에게 그는 정신적인 지주였다. 그리어슨의 주된 목표는 영화를 대중에 대한 교육수단으로 사용하는 것이었다. 따라서 기록영화의 또 다른 거장인 로버트 플래허티(Robert Flaherty)의 '자연적인 아름다움'을 추구하는 사 실주의에 대해서 그리어슨은 다소 비판적인 입장을 취하기도 하였다. 그리어슨에 게 중요한 문제는 인간과 세계가 직면한 커다란 문제를 해결하는 것이기 때문이다.

❖ 학습활동─〈북극의 나누크 Nanook of the North〉

로버트 플래허티가 연출한 최초의 장편 다큐멘터리이다. 1920년대, 다큐멘터리가 관객들에 게 아직 생소하게 받아들여지던 시절에 큰 반향을 일으킨 작품으로 짧은 길이의 일회성 다큐멘 터리 수준을 넘어 촬영, 편집, 극적 구성에 고차원적인 기법들을 활용하며 에스키모의 일상생 활을 현실감 있게 담아냈다. 앙드레 바쟁(Andre Bazin)을 비롯한 많은 평론가들은 〈북극의 나누 크〉에서 플래허티가 이루어 낸 가장 중요한 성과는 평범한 일상의 결을 포착한 점임을 강조해 왔다. 따라서 플래허티를 '자연적인 아름다움'을 추구하는 사실주의의 대가라고도 부를 수 있다.

그리어슨의 영향을 받은 전시 영국의 세미다큐멘터리 사조의 대표적인 감독은 험프리 제닝스(Humphrey Jennings)이다. 그는 전시의 비관적인 분위기를 영화를 통해 바꾸고자 하였는데, 그가 제작한 영화들은 대체로 시적이고 서정적이면서도, 러시 아 형식주의 영화들처럼 선동적이지는 않았다. 〈런던은 이길 수 있다 London Can Take It〉(1940)를 비롯한 제닝스의 영화들은 암울한 시대를 살아야 하는 대중들에게 인내의 가치를 일깨워 주기에 충분한 것이었다. 세미다큐멘터리 영화는 반(半)기록적인 극영화, 즉 기록영화와 극영화의 중간적인 형태라고 할 수 있는데, 이러한 영화적 사조는 전후 미국에까지 영향을 미친다.

전시 영국의 세미다큐멘터리 영화전통은 훗날 영국 프리 시네마(Free Cinema)로까지 이어진다. 프리 시네마는 1950년대 영국의 세 명의 감독, 즉 린제이 앤더슨(Lindsay Anderson), 카렐 라이즈(Karel Reisz), 그리고 토니 리처드슨(Tony Richardson)에 의해 만들어진 다큐멘터리 영화들을 지칭하는 용어이다. 일상생활을 살아가고 있는 사람들의 삶이 가장 중요한 영화예술의 주제라고 믿었던 이들 감독은, 상업적인 압력을 거부하고 휴머니즘적이면서도 시적인 영상예술을 창조하려 노력했다.

## 2) 1940~1950년대 미국 할리우드 영화

전쟁의 참상을 실제로 경험하고 있던 유럽의 여느 나라들과는 달리 미국의 1940년대는 1930년대의 연속이었다고 할 수 있다. 서사형식의 전통을 따른 영화예술은 계속 발전하였고, 영화산업의 거대화가 가속화되면서 미국은 다른 나라들에게 오락거리로서의 영화를 지속적으로 제공하였다. 독일 표현주의의 영향을 받은 필름 누아르(film noir) 장르영화가 첫선을 보였고, 영국 세미다큐멘터리를 닮은 리얼리즘 영화가 등장했던 것도 바로 이 시기이다. 그러나 미국 영화예술의 다채로운 시도들은 매카시즘에 의해서 다소 잠잠해지게 된다. 미국판 '빨갱이 사냥'이라고 할 수 있는 매카시즘은 영화계를 강타하였고, 이로 인해 수많은 영화인들이 정신적·물질적 고난을 겪게 되었다.

1950년대 이후 미국 영화산업은 매카시즘 이외에도 텔레비전 수상기의 광범한 보급에 의해 또 다른 위기를 맞게 된다. 그때까지 대중오락 수단으로서 마땅한 적수가 없이 독점적인 지위를 누려 왔던 영화는 텔레비전 수상기라는 강력한 경쟁자를 만나게 된 것이다. 이로 인해 영화산업은 와이드 스크린이나 3D 입체영화 같은 신기술 도입에 박차를 가하기 시작했다. 매카시즘에 의해 절정에 달했던, 내용에 대한 통제도 서서히 완화되기 시작했다.

1950년대 할리우드 영화산업과 스튜디오 시스템의 중흥에 결정적인 역할을 담당했던 감독들은 조지 스티븐스(George Stevens), 빌리 와일더(Billy Wilder), 프레드 진네만(Fred Zinneman), 빈센트 미넬리(Vincente Minnelli), 엘리아 카잔(Elia Kazan), 윌리엄 와일러(William Wyler) 등이다. 그러나 사실, 이들은 영화의 내용에서나 형식에서 새로운 무언가를 시도하지는 않았다. 다만 이미 확고하게 성립되어 왔던 할리우드의 전통을 단지 그대로 완벽하게 재현했다는 측면에서 의미를 갖는다고 하겠다.

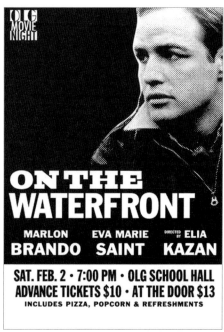

[그림 3-4] 엘리아 카잔의 1951년 작품, 〈욕망이라는 이름의 전차 A Streetcar Named Desire〉와 1954년 작품 〈워터프론트 On the Waterfront〉

영화 〈욕망이라는 이름의 전차〉는 테네시 윌리엄스의 퓰리처상(1947) 수상 희곡을 각색한 영화로, 말런 브란도와 비비안 리가 주연을 맡았다. 1952년 제25회 아카데미 시상식에서 작품상, 감독상, 감독상, 각본상 등 12개의 주요 부문에 노미네이트되어 여우주연상을 비롯한 4개 부문에서 수상했다. 〈워터프론트〉 역시 퓰리처상(1948)을 수상한 말콤 존슨의 소설 〈부두의 범죄〉를 각색한 영화인데, 1954년 제27회 아카데미 시상식에서 작품상, 남우주연상, 각본상, 촬영상, 편집상 등 8개 주요 부문에서 수상했다. 이 두 영화만으로도 거장의 반열에 오르게 된 감독 엘리아 카잔은 1999년 아카데미 평생공로상을 수상하기에 이르게 되나, 매카시즘과 관련된 그의 도덕성 문제는 아직까지도 논란의 대상이 되고 있다.

[그림 3-5] 빈센트 미넬리의 1951년 작품, 〈파리의 미국인 An American in Paris〉

1951년에 MGM이 제작한 뮤지컬 영화이다. 빈센트 미넬리 감독이 연출하였고 앨런 러너가 각본을 썼다. 미국 현대음악의 거장 조지 거슈윈(George Gershwin)의 명곡 〈파리의 미국인〉을 배경에 깔고 화려하고 감상적인 미국 뮤지컬의 전형을 아름답게 보여 준 뮤지컬 영화의 명작이다. 프레드 아스테어와 함께 미국 뮤지컬 영화의 한 축이었던 진 켈리의 대표작으로, 그는 이 영화의 기본 아이디어를 제공했을 뿐 아니라 안무까지도 도맡았다. 특히 20분 가량 펼쳐지는 남녀 주인공의 화려한 댄싱 장면은 조지 거슈윈의 음악과 완벽한 조화를 이루어, 진부한 러브스토리라는 영화의 단점을 상쇄하기에 손색이 없다. 〈파리의 미국인〉은 1930년대에 첫 절정기를 맞이했던 뮤지컬 장르의 부활과 중흥을 알리는 기념비적인 작품으로 손꼽힌다.

[그림 3-6] 빌리 와일더의 1959년 작품, 〈뜨거운 것이 좋아 Some Like It Hot〉

필름 누아르의 걸작 〈선셋 대로 Sunset Blvd.〉의 감독 빌리 와일더와 영화역사상 최고의 섹스 심벌 마릴린 먼로가 힘을 합쳐 만들어 낸 작품이다. 할리우드 스튜디오 시스템의 막바지에 만들어진 이 영화를 촬영할 당시 이미 마릴린 먼로는 술과 약물에 찌들어서 촬영 일정을 번번이 어겨 와일더 감독을 괴롭혔다고 한다. 〈벤허〉의 윌리엄 와일러 감독과 더불어, 빌리 와일더 감독 역시 1950년대 중후반 고전적인 할리우드 시스템의 막바지 중흥기를 이끌었던 감독이다.

[그림 3-7] 윌리엄 와일러의 1959년 작품, 〈벤허 Ben Hur〉

〈로마의 휴일 Roman Holiday〉, 〈화니 걸 Funny Girl〉 등의 작품으로 유명한 윌리엄 와일러 감독의 대표작이다. 당시 영화로서는 가장 큰 규모였던 이 작품은 제작기간 10년, 1500만 달러의 제작비에 10만여 명의 출연진이 동원된 것으로 알려져 있다. 아카데미 시상식에서 작품상과 감독상을 비롯, 무려 11개 부문의 상을 휩쓸기도 했다. 윌리엄 와일러 감독은 1950년대 할리우드 스튜디오 시스템의 중흥을 이끌었던 대표적인 감독이라는 평가를 받는다.

❖ 학습활동—매카시즘

매카시즘(McCarthyism)은 미국 위스콘신 출신 공화당 상원의원으로 당시 국내 치안분과 위원장이었던 '조셉 레이먼드 매카시(Joseph R. McCarthy)'의 이름에서 나온 말이다. 1950년, 미국은 로젠버그라는 유태인 과학자가 원자폭탄 제조기술을 소련에 넘겼다는 이유로 그를 잡아 처형시킨다. 이후 반공 분위기가 팽배하면서 1950년 2월 매카시 의원이 "국무성 안에는 205명의 공산주의자가 있다"는 폭탄적인 연설을 하기에 이르렀고, 당시 공산권 세력의 급격한 팽창에 위협을 느끼고 있던 미국 국민들은 이에 대해 광범한 지지를 보낸다.

매카시즘의 여파는 예술계와 언론계에까지 미치면서 심각한 인권침해 문제를 낳았다. 할리우드 영화계와 방송계의 인물들 가운데 수십 명 이상이 공산주의자라는 멍에를 쓰고 '블랙리스트'에 올라 일자리를 잃었다. 코미디 영화의 거장 찰리 채플린 역시 자본주의 사회를 비판했던 〈살인광 시대 Monsieur Verdoux〉(1947)로 인해 매카시즘에 휘말렸고 끝내 공산주의자로 몰려 미국에서 추방되기에 이른다.

반면, 〈욕망이라는 이름의 전차 A Streetcar Named Desire〉(1951)와 〈워터프론트 On the

Waterfront〉(1954) 등의 작품으로 유명한 엘리아 카잔이나 미국 애니메이션의 대부 월트 디즈니 같은 인물들은 청문회를 통해 동료 영화인들이 공산주의적 성향을 지니고 있다고 고발하면서 자신의 안위를 지켜 냈다. 그러나 결국, 매카시는 상원 외교관계위원회의 조사를 받으면서도 자신이 언급했던 국무성 205인의 공산주의자에 대해서 전혀 밝혀내지 못했다. 한편, 엘리아 카잔 감독은 지난 1999년 아카데미 평생공로상을 수상했으나 시상식에서 많은 영화인들로부터 야유 세례를 받았다.

〈참고할 영화〉

〈유망어선 Drifters〉(1929, 존 그리어슨)

〈런던은 이길 수 있다 London Can Take It〉(1940, 험프리 제닝스)

〈불은 시작되었다 Fires Were Started〉(1943, 험프리 제닝스)

〈우리 생애 최고의 해 The Best Years of Our Lives〉(1946, 윌리엄 와일러)

〈벤허 Ben-Hur〉(1959, 윌리엄 와일러)

〈로마의 휴일 Roman Holiday〉(1963, 윌리엄 와일러)

〈화니 걸 Funny Girl〉(1968, 윌리엄 와일러)

〈선셋 대로 Sunset Blvd.〉(1950, 빌리 와일더)

〈7년 만의 외출 The Seven Year Itch〉(1955, 빌리 와일더)

〈뜨거운 것이 좋아 Some Like It Hot〉(1959, 빌리 와일더)

〈보바리 부인 Madame Bovary〉(1949, 빈센트 미넬리)

〈파리의 미국인 An American in Paris〉(1951, 빈센트 미넬리)

〈지지 Gigi〉(1958, 빈센트 미넬리)

〈하이 눈 High Noon〉(1952, 프레드 진네만)

〈욕망이라는 이름의 전차 A Streetcar Named Desire〉(1951, 엘리아 카잔)

〈워터프론트 On the Waterfront〉(1954, 엘리아 카잔)

# 3
# 제2차 세계대전 이후 유럽의 새로운 영화들

미국의 영화가 사운드와 컬러의 도입, 와이드 스크린 등의 기술적인 발전을 통해 성장을 모색한 반면 유럽에서는 영화감독보다는 작가라는 개념이 어울릴 만한 새로운 감독들에 의해 다양한 영화적 표현들이 시도되었다. 이들의 영화는 상업적이고 기술적인 미국 영화와는 달리 감독이 속해 있던 유럽의 시대 상황을 반영했으며, 지극히 비문법적이고 개인적인 자신의 영화세계를 만들었다.

## 1) 이탈리아 네오리얼리즘

이탈리아의 경우, 무솔리니 정권 아래에서의 영화들은 대하사극이나 상류계급들의 애정행각을 소재로 한 멜로영화가 주류를 이루고 있었다. 그러나 제2차 세계대전에서 패전하면서 전쟁의 폐허와 비극을 영화로 표현하고자 하는 시도들이 생겨났는데 비평가들은 이러한 움직임을 새로운 사실주의를 뜻하는 네오리얼리즘(neo-realism) 영화라고 불렀다. 네오리얼리즘 영화의 대표작 중 하나인 로베르토 로셀리니(Roberto Rossellini)의 〈무방비 도시 Roma Citta Aperta〉(1946)는 전쟁에서 남은 잡동사니 재료들로 만들었으며, 포화 속에 무너진 영화 스튜디오를 대신해 모든 장면들을 폐허 속 실제 장소에서 촬영하였다.

〈무방비 도시〉는 동시대의 감독들에게 많은 영향을 끼쳤다. 비토리오 데 시카(Vittorio de Sica)의 1948년 작 〈자전거 도둑 Ladri Di Biciclette〉은 로셀리니의 영향을 받은 대표적 작품이었다. 감독은 실제 배우가 아닌 기계공과 신문배달 소년을 주인공으로 캐스팅할 정도로 리얼리티를 중요시했다. 이 영화는 생업에 필요한 자전거를 도난당한 실업노동자가 다른 자전거를 다시 훔치는 비극적 상황을 그려 주목을 받았다.

이탈리아 네오리얼리즘 영화의 특징은 바로 극영화와 기록영화의 혼합이라는 점으로 정리될 수 있다. 이들 영화는 기본적으로 이야기 구조를 가지고 있다는 점에

[그림 3-8] 비토리오 데 시카의 1970년 작품, 〈해바라기 Girasoli〉

해바라기가 끝이 보이지 않게 펼쳐진 우크라이나의 벌판을 헤매는 여주인공 소피아 로렌의 모습 하나만으로도 쉬이 잊혀지지 않는 명화이다. 제2차 세계대전의 발발로 인해 엇갈리게 되는 연인들의 비통한 운명을 그렸다. 그러나 비토리오 데 시카는 〈자전거 도둑 Ladri Di Biciclette〉(1948)으로 네오리얼리즘을 연 감독으로서, 새로운 활로를 찾지 못하고 멜로드라마로 퇴영했다는 비판도 받았다.

[그림 3-9] 로베르토 로셀리니의 1946년 작품, 〈무방비 도시 Roma Citta Aperta〉

이탈리아 네오리얼리즘의 선구자 중 한 명으로 꼽히는 로베르토 로셀리니 감독의 대표작이다. 나치에 맞선 이탈리아 민중들의 투쟁을 묘사한 이 작품은 네오리얼리즘의 본격적인 시작을 알린 작품으로 평가받는다. 이후 로셀리니 감독은 미국의 미녀 배우 잉그리드 버그먼과 결혼하여 화제를 뿌리기도 했다.

[그림 3-10] 루키노 비스콘티(Luchino Visconti)의 1963년 작품, 〈레오파드 Gattopardo〉

제16회 칸 영화제 황금종려상을 받은 작품으로 원본은 205분에 이르는 대작이었다. 버트 랭커스터와 알랭 들롱이 주연을 맡아 호연했으며 귀족들의 허황한 믿음에 대해 날카로운 비판을 가한다. 루키노 비스콘티 감독은 〈강박관념〉 등의 작품을 통해 이탈리아에서 초현실주의 영화의 기초를 닦았다는 평가를 받기도 하지만, 그는 기본적으로 네오리얼리즘 사조에 속한 대표적 감독으로서 대부분의 영화에서 이탈리아의 현실 문제를 다루는 데 힘을 기울였다.

서는 분명 극영화 전통에 속해 있다고 볼 수 있지만, 전통적인 극영화에 비해서는 연기와 대사의 비중이 적고, 비전문배우를 주로 기용하며, 야외 촬영을 선호하였다는 점 등으로 미루어 볼 때에는 기록영화의 특성 또한 아우르고 있다. 이들의 목표가 일상적인 것으로부터 보편적인 것을 이끌어 내는 것이었기에, 그러한 형식적인 시도는 충분히 성공하였다고 평가할 수 있겠다. 이후 이탈리아 영화는 이러한 네오리얼리즘을 토대로 프랑스 영화와 함께 1960년대 세계영화의 주류로 성장한다.

## 2) 프랑스 누벨바그

1960년대 프랑스 젊은 세대들은 획일적인 사회제도와 교육체계, 동서 냉전 체제 등 기성세대의 모든 영역에 대해서 도전하였다. 이런 경향은 영화에서도 나타났는데 영화감독이자 비평가였던 프랑수아 트뤼포(François Truffaut)는 1954년 영화잡지 『카이에 뒤 시네마 *Cahiers du cinéma*』에서 문학성을 바탕으로 한 기존영화에 반기를 들며 영화만의 독자적 시각을 주장했다. 비평가들은 이런 시각을 새로운 물결이라

[그림 3-11] 프랑수아 트뤼포의 1960년 작품, 〈쥘과 짐 Jules et Jim〉

장 뤽 고다르와 더불어 프랑스 누벨바그를 이끌던 감독의 작품으로, 앙리 피에르 로셰의 소설을 각색하여 영상으로 옮겼다. 두 남자와 한 여자 사이의 사랑과 그 복잡 미묘한 심리를 섬세한 연출로 그려 냈으며, 특히 쟌 모로는 자유분방한 여주인공 카트린을 매력적인 캐릭터로 잘 살렸다. 영화에서 주인공 카트린의 행동은 성의 정치에 대한 반발 의식을 보여주는 것이라는 해석을 이끌어 내기도 했고, 영화 속 화면과 화면을 건너뛰는 점프 컷을 비롯한 여러 실험적인 영상은 누벨바그 특징을 적나라하게 보여 주고 있다는 평가를 받는다.

는 뜻의 '누벨바그(nouvelle vague)'라 불렀다.

트뤼포의 영화 〈쥘과 짐 Jules et Jim〉(1960)에서 주인공들은 즉흥적으로 죽음을 결심하고 실행한다. 이런 도발적인 이야기 구조와 결말은 당시의 시대상과 실존주의적 철학을 배경으로 하고 있다. 프랑수아 트뤼포를 시작으로, 장 뤽 고다르(Jean-Luc Godard), 클로드 샤브롤(Claude Chabrol), 알랭 레네(Alain Resnais), 루이 말(Louis Malle) 등 새로운 시각을 지지하는 감독들이 이 새로운 물결에 동참해 당대 프랑스 영화를 이끌었다.

❖ 학습활동–작가주의

작가주의(auteurism) 이론은 영화제작이란 한 편의 예술작품을 창조하는 행위와 동일하며 예술적 창작품에는 그것을 창작한 사람의 개성이 반영되어야 한다는 인식을 전제로 한다. 1954년 프랑스 누벨바그 영화감독이자 평론가 프랑수아 트뤼포가 영화비평잡지 『카이에 뒤 시네마』에서 그 용어를 사용한 것이 처음이며, 미국 영화이론가 앤드루 사리스가 이를 1960년대 초반에 '작가론(auteur theory)'이란 용어로 번역하면서 세상에 알려졌다. 흔히 작가주의 비평은 어느 한 감독이 연출한 세 편 이상의 영화, 영화에 대한 비평, 인터뷰, 회고록, 평전 등을 자료로 삼아 감독이 여태까지 보여 주었던 주제, 양식 등을 검토하는 식으로 진행되는 것이 일반적이다.

[그림 3-12] 장 뤽 고다르의 1967년 작품, 〈그녀에 대해 알고 싶은 두세 가지 것들 2 Ou 3 Choses Que Je Sais D'Elle〉

자본주의의 심화에 동반되는 인간의 상품화 문제를 정면에서 다루었다. 감독은 이 영화를 일컬어 매춘에 대한 '사회학적 에세이'라고 했는데, 사회에 만연한 매춘은 자본주의 상품화 경향과 함께 진행되는 현상임을 따진다. 영화제목의 '그녀'는 타락에 무감한 등장인물이기도 하지만, 자본주의의 도시의 상징인 파리를 가리키기도 한다. 장 뤽 고다르는 누벨바그의 상징과도 같은 영화감독으로, 1994년 제59회 뉴욕 비평가 협회상 특별상, 2010년 영화예술과학아카데미 평생공로상 등을 수상하면서 영화에 대한 그의 지대한 공헌을 인정받았다.

[그림 3-13] 알랭 레네의 1959년 작품, 〈히로시마 내 사랑 Hiroshima mon amour〉

전쟁으로 인해 씻을 수 없는 상처를 가진 인물들의 사랑과 추억, 회한, 그리고 그것들이 빚어내는 이미지에 초점을 맞춘 영화이다. 특히 이 작품은 현재와 과거, 시적 이미지와 다큐멘터리 장면 등을 교묘하게 섞어 놓음으로써 해석의 폭을 넓힌다. 즉 핵폭탄이 투하된 도시에서의 짧은 만남 안에 숨은 여러 겹의 사실들이 중첩되어 드러나면서 영화가 함축한 의미가 확장되는 것이다. 〈히로시마 내 사랑〉에서 알랭 레네가 취하는 복잡한 회상의 구조는 과거가 점점 현재를 밀치고 들어오면서 과거에 대해 점점 더 많은 것을 드러내는 모습을 형상화하고 있다. 이 같은 독특한 시간의 활용방식 덕분에 프랑스의 철학자 질 들뢰즈는 시간-이미지를 설명하는 데 알랭 레네와 〈히로시마 내 사랑〉의 사례를 빼놓지 않는다.

장 뤽 고다르는 〈네 멋대로 해라 A Bout De Souffle〉(1960)에서 장편영화의 구성법을 벗어난 단편적 이야기 구조를 도입했다. 또한 카메라를 어깨에 들고 찍는 핸드헬드(hand-held, 들고 찍기) 카메라 기법과, 각 장면이 뚝뚝 끊기는 편집기법인 점프 컷(jump-cut) 등을 적극적으로 활용했다. 이후 이런 방식은 누벨바그의 대표적 형식으로 자리 잡았다. 기존의 영화에서 금지되거나 꺼려하는 방식으로 만들어진 누벨바그의 영화들은 1959년에서 1962년까지 몇 년간 지속되었을 뿐이지만 그 영향은 현재까지 이어지고 있다.

누벨바그는 독일의 뉴 저먼 시네마 같은 영화예술 사조에만 그 영향력을 행사한 것은 아니다. 누벨바그의 영향은 미국을 비롯한 세계 곳곳의 대중영화로까지 뻗어나갔다. 특정한 주제를 담아내기 위해 가장 적절한 형식적인 기법들을 발견하는 것에 주안점을 두었던 누벨바그의 취지를 돌이켜 보면 이는 그리 놀랄 만한 일도 아닐 것이다.

## 3) 독일 뉴 저먼 시네마

1962년 2월 28일 제8차 서독 단편영화제에 26명의 젊은 감독들이 모여서 "낡은 영화는 죽었으며 우리는 새 것을 믿는다(Der alle Film ist tot. Wir glauben an den neuen.)"라는 내용의 오버하우젠(Oberhausen) 선언을 발표했다. 이로 인해 뉴 저먼 시네마가 시작되었는데, 이 사조의 대표적인 감독으로는 알렉산더 클루게(Alexander Kluge), 베르너 헤어조크(Werner Herzog), 폴커 슐뢴도르프(Volker Schlöndorff), 빔 벤더스(Wim Wenders), 라이너 베르너 파스빈더(Rainer Werner Fassbinder), 한스 유르겐 지버베르크(Hans Jurgen Syberberg), 장 마리 스트라우브(Jean-Marie Straub) 등을 들 수 있다.

이들 뉴 저먼 시네마 감독들은 과거의 영화전통을 거부했고 독일 사회에 존재해 왔던 기존의 이야기도 받아들이지 않았다. 또한 이들은 새로운 형식적 실험을 행하기도 했는데, 특히 라이너 베르너 파스빈더는 극작가 브레히트의 '낯설게 하기(소외효과)'를 적극적으로 활용했다. 이는 영화라는 매체는 자연스럽고 당연한 것이 아닌 인위적으로 만들어진 것일 뿐이라는 사실을 관객에게 적극적으로 알리려고 하는 시도였다. 파스빈더는 이와 같은 목표를 달성하기 위해서 현란한 화면구성과 색채, 뒤엉킨 플롯, 그리고 불안정하게 움직이는 카메라 기법 등을 사용하였다.

[그림 3-14] 베르너 헤어조크의 1972년 작품, 〈아
귀레, 신의 분노 Aguirre, Der Zorn Gottes〉

전설 속 황금 도시인 엘도라도를 찾는 스페인 탐사대
의 원정을 그린, 뉴 저먼 시네마의 대표적인 작품이
다. 무엇보다 인간의 권력욕이 잘 묘사되어 있다. 밀
림이라는 원시적인 것들이 꿈틀대는 환경과 그 모습
을 거칠게 잡아낸 장면들, 그리고 그 속에서 점차 도
를 더해 가는 집착의 광기에 대한 비판적 시선 등이
인상적이다. 당시 독일의 뉴 저먼 시네마 사조는 베르
너 헤어조크를 필두로 폴커 슐뢴도르프, 알렉산더 클
루게, 빔 벤더스, 라이너 베르너 파스빈더가 주축이
되었는데, 이들 젊은 감독들은 미국 문화의 침투에
따른 독일인의 정체성 문제와 중산층의 허위의식, 성
적·정치적 억압을 주된 소재로 다루며 독일 영화의
새로운 전통을 구축해 내기 시작했다. 이 중 베르너
헤어조크는 역사와 신화를 중심으로 인간 본성에 대
한 깊은 성찰을 다루었고, 〈아귀레, 신의 분노〉는 헤
어조크의 독창성이 농축된 작품이다.

[그림 3-15] 프랑수아 오종의 2000년 작품, 〈워터 드롭스 온 버닝 락 Gouttes D'Eau Sur
Pierres Brulantes〉

라이너 베르너 파스빈더의 연극을 영화로 바꾸었다. 중년 남성과 젊은 남자의 사랑에 그 둘의 옛 애
인이 가세하며 관계는 얽히고설킨다. 감독은 이들 사이의 기묘한 사각관계를 다소 냉소적인 시선으
로 거리를 유지한 채 바라보며 성과 사랑의 의미에 대해 묻고 있다.

[그림 3-16] 라이너 베르너 파스빈더의 1972년 작품, 〈사계절의 상인 Der Handler der vier Jahreszeiten〉

파스빈더 감독은 이 영화를 계기로 국제적인 주목을 받게 되었다. 〈사계절의 상인〉이 국제적인 명성을 얻게 된 이후, 파스빈더는 〈불안은 영혼을 잠식한다〉 등의 여러 영화를 통해서 브레히트의 소외효과와 할리우드 멜로드라마를 결합시킨 새로운 스타일을 본격적으로 선보이게 된다. 파스빈더는 다작으로도 유명한데, 1982년 37세의 나이로 요절하기까지 미국의 존 포드보다 많은 영화를 만들어야 한다는 강박관념 속에서 13년 동안 40편이 넘는 작품을 만들었다.

❖학습활동─베르톨트 브레히트

시 〈살아남은 자의 슬픔〉과 희곡 〈밤의 북소리〉, 음악극 〈서 푼짜리 오페라〉로 유명한 베르톨트 브레히트(Bertolt Brecht)는 서사적 연극의 발상을 발전시켜, 사회기구를 비판하는 희곡에 반영했다. 브레히트의 사실주의적 서사극 이론에 따르면, 연극은 기본적으로 교육, 교훈 및 교화의 목적을 달성해야 한다. 브레히트는 그러한 교육 및 교훈의 목적을 달성하려면 관객들을 감정적인 자극이 아닌 지성적인 자극과 지적인 판단력에 적응하도록 만들어야 한다고 주장했다. 따라서 서사극 이론에 기초하여 제작된 연극 작품은 관객들을 연극적인 행위로부터 감정적으로 분리시키는 경향이 있었다. 이를 바로 '낯설게 하기' 또는 '소외효과'라고 부른다. 뉴 저먼 시네마 감독들, 특히 라이너 베르너 파스빈더는 현란한 화면구성과 색채, 뒤엉킨 플롯, 그리고 불안정하게 움직이는 카메라 기법 등을 사용하여 브레히트의 '낯설게 하기'를 적극적으로 활용했다.

[그림 3-17] 폴커 슐뢴도르프의 1979년 작품, 〈양철북 Die Blechtrommel〉

스스로 성장을 멈춰 버린 한 아이의 눈으로 어른들이 망쳐 가는 독일 사회를 관찰한다. 소년은 양철북을 두드리다 우연히 나치에 맞서기도 하고 또 여행 도중에 소녀와 첫사랑을 나누는 등 다시 성장을 재개하기까지 여러 모습의 세상을 체험한다. 노벨문학상 수상작가 귄터 그라스의 동명소설을 영화화했으며 칸 영화제 그랑프리와 아카데미 외국어영화상을 석권했다. 〈양철북〉에서 슐뢴도르프 감독은 카메라의 앵글을 성장을 멈춘 주인공 소년의 작은 키에 맞춤으로써 성인의 세계를 독특한 방식으로 굴절시켜 세상을 바라보는 독창적인 시각을 제시하고 있다.

〈참고할 영화〉

〈자전거 도둑 Ladri Di Biciclette〉(1948, 비토리오 데 시카)

〈움베르토 D Umberto D〉(1952, 비토리오 데 시카)

〈해바라기 Girasoli〉(1970, 비토리오 데 시카)

〈무방비 도시 Roma Citta Aperta〉(1946, 로베르토 로셀리니)

〈레오파드 Gattopardo〉(1963, 루키노 비스콘티)

〈네 멋대로 해라 A Bout De Souffle〉(1960, 장 뤽 고다르)

〈비브르 사비 Vivre Sa Vie〉(1962, 장 뤽 고다르)

〈미치광이 피에로 Pierrot le fou〉(1965, 장 뤽 고다르)

〈알파빌 Alphaville, Une Étrange Aventure de Lemmy Caution〉(1965, 장 뤽 고다르)

〈그녀에 대해 알고 싶은 두세 가지 것들 2 Ou 3 Choses Que Je Sais D'Elle〉(1967, 장 뤽 고다르)

〈400번의 구타 Les Quatre Cents Coups〉(1959, 프랑수아 트뤼포)

〈피아니스트를 쏴라 Tirez Sur Le Pianiste〉(1960, 프랑수아 트뤼포)

〈쥘과 짐 Jules et Jim〉(1962, 프랑수아 트뤼포)

〈아메리카의 밤 La Nuit Americaine〉(1973, 프랑수아 트뤼포)

〈히로시마 내 사랑 Hiroshima mon amour〉(1959, 알랭 레네)

〈지난해 마리앵바드에서 L'Annee derniere a Marienbad〉(1961, 알랭 레네)

〈카타리나 블룸의 잃어버린 명예 Die Verlorene Ehre Der Katharina Blum〉(1975, 폴커 슐뢴도르프)

〈양철북 Die Blechtrommel〉(1979, 폴커 슐뢴도르프)

〈스완의 사랑 Un Amour De Swann〉(1984, 폴커 슐뢴도르프)

〈아귀레, 신의 분노 Aguirre, Der Zorn Gottes〉(1972, 베르너 헤어조크)

〈사계절의 상인 Der Handler der vier Jahreszeiten〉(1971, 라이너 베르너 파스빈더)

〈불안은 영혼을 잠식한다 Angst Essen Seele Auf〉(1974, 라이너 베르너 파스빈더)

〈마리아 브라운의 결혼 Die Ehe Der Maria Braun〉(1979, 라이너 베르너 파스빈더)

〈베로니카 포스의 갈망 Die Sehnsucht der Veronika Voss〉(1982, 라이너 베르너 파스빈더)

## 요점정리

**1** 알프레드 히치콕 감독은 운동–이미지 중심의 고전영화를 완성함과 동시에 그것의 위기를 가져오기도 했다는 평가를 받는다.

**2** 제2차 세계대전 후 미국의 영화산업은 스튜디오 시스템을 더욱 공고히 하면서 크게 성장한 반면, 유럽의 각국은 다시 무(無)에서부터 영화산업을 일으켜야만 하는 실정에 처했다.

**3** 제2차 세계대전을 전후하여 활동했던 영국 감독들의 정신적 지주는 존 그리어슨이다.

**4** 1950년대 미국에서는 매카시즘이 영화계를 강타하여, 수많은 영화인들이 정신적 · 물질적 고난을 겪었다.

**5** 제2차 세계대전 후 이탈리아에서는 전쟁의 폐허와 비극을 영화로 표현하고자 하는 시도들이 생겨났는데, 비평가들은 이를 네오리얼리즘이라고 불렀다.

**6** 1960년대 프랑스 젊은 세대들은 획일적인 사회제도와 교육체계, 동서 냉전 체제 등 기성세대의 모든 영역에 대해서 도전하였다. 이런 경향은 영화에서도 나타났는데, 비평가들은 이를 누벨바그라고 불렀다.

**7** 오버하우젠 선언 이후 전면에 등장한 뉴 저먼 시네마 감독들은 과거의 영화전통을 거부했고 독일 사회에 존재해 왔던 기존의 이야기도 받아들이지 않았다.

**01** 1960년대 이후 프랑스, 독일, 미국 등지에서 젊은 감독들에 의해 새로운 경향의 영화들이 등장하였다. 그중, 1962년 "낡은 영화는 죽었으며 우리는 새 것을 믿는다"라는 슬로건의 오버하우젠 선언을 했던 감독들이 속한 사조는 무엇인가?

① 네오리얼리즘　　② 누벨바그　　　③ 선댄스　　　　④ 뉴 저먼 시네마

**02** 이탈리아 네오리얼리즘의 대표작, 〈자전거 도둑〉의 감독은 누구인가?

① 로베르토 로셀리니　　　　② 이사벨라 로셀리니
③ 비토리오 데 시카　　　　　④ 빅토리오 다 실바

**03** 찰리 채플린은 1947년, 한 영화를 제작했다는 이유로 매카시즘에 휘말렸고 결국 공산주의 자로 몰려 미국에서 추방되기에 이른다. 이 영화의 제목은 무엇인가?

① 〈모던 타임스〉　　②〈살인광 시대〉　　③ 〈황금광 시대〉　　④ 〈라임라이트〉

**04** 암울한 시대를 살아야 하는 대중들에게 인내의 가치를 일깨워 주었던 영국 세미다큐멘터 리 사조의 대표적 인물은 누구인가?

① 존 그리어슨　　② 험프리 제닝스　　③ 빌리 와일더　　④ 윌리엄 와일러

**05** 시 〈살아남은 자의 슬픔〉과 희곡 〈밤의 북소리〉, 음악극 〈서 푼짜리 오페라〉로 유명한 인물 로, 뉴 저먼 시네마 감독들이 계승한 '낯설게 하기(소외효과)'의 전통을 처음 창안해 낸 극 작가이자 연극 이론가는 누구인가?

① 장 뤽 고다르　　　　　② 파스빈더
③ 프랑수아 트뤼포　　　　④ 브레히트

정답 | 01 ④　02 ③　03 ②　04 ②　05 ④

**01** 제2차 세계대전 이후 유럽의 사조들, 즉 네오리얼리즘, 누벨바그, 뉴 저먼 시네마 등이 어떠한 공통점과 차이점을 지니고 있는지 조사해 보시오.

**02** 매카시즘이 할리우드 영화산업에 어떠한 영향을 미쳤는지 보다 심도 있게 토론해 보시오.

제 **4** 장

# 영화의 역사 III

## 개관

1950년대에 들어서 미국 할리우드의 영화산업에도 커다란 변화의 바람이 일기 시작했다. 그 가장 큰 이유는 기존의 스튜디오 시스템의 근간이었던 수직통합 시스템의 붕괴였고, 따라서 할리우드는 새로운 모습으로 자신을 변모시킬 수밖에 없었다. 이에 뉴 할리우드와 뉴 시네마라는 경향이 나타났다. 제2차 세계대전 이후 아시아권의 영화도 서서히 세계적으로 두각을 나타내기 시작했는데, 그 대표적인 예로 일본 영화의 세 거장인 구로사와 아키라, 오즈 야스지로, 미조구치 겐지, 대만 뉴웨이브 감독들, 중국 제5세대 영화감독들을 들 수 있다. 이와 더불어, 이 장에서는 디지털 영화의 역사와 정의, 그리고 그 제작원리에 대해서도 살펴본다.

1. 뉴 할리우드와 뉴 시네마의 성립배경에 대해서 설명할 수 있다.

2. 아시아권의 대표적인 감독들과 사조들을 정리할 수 있다.

3. 디지털 영화의 역사를 간략히 정리하고, 디지털 영화의 정의와 제작원리를 체계적으로 설명할 수 있다.

뉴 할리우드 · 뉴 시네마 · 블록버스터 · 구로사와 아키라 · 미조구치 겐지 · 오즈 야스지로 · 대만 뉴웨이브 · 중국 제5세대 영화 · 디지털 영화 · 레프 마노비치

# 미국의 뉴 할리우드와 뉴 시네마

## 1) 뉴 할리우드

뉴 할리우드(New Hollywood)라는 표현은 미국 할리우드 영화사에서 중요한 변화를 나타낸다. 그 중요한 변화는 산업적 측면과 영화미학의 측면 모두에서 나타나는데, 먼저 초창기 미국 영화산업에서 두드러졌던 제작, 배급, 상영의 수직통합 시스템이 1948년 반(反)트러스트 법안의 통과로 인해서 무너지게 되었다는 역사적인 사실을 고려해 볼 수 있다. 미국 정부 vs 파라마운트 영화사의 소송사건 결과에 따라 기존의 대형 스튜디오들은 자신이 소유하고 있던 극장 체인을 분리해야만 하는 상황에 처했다. 이에 대한 반대급부로 감독과 스타배우를 비롯한 영화인들은 직접 자신의 영화사를 설립할 수 있고, 결과적으로 독립제작 증가라는 미국 영화사에서의 획기적인 변화의 양상이 드러나게 되는 것이다.

이렇게 산업적인 변화가 일어나자, 질적·예술적인 측면의 변화도 그 모습을 서서히 드러내기 시작하였다. 1960년대 후반에서 1970년대에 이르러 미국 영화계에는 내용 면에서 대안적인 정치적 시각을 흡수하고, 내러티브의 완결성을 부정하며, 주인공을 반(反)영웅화시키면서 고전적인 촬영과 편집기법을 무시하는 영화들이 제작되기 시작했다. 상대적으로 가벼운 중량의 카메라와 소량의 빛에도 반응하는 필름의 개발, 독립영화 제작 인력의 증가, 그리고 프랑스와 이탈리아 등 유럽의 예술영화(art cinema)를 상영하는 예술영화관(art house cinema)의 등장 등이 이러한 경향과 맞물린다.

## 2) 뉴 시네마

데니스 호퍼(Dannis Hopper) 감독의 〈이지 라이더 Easy Rider〉(1969)는 1960년대 미국의 히피문화를 보여 주는 대표적인 작품이다. 1960년대의 미국 사회는 흑인 민주주의 운동과 베트남 전쟁 등으로 혼란스러운 상황이었다. 이러한 혼란한 사회상

[그림 4-1] 데니스 호퍼의 1969년 작품, 〈이지 라이더 Easy Rider〉

1960년대 말 불안한 미국 사회의 젊은이들의 모습을 날카로운 시선으로 표현해 낸 미국 뉴 시네마의 대표작으로 꼽힌다. 장발과 마약, 오토바이, 그리고 섹스 등으로 대표되는 미국 히피문화를 솔직하게 보여 준다. 데니스 호퍼는 이 영화의 공동각본, 연출, 주연 등을 도맡았고, 칸 영화제에서 신인 감독상을 수상하기도 했다.

[그림 4-2] 아서 펜의 1967년 작품, 〈우리에게 내일은 없다 Bonnie and Clyde〉

이전의 갱 영화와는 전혀 다른 작품으로, 뉴 시네마의 또 다른 대표작이다. 1968년 아카데미 시상식에서 여우조연상과 촬영상을 수상하였다. 프랑스 누벨바그 스타일을 빌려 오고 청춘의 혈기를 재료로 하여 미국식 '무법자' 영화를 만들려 한 아서 펜의 시도는 대단한 성공을 거두었고 관객은 그 반체제적 정치성을 높이 평가하기도 했다.

은 젊은이들을 분노와 절망감에 빠지도록 만들었는데, 이는 결과적으로 저항정신과 무정부주의를 전면에 내세우는 청년 히피문화를 탄생시켰다. 이와 같은 경향이 영화를 통해 드러난 모습을 뉴 시네마라고 부른다. 예를 들어 〈이지 라이더〉는 문제아인 주인공들을 인간적인 존재로 묘사한 반면에, 평범한 미국인들을 지극히 보수적이며 위협적인 인물들로 그리는 등 기존의 할리우드 영화와는 상반되는 파격적인 시도를 하였다. 저항정신을 앞세운 히피문화의 전통을 이어받아, 미국에서는 아서 펜(Arthur Penn), 샘 페킨파(Sam Peckinpah), 프란시스 포드 코폴라(Francis Ford Coppola), 로버트 올트먼(Robert Altman), 마틴 스콜세지(Martin Scorsese) 등 일련의 비판적인 감독들이 등장하기도 했다. 특히 아서 펜 감독의 〈우리에게 내일은 없다 Bonnie and Clyde〉(1967)는 1930년대 미국의 시골을 배경으로 한 일종의 갱 영화였지만, 당시 젊은이들의 저항정신, 즉 거대한 제도적 강압에 맞서는 자유로운 개인의 목소리를 적나라하게 드러냈다는 평가를 받는다.

## 3) 블록버스터

블록버스터란 원래 제2차 세계대전 중에 쓰인 폭탄의 이름이었다고 한다.

[그림 4-3] 조지 루카스의 2005년 작품, 〈스타워즈 에피소드 3: 시스의 복수 Star Wars Episode III: Revenge of the Sith〉

스타워즈 시리즈의 완결편이다. 1977년 청년 조지 루카스가 시작한 스타워즈 시리즈는 1편이 개봉되었을 때 개봉관 수가 단지 32개였다고 한다. 하지만 당시로서는 완전히 새로운 영상과 이야기 구조를 지녔던 이 SF 영화는 이제 미국인들에겐 영화를 뛰어넘어 하나의 신화로까지 자리를 잡았다. 〈스타워즈〉 시리즈는 블록버스터 영화나 디지털 영화를 언급할 때에도 결코 빼놓을 수 없는 영화이다.

1950~1960년대에 걸쳐 텔레비전이 광범위하게 보급되고, 영화의 제작, 배급, 상영을 수직적으로 통합하였던 메이저 스튜디오에 대한 독점 위헌 판결 등의 악재가 겹치면서 할리우드는 잠시 위기를 맞게 된다. 그러나 수십 년 동안 이어져 내려온 미국 할리우드 영화산업의 자생력은 이내 곧 이 위기를 극복할 방도를 찾아낸다. 그 해법은, 더욱 거대한 자본의 투입과 더욱 광범위한 배급을 통해 이윤을 확대하기 위한 초고예산 영화들을 제작하는 것이었다. 이렇게 해서 만들어진 영화들을 블록버스터 영화라고 부른다.

블록버스터 영화의 시초는 스티븐 스필버그(Steven Spielberg) 감독의 〈조스 Jaws〉(1975)로 보는 견해가 일반적이다. 그러나 블록버스터 영화를 초고예산 영화로 본다면, 이는 무에서 유를 창조해 낸 새로운 개념의 장르라기보다는 기존의 미국 할리우드의 전통을 다시금 확인시켜 준 것에 불과하다고도 볼 수 있다.

# 2
# 1950~1960년대
# 일본 영화의 세 거장

제2차 세계대전이 끝난 후, 1950년대에 들어 오늘날까지도 일본 영화의 천황이라 불리는 구로사와 아키라(黑澤明)가 등장하면서 일본 영화는 세계의 주목을 받기 시작했다. 구로사와 아키라 감독의 〈라쇼몬 羅生門〉(1950)이 1951년 베니스 영화제에서 황금사자상을 수상한 이후 서구인들은 일본의 작가들에게 관심을 보이기 시작했다. 구로사와 아키라는 이후 〈이키루 人きる〉(1952), 〈7인의 사무라이 七人の侍〉(1954) 등의 작품들을 연이어 발표하며 일약 세계적인 거장의 반열에 올랐다.

〈라쇼몬〉이 처음 베니스 영화제를 통해 세계의 평단으로부터 주목을 받은 이후, 미조구치 겐지(溝口健二)의 〈오하루의 일생 西鶴一代女〉(1952)과 〈우게쓰 이야기 雨月物語〉(1953) 등이 연달아 베니스 영화제에서 수상하자 일본 영화는 단숨에 세계영화의 중심으로 떠올랐다. 당시에 가장 주목을 받은 감독은 구로사와 아키라와 미조구치 겐지였지만, 서구의 영화감독에게 가장 큰 영향을 끼친 인물은 오즈 야스지로(小津安二良)였다. 일본적인 세계관과 일본인들의 일상에 밀착한 오즈는

[그림 4-4] 구로사와 아키라의 1950년 작품, 〈라쇼몬 羅生門〉

'일본의 감독'을 넘어 세계 영화사의 거장으로 칭송받는 구로사와 아키라의 대표작이다. 여러 인물의 관점으로 한 가지 사건을 서로 다르게 묘사하고, 과연 무엇이 거짓이고 진실인지를 묻는 이 영화의 내러티브는 객관성과 주관성에 관한 철학적인 물음을 던진다.

[그림 4-5] 오즈 야스지로의 1953년 작품, 〈동경 이야기 東京物語〉

늙은 부모와 성인이 된 자식들 간의 갈등을 통하여 전후 일본 가족제도의 붕괴를 그린 작품이다. 정지된 듯 정적인 화면과 절제된 카메라 움직임, 회화적 구성, 바닥에 가까이 붙어 있는 듯 낮은 높이에서 등장인물들을 촬영하여 일명 다다미 숏이라고 불리는 촬영 방식 등 오즈 야스지로의 독특한 스타일이 농축된 작품이다.

〈만춘 晚春〉(1949), 〈만추 晚秋〉(1960)와 같은 계절 시리즈와 〈동경 이야기 東京物語〉(1953), 〈꽁치의 맛 秋刀魚の味〉(1962) 등을 통해 가장 일본적이면서 혁신적인 영화언어를 구사한 감독으로 자리 잡게 되었다.

# 3

# 1970~1980년대
# 대만 뉴웨이브

대만 뉴웨이브 영화의 탄생은 우선 홍콩-대만-중국, 즉 3중국 상호 간의 영향으로부터 비롯되었다고 할 수 있다. 1970년대 말 쉬안화(許鞍華), 쉬커(徐克) 등으로부터 촉발된 홍콩의 뉴웨이브는 대만으로까지 그 영향력을 행사하고 있었다. 이들의 영화뿐 아니라 대만에서 활동한 일부 홍콩 뉴웨이브 감독들의 작업은, 뭔가 큰 변

[그림 4-6] 에드워드 양의 1991년 작품, 〈고령가 소년 살인사건 A Brighter Summer Day〉
대만의 뉴웨이브를 이끈 감독 중 한 사람인 에드워드 양의 작품으로, 1960년대 대만의 폭압적 정치 상황을 배경으로 일어난 열네 살 소년의 살인사건을 다룬다. 또 다른 대만 뉴웨이브 감독 허우샤오시엔의 슬픔 3부작 중 첫 번째 영화인 〈비정성시〉(1989)에 대한 화답으로 평가되기도 한다.

화를 원하고 있던 대만의 기존 감독이나 유학파 영화인들을 자극했다. 이처럼 대만 뉴웨이브는 홍콩의 뉴웨이브에 힘입은 바 크고, 이는 이후에 중국 제5세대 영화의 출현으로까지 이어지게 된다.

더불어 당시의 대만 사회는 급격한 변화를 겪고 있었다. 군부독재 정권의 정치적인 억압에도 불구하고 1970년대 이후 놀라운 경제성장을 거듭하며 대만 사회는 놀라울 만한 속도로 변해 가고 있었던 것이다. 도시에서 태어나 고도의 성장기를 겪으며 사회적 문제의식을 쌓은 전후 세대들이 차례로 영화계로 입문했고, 관객 또한 기존 대만 영화와 다른 참신한 작품들을 원하고 있었다. 이러한 상황에서 대만 정부는 1981년 영화에 대한 검열을 실질적으로 폐지하는 조치를 취했는데, 이전까지는 대만의 국익에 반하는 내용, 민족의 존엄성을 손상시키는 것, 성적으로 문란한 내용이나 도덕적 타락과 관련되는 내용 등은 결코 영화의 소재가 될 수 없었지만 이제는 그러한 제한과 통제가 사라져 버렸다. 이에 허우 샤오시엔(侯孝賢)과 에드워드 양(楊德昌)을 필두로 한 뉴웨이브 감독들의 작품이 세상에 알려지기 시작했고, 이들은 세계 영화제와 비평계의 커다란 주목을 받게 되었다.

# 4
# 1980년대
# 중국 제5세대 영화

중국의 제5세대 영화감독이라 하면 1976년 마오쩌둥 사망 후에 다시 문을 연 북경영화학교를 1982년 이후 졸업하고 영화계에 뛰어든 감독들을 지칭한다. 이들 제5세대 영화감독들이 본격적으로 전 세계에 알려지기 시작한 것은 첸 카이거(陳凱歌) 감독의 〈황토지 黃土地〉(1984)가 스위스 로카르노 영화제에서 은표범상을 수상한 이후였다. 장이머우(張藝謀) 감독의 〈붉은 수수밭 紅高粱〉(1987), 티엔 주앙주앙(田壯壯)의 〈말도둑 盜馬賊〉(1986), 첸 카이거의 〈패왕별희 覇王別姬〉(1993) 등이 중국 제5세대 영화의 대표작인데, 이들은 세계 유수의 영화제에서 두각을 나타내며 중국 영화를 세계에 알리는 데 공헌했다.

문화대혁명 이전의 중국 영화가 이데올로기 선전을 위한 도구로서만 기능했던

[그림 4-7] 첸 카이거의 1993년 작품, 〈패왕별희 覇王別姬〉

제46회 칸 영화제 황금종려상을 수상한 첸 카이거의 대표작이다. 베이징에 위치한 한 경극 학교를 무대로 그 안에서 벌어지는 동성애적 우정과 그 사이에 맞물려 있는 또 한 명의 사랑을, 격변하는 중국 현대사를 통해 보여 준다. 이 영화는 예술과 역사, 시대와 인생이 어떻게 서로 연관되는지 아주 잘 보여 주고 있다. 중국 내에서는 극장 상영이 금지되었다.

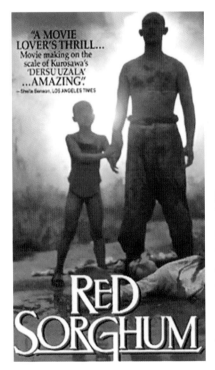

[그림 4-8] 장이머우의 1987년 작품, 〈붉은 수수밭 紅高粱〉

대표적인 중국 제5세대 감독으로 꼽히는 장이머우 감독의 데뷔작이다. 붉은빛이 주가 되는 중국 특유의 원색적인 대륙 성향의 풍경 속에서 한 여인이 겪는 운명을 그린 영화이다. 모진 세월을 헤쳐 나간 한 여인의 삶과, 억누르면 폭발하는 인간의 원초적 생명력을 붉게 물들인 화면으로 선명하게 표현해 낸 영화이다. 중국의 전통음악과 절제된 대사가 돋보인다. 1988년 베를린 국제영화제에서 대상을 수상하였다.

것에 비해서, 제5세대 영화는 영화라는 매체에 대한 새로운 인식과 문화혁명 기간 동안의 경험을 바탕으로 중국의 역사와 민중의 삶에 대한 진중하고도 차분한 성찰을 보여 준다. 형식적인 측면에서 보자면, 제5세대 영화는 대사와 스토리를 중시했던 이전의 중국 영화와는 달리 시각적인 이미지의 활용에 초점을 맞추면서 강렬한 빛과 색채를 사용했다.

# 5
# 디지털 영화

## 1) 디지털 영화의 역사

디지털 영화라고 하면 일반적으로 컴퓨터 그래픽의 3차원 애니메이션과 디지털 영상합성 기법을 이용해 영화의 모든 작업을 컴퓨터 시스템 내에서 처리하는 영화 기법을 말한다. 이 영화는 SFX(special effects)에 컴퓨터 그래픽을 도입하는 수준을 넘어서 영화의 모든 시각적·청각적 요소가 컴퓨터를 통하여 디지털 부호로 전환하는 방식을 따르는 것으로서, 영화제작의 거의 모든 부분에 컴퓨터 기술을 적극적으로 적용하는 시스템이다. 최초의 디지털 영화는 1976년 존 길러민(John Guillermin) 감독의 〈킹콩 King Kong〉이고, 본격적으로 컴퓨터를 활용한 것으로는 1982년 스티븐 리스버거(Steven Lisberger) 감독의 〈트론 Tron〉, 〈브레인 스톰 Brainstorm〉, 〈최후의 우주 전사 The Last Starfighter〉 등이 있다.

역사적으로 살펴보면, 컴퓨터 그래픽은 1977년의 〈스타워즈 Star Wars〉로 대표되는 태동기를 지나 컴퓨터의 발전 속도만큼이나 빠르게 진보해 왔다. 이때부터 앞서 말한 고전적인 특수효과 기법들과 컴퓨터 그래픽이 결합되면서 영화는 놀라운 시각적 위력을 갖추게 된다.

〈스타워즈〉 이후 컴퓨터 그래픽을 적용하여 만든 영화들이 쏟아지기 시작했는데, 기술적인 측면에서 눈여겨볼 만한 작품은 1982년의 〈트론〉이다. 이 영화는 실사 장면과 3D 컴퓨터 그래픽 장면을 합성하는 기술을 처음으로 선보였다. 그리고 1985년 〈피라미드의 공포 Young Sherlock Homes〉에서는 기존의 영상합성 기술에

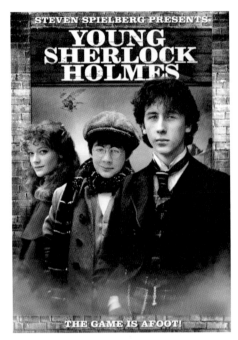

[그림 4-9] 베리 레빈슨의 1985년 작품, 〈피라미드의 공포 Young Sherlock Holmes〉

셜록 홈즈를 소재로 한 영화들 중 가장 특이한 작품으로도 손꼽힌다. 기존의 영상합성 기술에서 나타난 문제점인 물체의 라인이 나타나는 단점을 보완해 매트 라인이 나타나지 않는 블루매트 기법을 활용한 3D 컴퓨터 그래픽을 선보인 것으로 유명하다.

서 나타난 문제점인 물체의 라인이 나타나는 단점을 보완해 매트 라인이 나타나지 않는 블루매트 기법을 활용한 3D 컴퓨터 그래픽을 선보였다.

컴퓨터 그래픽이 기술적으로 획기적인 도약을 이룬 영화는 1989년 〈어비스 Abyss〉이다. 컴퓨터 그래픽 생물이 등장하는 최초의 영화인 이 영화는 사람 얼굴이 달린 물기둥 신을 컴퓨터 그래픽으로 작업하였다. 여기서 사용된 기술은 1991년 〈터미네이터 2 Terminator 2〉에서 더욱 응용 발전하여 완성된다. 컴퓨터 그래픽 배우 T-1000이 그것인데, 액체크롬과 같은 변형구조물인 T-1000은 3D 모핑 기법에 의해 다양한 형태로 변하고 동작까지 자유자재로 구사하면서 심지어 달리기까지 하는 것을 볼 수 있다. 더 나아가 1993년 〈주라기 공원 Jurassic Park〉에서는 티라노사우루스를 비롯한 7종의 공룡을 창조해 냄으로써 아무런 결함 없이 컴퓨터 그래픽과 실사를 합성한 장면을 선보였다.

1994년 〈포레스트 검프 Forrest Gump〉에서는 디지털화로 전환된 기록 영상에서 케네디 대통령의 영상을 분리해 낸 다음 모핑 기술을 이용해 케네디 대통령과 주인공 포레스트 검프가 악수하는 장면을 연출해 컴퓨터 그래픽의 영역을 더욱 확장시켜 놓았다. 특히 컴퓨터 그래픽은 애니메이션 분야에서 놀라울 정도의 기술적 업적

[그림 4-10] 로버트 제멕키스(Robert Zemeckis)의 1994년 작품, 〈포레스트 검프 Forrest Gump〉

급변하는 미국 사회를 풍자하고 블루스크린 특수효과를 사용하여 화제가 되는 등 대중성과 작품성에서 모두 성공한 작품으로 주목을 받았으나, 미국의 우월주의를 표현한 영화라는 엇갈린 평가를 받기도 하였다. 제67회 아카데미 시상식에서 작품상, 감독상, 각본상, 시각효과상, 편집상을 받았으며, 포레스트 검프 역을 맡은 톰 행크스는 〈필라델피아〉에 이어 2년 연속으로 남우주연상을 받았다. 포레스트 검프와 케네디 대통령의 악수 장면과 도입부의 새의 깃털이 날아다니는 장면 등은 디지털 영화의 역사에서 최고의 CG 장면으로 손꼽히기도 한다.

을 이루었는데, 1995년 〈토이 스토리 Toy Story〉의 경우 애니메이션의 2D 화면을 완전 뒤엎는 3D 디지털 애니메이션으로 세상을 놀라게 했다.

그 이후 컴퓨터 그래픽은 단순히 SF나 액션, 어드벤처 등 현란한 영화에만 국한되지 않고 일반적인 드라마 장르까지 침투하는 경향을 보이기 시작했다. 일명 하이퍼리얼리즘(hyper-realism)이라 일컫는 이런 경향은 실사와 컴퓨터 그래픽을 구분할 수 없을 정도로 완벽한 특수효과를 만들어 내는 컴퓨터 그래픽 기술을 의미한다. 이를 시도해 큰 화제가 되었던 영화 〈포레스트 검프〉의 도입부에서 새의 깃털이 날아다니는 장면은 컴퓨터 그래픽으로 만든 대표적인 영상이었다.

곧이어 1995년 〈아폴로 13 Apollo 13〉과 1997년 〈타이타닉 Titanic〉에서는 훨씬 스케일이 크면서도 보다 정교한 컴퓨터 그래픽 테크닉으로 하이퍼리얼리즘을 발전시켰다. 이 두 영화는 도무지 어디에 디지털 특수효과가 활용되었는지 알아볼 수 없을 정도로 사실적인 영상을 이끌어 냈다. 이처럼 컴퓨터 그래픽이 현실 속으로 파고들면서 사실과 구분되지 않는 영상을 이끌어 내게 되자 오래지 않아 배우도 없고 필름도 없는 디지털 영상이 등장할 것이라는 성급한 예측이 나오기도 하였다.

1999년 〈스타워즈 에피소드 1: 보이지 않는 위험 Star Wars: Episode 1—The

Phantom Menace〉은 그 꿈을 현실로 바꿔 놓았다. 수십 년 동안 발전해 온 특수효과의 모든 기술을 총망라한 이 영화는 90%가 넘는 장면들이 모두 디지털 영상으로 만들어졌다. 그리고 1999년 6월 영화사상 최초로 필름이 없는 디지털 영상으로 극장에서 상영하는 21세기 영화의 미래를 보여 주었다. 조지 루카스(George Lucas)는 이 영화의 일부를 소니에서 제작한 차세대 디지털 HD 카메라를 이용하여 찍었다. 또한 이 영화는 필름 영사기가 아닌 디지털 영사 시스템을 이용하여 뉴욕과 LA의 4곳에서 시험적으로 상영함으로써 디지털 영화 시대의 개척자가 되었다.

〈스타워즈 에피소드 2: 클론의 역습 Star Wars: Episode 2-Attack of the Clone〉은 필름을 사용하지 않고 100% 디지털로 촬영되었으며, 지난 2002년 5월 미국 개봉 시 디지털 프로젝터를 갖춘 60여 개 상영관에서 디지털 영사 시스템(DLP)으로 상영되기도 하였다. 본격적인 디지털 영화는 필름이 없는 만큼 완성된 영화가 파일 형태로 저장되며, 영화는 첨단 반도체 기술을 활용한 디지털 영사 시스템(DLP: Digital Lighting Processing) 프로젝터를 통해 상영된다.

1999년 발표된 영화 〈매트릭스 The Matrix〉와 〈블레어 위치 The Blair Witch

[그림 4-11] 에두아르도 산체스(Eduardo Sánchez)와 다니엘 미릭(Daniel Myrick)의 1999년 작품, 〈블레어 위치 The Blair Witch Project〉

무명의 영화학도 2명이 단돈 3만 달러의 제작비를 투입해 만들어 낸 이 작품은 인터넷이라는 공간을 통해 홍보 마케팅을 전개한 것이 신세대 영화 애호가들의 호응을 받으면서 개봉 첫 주에만 무려 4800만 달러를 돌파한 것을 비롯, 총 1억 달러가 넘는 천문학적인 수익을 올렸다. 〈블레어 위치〉의 성공은 개인 미디어로서의 디지털 장비의 또 다른 가능성을 활짝 열어 놓았고, 이후 전 세계 곳곳에서 디지털 독립영화가 무수히 제작되기 시작했다.

Project〉도 디지털 영화의 중심에 서 있다. 〈매트릭스〉는 주인공들이 슬로 모션으로 움직이면서 총알을 피하고 곤충처럼 벽을 기어오르는 장면이 화제가 되었던 영화이다. 〈블레어 위치〉는 휴대용 무비카메라를 이용하여 값싸게 제작된 인디영화로, 흔들리는 화면 때문에 마치 다큐멘터리 영화를 보는 것과 같은 착각에 빠지게 했던 영화이다. 제작비 면에서는 다른 스튜디오 영화들과 큰 차이가 있지만, 세계적으로 엄청난 수익을 거두어들였다.

## 2) 디지털 영화의 정의

디지털 영화에 대한 정의는 어떤 단계를 기준으로 하느냐에 따라 많이 달라진다. '피사체가 아날로그로 존재한다는 것 말고는 영화제작의 전체 과정이 디지털 방식에 의해 만들어지는 영화'를 디지털 영화로 보는 견해도 있고, '실사 촬영 없이 컴퓨터를 통해 이미지를 만들어 내는 영화'를 진정한 의미의 디지털 영화로 보는 견해도 있다. 그러나 현 상황에서는 어떤 단계에서든 디지털 과정을 거친 영화라면 디지털 영화라고 부르는 것이 적당할 것으로 보인다.

제작·배급·상영 등 영화제작의 각 단계 모두를 디지털화한 영화를 디지털 영화로 볼 수도 있고, 제작이나 배급, 상영 중에서 어떤 단계에서든지 한 단계라도 디지털 과정을 거친 영화를 디지털 영화로 볼 수도 있다. 첫 번째는 좁은 의미에서의 디지털 영화, 두 번째는 좀 더 넓은 의미에서의 디지털 영화라고 할 수 있을 것이다. 촬영과 편집 등 전 과정이 디지털로 이루어지고, 다만 극장에서 상영하기 위해 일반 아날로그 필름으로 바꾸는 과정만이 아날로그 영역에 속하는 영화는 후자에 속하는데, 대표적인 예로 2000년 부산 국제영화제에 출품되었다가 극장에서 개봉한 임상수 감독의 〈눈물〉을 들 수 있다.

좀 더 학술적으로 접근하자면 디지털 영화라는 용어는 현재 어느 분야에 초점을 맞추느냐에 따라 세 가지 용법으로 사용되는데, 그 용법에 따라 디지딜 영화에 대한 정의 또한 세 가지로 나뉠 수 있다.

첫째, 콘텐츠의 측면에서 디지털 영화는 '디지털 기술, 특히 컴퓨터 그래픽(CG: computer graphics), 디지털 합성 등의 기술을 이용해 만들어진 컴퓨터 이미지(CGI: computer-generated imagery)를 포함하고 있는 영화'를 지칭한다.

둘째, 커뮤니케이션 과정 측면에서 디지털 영화는 극장용 프린트 형태로 배급되

[그림 4-12] 임상수의 2000년 작품, 〈눈물〉

영화 〈눈물〉은 임상수 감독이 가리봉동에서 생활하면서 10대 가출 청소년들을 관찰하며 시나리오를 완성한 작품으로 화제를 모았다. 한국 영화로는 최초로 100% 35mm 디지털 비디오로 제작되었으며, 내용과 촬영 기법 등에서 호평을 받았다. 부산 국제영화제에서는 메이킹 필름 상영이 일부 학부모들의 항의로 중단되기도 했으며, 영화의 너무도 적나라한 사실적 묘사로 많은 논란이 일기도 했다.

어 전통적인 영사기에 의해 상영되는 것이 아니라 '위성, 광케이블, 광학 패키지 등과 같은 디지털 전송 방식을 통해 디지털 극장에 배급되어 디지털 영사기에 의해 상영되는 영화'라 할 수 있다.

셋째, 제작방식의 측면에서 디지털 영화는 '소형, 저가의 디지털 촬영 및 편집 장비를 이용하여 소수의 제작인력에 의해 만들어진 저예산 영화'를 지칭하기도 한다.

## 3) 디지털 영화의 제작원리

디지털 영화 이론가인 레프 마노비치(Lev Manovich)는 디지털 영화가 갖는 제작원리상의 특징들을 언급했는데, 그 내용은 다음과 같다.

첫째, 디지털 영화의 경우, 촬영과 암실작업으로 구분되는 사진이나 제작과 후반작업으로 구분되는 아날로그 영화 등 전통적인 필름 미디어에서 뚜렷하게 나타나는 제작(creation)과 가공(modification) 사이의 경계와 작업 순서가 모호해지고 있다. 촬영, 특수효과, 편집 등의 작업이 동시다발적으로 진행되는 경우가 많다는 의미인데, 편집 과정이 이제는 더 이상 예전처럼 포스트프로덕션 단계가 아닌 프로덕션 단계가 된 것이라고도 할 수 있다.

둘째, 디지털 영화의 경우, 제작은 후반작업의 첫 번째 단계일 뿐이라고 볼 수도 있다. 단적인 예로 〈스타워즈 에피소드 1〉의 경우, 촬영에는 불과 65일이 걸린 반면 후반작업에는 무려 2년이 소요되었다. 이는 에피소드 2와 3를 비롯한 오늘날 대부분의 대작 디지털 영화에서는 일반적인 일이 되었다.

셋째, 특수효과의 측면에서 볼 때 전통적인 영화제작에서는 특수효과가 부차적인 요소일 뿐이었으나, 디지털 영화에서는 특수효과가 주된 역할을 담당하게 된다. 이것은 실재하는 이미지, 즉 실사는 영화를 구성하는 여러 재료 중의 하나가 되었을 뿐만 아니라 실사 또한 디지털 기법을 이용해 다양하게 조작할 수 있게 되었기 때문이다.

마지막으로, 디지털 영화는 일종의 디지털 그림 그리기(digital hand-painting)라고 할 수 있다. 이제 영화라는 매체는 인물과 사물을 있는 그대로 카메라에 담아내는 '키노 아이(kino-eye)'의 매체에서 실제로 존재하지 않는 것도 새로 그리거나 만들어내는 등 무언가를 창조할 수 있는 '키노 브러시(kino-brush)'의 매체로 전환되고 있다는 것이다.

**1** 뉴 할리우드 시대는 수직통합 시스템의 붕괴라는 영화산업의 변화로부터 비롯되었다.

**2** 미국의 뉴 시네마는 당시 젊은이들의 저항정신, 즉 거대한 제도적 강압에 맞서는 자유로운 개인의 목소리를 적나라하게 드러내 주었다.

**3** 블록버스터 영화는 광범위한 배급을 통해서 이윤을 확대하기 위한 초고예산 영화를 뜻한다.

**4** 1950~1960년대를 대표하는 일본 영화의 세 거장은 구로사와 아키라, 미조구치 겐지, 그리고 오즈 야스지로이다.

**5** 대만 뉴웨이브와 중국 제5세대 영화는 아시아권에서 전 세계의 이목을 받게 된 대표적인 사례들이다.

**6** 디지털 영화는 제작ㆍ배급ㆍ상영 등 영화제작의 각 단계 모두를 디지털화한 영화라고 정의할 수도 있고, 제작이나 배급, 상영 중 어떤 단계에서든지 한 단계라도 디지털 과정을 거친 영화라고 정의할 수도 있다.

**7** 디지털 영화의 제작원리는 디지털 그림 그리기(digital hand-painting)라는 표현으로 설명할 수 있다.

**01** 다음 중 뉴 할리우드와 뉴 시네마에 대한 설명으로 옳지 <u>않은</u> 것은 무엇인가?

① 고전적 할리우드에서 뉴 할리우드로의 변화는 산업적 측면과 영화미학의 측면 모두에서 나타난다.

② 뉴 할리우드의 시작은 수직통합 시스템의 붕괴와 밀접한 관련을 갖는다.

③ 데니스 호퍼 감독의 〈이지 라이더〉(1969)는 1960년대 미국의 히피문화를 보여 주는 대표적인 작품이었다.

④ 〈이지 라이더〉는 문제아인 주인공들을 부정적인 존재로 묘사한 반면에, 평범한 미국인들은 지극히 진보적이면서도 안정적인 인물들로 그렸다.

**02** 다음 중 1950~1960년대를 대표하는 일본 영화의 거장이 <u>아닌</u> 인물은?

① 미조구치 겐지  ② 오즈 야스지로  ③ 허우 샤오시엔  ④ 구로사와 아키라

**03** 다음 중 중국 제5세대 영화감독이 <u>아닌</u> 인물은?

① 첸 카이거  ② 에드워드 양  ③ 장이머우  ④ 티엔 주앙주앙

**04** 블록버스터 영화의 시초라는 평가를 받는 영화는 무엇인가?

① 〈스타워즈〉  ② 〈조스〉  ③ 〈스타트랙〉  ④ 〈킹콩〉

**05** 다음 중 디지털 영화와 그 영화에 대한 설명의 연결이 바르지 <u>않은</u> 것은?

① 〈트론〉 ― 최초의 디지털 영화

② 〈피라미드의 공포〉 ― 블루매트 기법

③ 〈터미네이터 2〉 ― 3D 모핑 기법

④ 〈포레스트 검프〉 ― 하이퍼리얼리즘

**정답 |** 01 ④  02 ③  03 ②  04 ②  05 ①

**01**  뉴 할리우드와 뉴 시네마의 특징들을 열거해 보시오.

**02**  대만의 뉴웨이브 영화와 중국의 제5세대 영화의 공통점과 차이점에 대해서 토론해 보시오.

**03**  디지털 영화의 제작원리에 기초하여, 자신만의 디지털 영화를 개인적인 디지털 기기를 이용하여 제작해 보시오.

제 **5** 장
영화언어

## 개관

시간예술이자 시각예술이며, 서사적인 예술이기도 한 영화는 영화만의 고유한 문법체계를 가지고 있다. 영화언어는 기본적으로 자연언어와 유사하기는 하지만, 영화언어만의 고유한 특성 또한 분명히 존재한다. 영화언어에 대한 이해, 혹은 영화의 구문법에 대한 이해는 영화가 전달하는 이야기를 명확하게 파악하기 위해서 필수적이라고 할 수 있다. 이 장에서는 프레임, 테이크, 숏, 프레이밍, 미장센 등 영화언어의 형식적인 구성요소들에 대해서 살펴본다.

1. 자연언어와 영화언어의 유사성 및 차이를 기술할 수 있다.

2. 영화언어의 주요 개념을 기술할 수 있다.

3. 영화의 각 장면에서 주요한 형식적 특징을 찾아내고 그것이 전달하는 의미를 설명할 수 있다.

자연언어 · 영화언어 · 사실주의 · 형식주의 · 프레임 · 숏 · 테이크 · 프레이밍 · 미장센 · 앙각 촬영 · 부감 촬영

# 1
# 이미지와 영상

현대사회에서 영상이라는 용어는 매우 광범위한 의미로 사용되고 있다. 이는 곧 영상을 통한 인간 사고의 인식론적 확장이라는 현대사회의 특징을 반영하고 있기도 하다. 따라서 영상의 특성을 올바르게 이해하고 영상 연구의 영역을 보다 명확하게 규정하기 위해서는 다음과 같은 영상 개념의 정립이 필요하다.

첫째, 넓은 의미에서의 '영상(映像)'은 영어 '이미지(image)'의 번역어를 뜻한다고 할 수 있다. 이미지라는 단어가 지니고 있는 복잡다단한 의미를 모두 담고 있는 적절한 우리말이 없기에, 이미지는 경우에 따라 영상, 도상, 형상, 화상 등 다양한 방식으로 번역되기도 하지만, 일반적으로 상(像)을 지닌 모든 것이라고 이해할 수 있겠다. 이 경우 이미지 개념은 시나 음악을 통해서 떠오르는 마음속의 이미지, 즉 심상까지 포함하기 때문에 음악의 이미지나 시에 나타나는 이미지, 또는 건축에 대한 이미지 등의 차원에서의 접근 가능성도 열려 있다. 이처럼 넓은 의미로 이해된 이미지는 오래전 선사시대부터 인류의 역사 대부분을 관통하며 여러 가지 예술형식을 통해 다양하게 표현되어 왔다.

둘째, 좁은 의미에서 영상은 사진, 영화, 텔레비전 등을 의미한다. 즉, 상(像)을 생산하기 위해 빛을 사용하고 있는 구체적인 매체들이 바로 그것이다. 사진, 영화, 텔레비전 등이 생산하는 이미지는 인간의 손을 거치지 않고 광학렌즈에 의하여 기계적으로 탄생한다는 공통점을 지니고 있는데, 이는 인간의 수작업, 즉 육체노동으로부터 이미지의 생산을 해방시켰다는 점과 대량복제를 가능하게 했다는 점, 그리고 무엇보다도 현실과의 실존적 연결관계를 지니고 있다는 점 등의 이유로 인해서 인류 문화의 변모 과정에 중요한 의의를 지닌다.

앞으로 우리는 영상을 이미지와 대립적으로 사용하는 경우에는 좁은 의미로, 즉 사진, 영화, 텔레비전 등의 특정 영상매체를 의미하는 것으로 사용하고, 일반적 맥락에서는 넓은 의미, 즉 이미지(image)와 동일한 의미로 사용할 것이다. 우리가 궁극적인 연구대상으로 삼는 것은 이미지의 대량 생산을 가능하게 한 좁은 의미의 영상매체이지만, 그러한 영상의 특성을 올바르게 이해하기 위해서는 이미지에 대한 기초지식이 선행되어야 한다.

사진, 영화, 텔레비전 등의 영상매체는 이미지의 특수형태라고 할 수 있고, 현대 사회의 새로운 영상 문법은 이미지의 오랜 역사를 살펴봄으로써만 올바르게 이해될 수 있으며, 이미지의 일반적 특성과 영상을 비교함으로써 영상매체의 구체적 특성 또한 올바르게 파악할 수 있기 때문이다.

# 2
# 영화언어

영화를 단순한 감상의 차원에서 벗어나 학문적인 시각으로 바라보기 시작하면서 크리스티앙 메츠(Christian Metz) 같은 영화학자들은 영화의 영상에도 자연언어와 같은 언어적인 기능이 있음을 발견하였다. 이들은 영화영상의 언어적인 기능들을 분

[그림 5-1] 크리스티앙 메츠의 『상상적 기표』
크리스티앙 메츠는 『상상적 기표』를 비롯한 저작물에서 영화의 영상에도 자연언어와 같은 언어적인 기능이 있음을 언급하고 있다. 크리스티앙 메츠는 영화언어와 자연언어를 비교설명하면서 영화가 전달하는 이야기 단위들의 연결 방식을 파악하려 했다. 문법에서 구문이 단어와 단어가 연결되는 방식을 의미하듯, 메츠는 대부분의 서사영화에서 영상과 영상이 연결되는 방식에 공통적인 특징이 있다고 보고 그와 관련된 규칙들을 유형화하여 제시하고자 했던 것이다. 더불어 메츠는 '문화적인 코드'와 '특수화된 코드'를 구분해서 영화언어를 설명하고자 했는데, 문화적인 코드는 영화에서 현실 세계를 묘사하는 데 사용되기는 하지만 영화에서만 찾아볼 수 있는 독특한 코드는 아닌 것, 예를 들어 말할 때 동반되는 몸동작 따위를 지칭하고, 특수화된 코드는 영화에서만 적용 가능한 코드, 즉 몽타주나 카메라 이동 등을 동반한 코드를 지칭한다.

석하고 체계화하여 자연언어의 구문(syntax)과 유사한 영상의 구문법(syntagmatic)을 발견하려 하였다. 우리는 '언어'라는 단어를 사용할 때 흔히 말이나 문자를 연상한다. 실제로 말과 문자는 인류에게 대표적인 커뮤니케이션 수단이다. 그렇다면 영상을 사용하는 영화가 어떻게 언어와 같은 기능을 수행한다고 생각할 수 있을까?

우선 자연언어와 영화언어의 가장 큰 유사점은 기호를 사용하여 의미를 전달한다는 점이다. 개별 단위를 연결시키는 일반적인 방식, 즉 사람들 간의 약속과 규칙이 존재한다는 것이다. 그러나 영화언어는 기표와 기의의 관계가 '자연적인' 동기화된 기호를 사용한다는 점에서, 기표와 기의의 관계가 '자의적인' 비동기화된 기호를 사용하는 자연언어와 구별된다. 영화언어에서의 각 숏들은 자연언어에서의 각 단어들처럼 쉽게 분리되어 과학적인 의미를 객관적으로 담아내지 못한다. 다시 말하자면, 숏들은 단어들처럼 안정된 언어의 기본적인 요소가 되지 못한다는 말이다.

크리스티앙 메츠는 영화언어와 자연언어를 비교설명하면서 영화가 전달하는 이야기 단위들의 연결 방식을 파악하려 했다. 문법에서의 구문이 단어와 단어가 연결되는 방식을 의미하듯, 메츠는 대부분의 서사영화에서 영상과 영상이 연결되는 방식에 공통적인 특징이 있다고 보고 그와 관련된 규칙들을 유형화하여 제시하고자 했던 것이다. 물론, 영화언어가 자연언어와 똑같은 구문법을 지니고 있지는 않지만, 나름의 규칙과 방식이 확립되어 있는 것만은 분명하다. 영화의 구문법, 영화의 갖가지 형식적인 요소들, 그리고 영화언어에 대한 이해는 영화가 표현하는 내용적인 측면에 대한 보다 확실한 파악을 위해서도 필수적인 요소라고 할 수 있다.

영화는 시간의 예술이다. 관객이 소설을 읽어 가듯 머릿속에서 상상의 나래를 펼칠 만한 시간을 주지 않는 것이 시간예술인 영화의 특징이라고 할 수 있다. 이와 동시에 영화는 시각예술이기도 하다. 시각예술은 관객으로 하여금 영상을 보는 과정에서 직관적으로 의미를 이해하게 하는 특징을 지니고 있다. 다른 한편, 영화는 서사적인 예술이다. 영화의 핵심은 이야기 전달이고, 영화언어, 혹은 영화의 구문법은 이야기를 표현하고 전달히는 기본적인 수딘인 깃이다. 관객이 영화를 관람하는 행위란 영화의 구문법을 통해 전달되는 메시지를 이야기로 받아들이는 과정이다.

# 사실주의와 형식주의

뤼미에르(Lumière)와 멜리에스(Méliès) 이후, 영화예술은 사실주의와 형식주의라는 큰 두 줄기 흐름을 타고 발전해 왔다. 일반적으로 사실주의 영화는 형식적인 실험보다는 실제 세계를 있는 그대로 전달하는 데 초점을 맞추고, 형식주의 영화는 자신이 하고픈 이야기를 효과적으로 표현하기 위해서 갖가지 형식적인 실험을 마다하지 않는다. 따라서 사실주의 영화는 단순하지만 자연발생적이고 직접적이라는 특징을 지니고 있는 반면에, 형식주의 영화는 좀 더 도전적이고 자유분방하다.

[그림 5-2] 로버트 제멕키스(Robert Zemeckis)의 1988년 작품,
〈누가 로저 래빗을 모함했나? Who Framed Roger Rabbit?〉

실사와 애니메이션이 결합된 영화 중 기술적 성취에서 가장 인정받은 작품으로, 아카데미 시각효과상과 음향효과상을 수상했다. 모든 영화는 내용과 형식이 결합되어 완성된다는 사실은 당연하다. 하지만 내용과 형식 중 무엇에 초점을 맞추고 있는가를 따진다면, 〈누가 로저 래빗을 모함했나?〉 같은 영화는 형식적 측면에 대한 관심이 더욱 큰 영화라고 평가할 수 있을 것이다. 컴퓨터 그래픽을 활용한 영화들, 디지털 영화들이 급속도로 일반화되기 시작하면서, 내용보다는 형식에 기울이는 노력과 관심이 과도하게 커지고 있다는 자성의 목소리가 종종 들려오는 것 또한 사실이다.

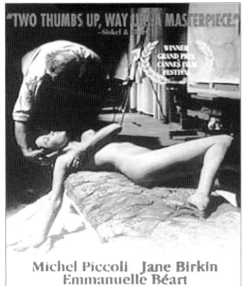

[그림 5-3] 자크 리베트(Jacque Rivette)의
1991년 작품, 〈누드모델 La Belle Noiseuse〉

그림이 완성되기까지 5일간에 걸쳐 일어나는 일
을 카메라에 집요하게 담아낸다. 상영시간이 4
시간에 이른다. 별다른 특이한 에피소드 없이 그
림 한 점이 완성되는 과정에만 초점을 맞춘 작
품으로, 사실주의 영화의 전형이라고도 할 수 있
다. 극중 누드모델 역할을 맡았던 엠마누엘 베아
르는 극영화 사상 최장시간 동안 누드로 연기함
으로써 세간에 화제가 되기도 했다. 흔히 사실주
의 영화와 다큐멘터리를 혼동하는 경우가 있으
나, 이는 잘못된 것이다. 〈누드모델〉에서처럼 특
별한 영화형식을 동원하지도 않고, 특이한 내용
적 구성을 취하지도 않으면서 현실세계의 한 단
면을 그리고 있는 영화는, 다큐멘터리는 아니지
만 사실주의 영화라고 지칭되는 대표적인 사례
라고 할 수 있다.

[그림 5-4] 김명준의 2006년 작품, 〈우리학
교〉

〈우리학교〉는 일본 홋카이도에 있는 조선학교
인 '혹가이도 조선학교'의 일상을 담아낸 다큐멘
터리 영화로, 일반적인 극장 개봉에만 머무르지
않고 '공동체 상영'이라는 방식의 배급으로 많은
관객을 만나려 노력하였다. '우리학교'리는 제목
은 조선학교 학생과 학부모 등이 조선학교를 가
리키는 말에서 비롯되었다. 〈우리학교〉를 비롯
한 최근 다큐멘터리 영화의 한 경향은 바로 극
영화보다 훨씬 더 극적인 구성을 취하고 있다는
점이다. 이러한 경향은 다큐멘터리를 비(非)내
러티브 영화로 생각하는 기존의 생각을 완전히
뒤엎는 것이기도 하다.

[그림 5-5] 마이클 무어(Michael Moore)의 2008년 작품, 〈식코 Sicko〉

〈식코〉에서 마이클 무어는 미국 민간 의료보험 조직인 건강관리기구 HMO의 충격적인 이면을 폭로하면서 무책임한 의료보험 제도에 대한 신랄한 비판을 가한다. 〈식코〉는 수익논리에 사로잡혀 이윤 극대화를 위한 노력만을 다하며 정작 필요한 기본적인 서비스에는 전혀 관심을 기울이지 않는 미국의 의료보험 제도는 가난한 환자들을 죽음으로까지 내몰고 있다는 사실을 적나라하게 드러낸다. 미국 사회의 총기사고 문제를 다룬 2002년 〈볼링 포 콜롬바인 Bowling for Columbine〉으로 제55회 칸 영화제 황금종려상을 수상하기도 했던 마이클 무어 감독은 자신의 다큐멘터리 영화들에서 극영화보다도 훨씬 강한 메시지를 전달하고 있으며, 그 메시지를 효과적으로 전달하기 위한 극적 구성 또한 적극적으로 활용한다.

형식주의 영화의 가장 극단적인 형태는 전위영화라고 할 수 있는데, 완전한 추상성을 목표로 삼고 있는 전위영화는 순수한 형식들, 즉 선, 움직임, 색조, 형상 등을 전면에 내세우고 있다. 그러나 전위영화는 단지 형식주의의 극단적인 형태일 뿐이다. 현실적으로 사실주의와 형식주의를 구별해 주는 경계선이 무척 모호하기 때문에, 한 영화에서 두 사조의 특징을 모두 보게 되는 것이 일반적이라고 할 수 있다.

따라서 영화언어, 혹은 영화 구문법이라는 것은 단지 형식주의 영화들에만 적용될 수 있는 순수하게 형식적인 문제이기도 하지만, 사실주의 영화의 제작 과정에서도 결코 간과할 수 없는 영역이다. 특정한 내용을 전달하기 위해서는 최소한의 형식이 필요하다는 진리는 비단 문학에서뿐만 아니라 영화를 비롯한 영상매체에도 타당한 것이기 때문이다. 또한, 영화에 따라서 이야기를 전달하는 방식, 즉 영화언어의 사용 방식이 크게 차이가 날 수 있기 때문에, 영화 구문법의 문제는 모든 영화에 적용될 수 있는 기본사항이라고 할 수 있다.

# 4

# 영화형식의 중요성

　　영화언어 혹은 영화의 구문법이라는 영화의 형식적인 요소들을 이해하는 것은 영화가 전달하고자 하는 내용, 즉 이야기를 좀 더 명확하게 이해하기 위해서 필수적이다. 영화라는 매체의 커다란 두 체계라고 할 수 있는 이야기 체계와 형식적인 체계는 서로 유기적인 관계를 맺고 있기 때문에, 영화의 내용을 분명하게 파악하기 위한 전제조건으로서의 영화형식을 숙지하는 것이 필수적임은 두말할 나위가 없다.

　　영화의 형식을 제대로 이해하기 위해서는 먼저 영화형식이 지니고 있는 원리들을 숙지해야 한다. 이를 위해서는 우선 영화언어를 구성하는 개별 요소들의 기능에 대한 이해가 필요하다. 이는 곧, 영화를 구성하고 있는 각각의 조그마한 단위들이 과연 전체적인 틀 속에서 어떠한 위치를 점하고 있는지, 그리고 서로 간에 어떠한 관계를 맺고 있는지를 파악하는 일이다. 이를 바탕으로 각 요소들 간의 유사성과 어떤 특정 요소의 반복성, 그 요소들의 변모 양상과 다른 요소들과의 차이점, 그리고 모든 요소들의 전개 과정에서의 통일성과 불협화음에 대해 고려해야 한다.

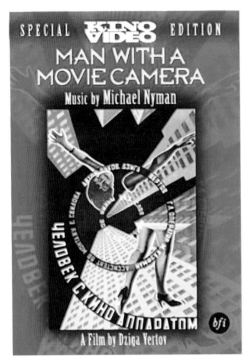

[그림 5-6] 지가 베르토프(Dziga Vertov)의 1929년 작품, 〈무비 카메라를 든 사나이 The Man with a Movie Camera〉

옛 소련시절 도시의 일상생활을 카메라의 눈으로 포착했다. 인간의 눈이 아닌 카메라의 눈에 의해 세상은 더 완벽하게 파악될 수 있다는 '키노 프라우다'의 정신을 구현한 작품이다. 이 영화로부터 비롯된 '카메라의 눈(kino-eye)'이라는 개념은 카메라와 인간 사이의 관계를 정립하는데 일조하기도 했다. 카메라의 렌즈와 인간의 눈의 관계는 영화형식을 이야기할 때 빼놓을 수 없는 관계구조라고 할 수 있는데, 지가 베르토프의 영화에 나타나는 형식적인 실험성과 그것을 뒷받침하는 혁명적인 사상은 베르토프 사후 프랑스 영화운동인 시네마 베리테를 통해 계승되기도 하였다.

# 5
# 영화언어의 형식적 요소

## 1) 프레임

프레임은 간단히 설명해서 우리가 영상을 보게 되는 직사각형의 화면이라고 할 수 있다. 영화문법 중 가장 기본이 된다고 할 수 있는 프레임의 화면비율이란 직사각형 화면의 세로 대 가로의 비율을 말한다. 초기영화 시절 화면비율은 에디슨이 발명한 키네토그래프의 1:1.33, 즉 3:4 구도였다. 1906년 이후 이 화면비율은 구도와 감상에 안정감을 준다는 이유로 대부분의 영화에 공통적으로 적용되었다. 이 비율은 오늘날까지 기준 프레임으로 사용되고 있으며, TV의 경우도 3:4의 화면비율을 갖고 탄생하였다.

[그림 5-7] 크쥐시토프 키에슬로프스키(Krzysztof Kieslowski)의 1991년 작품, 〈베로니카의 이중생활 La Double Vie de Veronique〉

각각 프랑스와 폴란드에 살지만 꼭 빼닮은 두 여성이 겪는 삶과 사랑을 다룬 작품이다. 개인의 정체성과 각 개인 간의 연결고리에 관한 철학적인 문제의식을 바탕으로 깊은 인상을 남기는 음악과 색채, 무심한 듯 의미 가 실린 장면 등을 통해 끊임없이 우리의 인생에 대해 질문한다. 하지만 〈베로니카의 이중생활〉은 영화의 내용보다는 시각적·청각적 효과라는 형식적 측면에서 더욱 기억될 만한 영화인데, 특히 한 프레임 내부에 주인공을 비롯한 등장인물들과 주변 사물을 효과적으로 배치하는 방식은 주목할 만하다. 또한, 〈베로니카의 이중생활〉은 1:1.85의 화면비율과 1:2.35의 화면비율 등 두 가지 버전으로 개봉되어 관객으로 하여금 색다른 재미를 느끼게 하기도 하였다.

다음으로, 오늘날 영화관에서 흔히 볼 수 있는 35mm 필름 영화의 규격은 1:1.85 화면이다. 이는 3:4 비율을 가진 텔레비전의 등장으로 영화가 텔레비전과의 경쟁에서 살아남기 위해 와이드 스크린화를 추진한 결과 등장하게 된 화면비율이라고 할 수 있다. 따라서 1:1.85의 비율은 동영상 매체에 가장 적합한 화면비율이다. 이에 비해 1:2.35의 화면비율은 편지봉투 규격(letter box)이라고 지칭하기도 한다. 일반적으로 기존 35mm 필름의 4배 규격인 70mm 필름의 화면비율을 말하기는 하지만, 70mm 필름의 화면비율이 언제나 1:2.35인 것은 아니다. 70mm 필름은 시네마스코프로 불리며 대규모의 스펙터클 영화에서 사용되곤 한다. 흔히 아이맥스 영화로 불리는 영화들이 현재 가장 대중적으로 사용되고 있는 70mm 필름으로 촬영된 영화라고 볼 수 있다.

[그림 5-8] 제임스 캐머런(James Cameron)의 2009년 작품, 〈아바타 Avatar〉

3D영화로는 유례없이 엄청난 흥행을 기록하면서, 우리나라를 비롯한 전 세계에 3D영화 붐을 일으켰다. 문화체육관광부는 〈아바타〉의 흥행을 계기로 2013년까지 2000억 원의 예산을 컴퓨터그래픽(CG) 산업에 투입하기로 결정했고, 영화진흥위원회도 3D영화 기술개발에 투자하기로 하였다. 〈터미네이터〉 시리즈, 〈에이리언 2〉 및 〈타이타닉〉으로 전 세계 관객들을 사로잡았던 제임스 캐머런 감독은 〈아바타〉를 통해 눈부신 3D 영상 기술을 도입해 더욱 완성된 형태의 볼거리를 제공하면서 평단 및 관객들로부터 호평을 받았다. 특히 〈아바타〉는 우리나라 극장 개봉 당시 3D 아이맥스 70mm 필름 버전이 가장 큰 인기를 끌었다.

관객들은 영화를 감상할 때 이야기 구조를 중심으로 영화의 전체적인 맥락을 이해하게 된다. 그러나 영화를 자세히 들여다보면 영화는 영화를 이루는 각각의 요소들이 모두 단절되어 있고 이렇게 단절된 요소들이 합쳐지거나 분리되면서 이야기를 완성해 가는 것을 볼 수 있다. 이 과정에서는 영화의 구문법이라고 지칭되는 영화의 문법체계가 사용되고 있으며, 이를 통해 단절된 요소의 이야기들이 전달되는 것이다. 영화의 구문법에는 렌즈나 필터의 선택, 음향, 편집에 이르기까지 다양한 요소들이 있다.

## 2) 테이크, 숏, 프레이밍

테이크(take)란 촬영 현장 용어로서 감독의 큐 사인을 시작으로 컷을 외쳐 끝마칠 때까지 카메라에 담긴 영상물을 말하는 것이다. 다시 말하자면, 테이크는 기술적인

[그림 5-9] 박찬욱의 2003년 작품, 〈올드보이〉

이유도 모른 채 15년 동안 갇혔다 풀려난 남자와 그를 가둔 남자 사이의 대결 그리고 그 악연을 둘러싼 비밀과 충격적 반전이 줄거리. 카메라의 횡적인 움직임과 롱테이크, 그리고 비장한 배경음악을 완벽하게 결합한 장면인 이른바 '장도리' 신(scene)이 압권이다. 특히, 상도리 신에서는 액션 장면에서는 일반적으로 잘 쓰이지 않는 롱테이크가 사용되어 관객의 주목을 받았다.

측면에서 카메라의 작동 스위치가 한번 기능하여 어떤 중단이나 방해 없이 촬영된 하나의 연속된 화면 단위를 말한다. 이 테이크를 다시 편집하면 우리가 흔히 접할 수 있는 컷(cut)이나 숏(shot)이라는 개념이 생겨난다. 특히 우리가 자주 접하는 롱테이크라는 용어는 일정 시간 단절 없이 특정 장면을 계속 보여 주는 것을 말한다. 롱테이크를 통해 관객은 한 장면을 마치 관조하듯 객관적인 시각으로 바라보게 된다.

컷이란 숏과 숏의 연결 지점을 일컫는 용어지만 실제 영화현장에서는 숏과 같은 의미로 혼용되기도 한다. 편집실에서는 불필요한 장면이나 사운드를 제거하는 것을 지칭하는 용어로 사용하며, 촬영 현장에서는 감독이 한 숏의 촬영을 멈추게 하는 신호로 사용되어 감독의 '컷'이라는 외침과 함께 연기자와 모든 스태프들은 촬영 행위를 중단하게 된다.

영화의 기본 단위인 숏은 스크린에 보이는 하나의 영상이 잘라짐 없이 지속되는 것을 말한다. 시간적 개념인 숏의 길이는 1초도 안 되는 것에서부터 몇 분에 걸친 것에 이르기까지 다양하다. 영화문법에서 숏은 감독이 전달하고자 하는 이야기를 관객에게 어떻게 보여 줄 것인가에 결정적인 역할을 담당한다. 감독은 숏의 길이를 조절함으로써 이야기 진행의 호흡과 완급을 적절히 표현할 수 있다.

영화의 숏 중에서 가장 기본이 되는 롱숏(long shot)은 흔히 설정숏(establishing

[그림 5-10] 허우 샤오시엔(侯孝賢)의 1989년 작품, 〈비정성시 悲情城市〉
대만의 감독 허우 샤오시엔을 명장의 반열에 올려놓은 작품이다. 이 영화로 베니스 영화제 황금사자상을 수
상한 허우 샤오시엔은 움직임이 없는 카메라와 롱테이크로 대만 근대사의 비극적인 순간들과 인물들을 차분
하게 포착하고 있다. 롱숏과 롱테이크가 적절히 어우러진 그의 영화의 장면들은 관객의 뇌리 속에 오래도록
남는다.

shot), 혹은 마스터숏(master shot)으로도 불린다. 롱숏이 설정숏으로 불리는 이유는
영화의 도입부분에서 주인공들이 속해 있는 환경이나 배경을 먼 곳에서 바라보는
시점으로 보여 주며 상황을 설명해 주기 때문이다. 관객은 롱숏을 통해 주인공들이
어떤 공간적인 배경에서 이야기를 풀어 가는가를 객관적인 시각으로 바라보게 된

다. 롱숏, 설정숏, 마스터숏 등의 용어가 때로는 같은 의미로 사용되기도 하지만, 보다 엄밀히 따지면 다음과 같은 차이점도 지니고 있다.

먼저 설정숏은 관객들의 이해를 돕기 위한 숏으로, 극중의 장소이동에서 새로운 장소로의 전환을 자연스럽게 소개함으로써 혼란을 방지할 수 있는 역할 등을 담당할 수 있다. 설정숏의 사용은 작품의 흐름이나 이야기 전개상 귀중한 정보를 제공한다는 장점도 지니고 있지만 지나치게 많은 설명으로 인해서 긴장감을 방해하거나 감정의 몰입을 해칠 수 있다는 단점 또한 지니고 있으므로, 설정숏은 신중하게 사용해야 한다.

롱숏은 하나의 카메라가 다수로 이루어진 피사체의 움직임을 하나로 모인 '전체'로서 기록하기 위해 촬영하는 방식을 지칭한다. 이는 군중 신(scene), 운동경기, 폭파 장면 등의 특수효과가 필요한 촬영에 주로 사용된다. 더불어 숏의 분할로 연기자들의 감정의 흐름이 깨지는 것을 방지하거나, 복잡한 액션 장면의 연결이 어려울 때 사용되기도 한다.

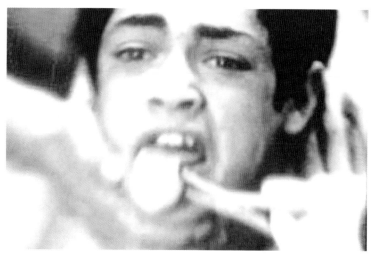

[그림 5-11] 피에르 파올로 파졸리니(Pier Paolo Pasolini)의 1975년 작품, 〈살로, 소돔의 120일 Salo O le 120 Giornate Di Sodoma〉

마르키 드 사드(Marquis de Sade)의 원작소설을 파시즘 시기 이탈리아로 옮겨 전체주의의 광기를 스크린으로 재현한다. 지나간 역사 속의 빗나간 광기만큼이나 영화도 잔인하고 끔찍한 장면으로 가득해 많은 논란을 불러일으켰다. 특히, 클로즈업으로 제공되는 잔인하면서도 선정적·폭력적인 장면들은 관객의 주관적인 감정을 건드리는 데 탁월한 효과를 내고 있다.

미디엄숏(medium shot)은 보통 배우들 간의 대화 장면에서 많이 사용되는 숏이다. 롱숏보다는 가까운 거리에서 촬영되기 때문에 인물들 간의 표정이나 액션의 변화를 쉽게 확인할 수 있는 장점이 있다. 반면에 롱숏이나 클로즈업의 중간단계에 해당하기 때문에 배우들의 특별한 액션이 함께하지 않는 이상에는 장면이 평이해 보이는 단점을 지니고 있기도 하다. 감독은 설정숏인 롱숏을 통해 객관성을 확보한 후, 미디엄숏을 통해 좀 더 긴밀한 이야기를 시작하게 된다.

클로즈업(close-up)은 카메라가 피사체에 가장 가깝게 다가가는 숏이다. 보통 클로즈업은 모든 숏 중에 가장 주관적인 숏이라고 말할 수 있다. 사물의 배경이나 인물들 간의 모습을 함께 보여 주지 않고, 감독이 관객에게 확실히 강조하고 싶은 장면만을 집중적으로 보여 주기 때문이다. 간혹 영화의 시작 부분에 설정숏을 사용하지 않고 클로즈업을 사용하는 감독들이 있는데, 이는 첫 장면에서부터 관객에게 강한 인상을 심어 주기 위한 감독의 특별한 선택인 것이다. 그만큼 클로즈업은 강한 인상을 남길 수 있는 효과를 가지고 있다.

프레이밍(framing)이란 영화의 가장 기본적인 단위인 프레임과 카메라의 연관관계이다. 즉, 카메라를 어떻게 움직이고 피사체의 어느 부분까지를 어떻게 촬영해서 어떠한 방식으로 한 프레임 안에 보이게 할 것인가를 말한다. 프레이밍의 개념에서 가장 기본이 되는 것은 카메라의 움직임과 피사체와의 거리관계이다.

## 3) 카메라의 촬영 각도

카메라의 촬영 각도(angle)는 프레이밍에서 또 다른 중요한 요소 중 하나이다. 일반 관객들은 많은 영화의 장면들이 카메라와 피사체의 눈높이를 맞추는 평각으로 촬영된다고 생각한다. 그러나 대부분의 영화들은 부감(high angle)이나 앙각(low angle)으로 촬영된 장면들을 생각보다 많이 담고 있다.

먼저 평각 촬영, 혹은 아이 레벨 숏(eye-level shot)은 피사체의 시선과 카메라의 높이를 맞추는 촬영 기법이다. 그로 인해 평각은 인물을 과장이나 왜곡 없이 보이게 하는 가장 보편적인 촬영 기법이다. 평각 화면은 인물 간의 대등함이나 인물의 평범함을 강조하기 때문에 대화 장면 등에서 많이 사용된다. 평각 화면은 2차원적인 느낌이 강해서 영화를 단조롭게 보이게 하는 단점이 있기는 하지만, 극단적인 앙각이나 부감이 주는 불편함이 없어 화면의 안정감을 줄 수 있다는 장점 또한 지니고 있다.

[그림 5-12] 장훈의 2011년 작품, 〈고지전〉

〈고지전〉은 한국전쟁을 배경으로 휴전협정이 막바지에 이를 무렵 '애록고지'를 차시하기 위한 남과 북의 군사적 극한 대치를 다루고 있는 고수와 신하균 주연의 전쟁영화이다. 표절 논란이 일기도 했지만, 영화 속 볼거리 넘치는 전투 장면은 관객에게 신선한 충격으로 다가왔다. 특히 전봇대를 이용한 부감 촬영으로 담아낸 고지 진격 장면은 강렬한 시각적인 스펙터클을 선사한다.

부감 촬영, 혹은 하이 앵글 촬영은 카메라의 시선을 피사체 위에다 두고 촬영하는 기법을 말한다. 피사체 위에서 직접 내려다보는 듯한 느낌을 주는 부감 촬영은 관객이 마치 절대자의 위치에서 상대를 내려다보는 것 같은 효과를 준다. 보통 인물의 운명이나 숙명, 무기력함 등을 표현할 때 부감 촬영을 사용하는 이유가 여기에 있다. 부감으로 촬영되는 피사체는 인물의 모습이 왜곡되어 보이기 쉬워, 불안정한 심리상태나 현재 처한 상황을 표현한다.

앙각 촬영, 혹은 로우 앵글 촬영은 카메라가 피사체의 시선 밑에서 위로 올려보듯 찍는 촬영 기법이다. 관객은 앙각 화면을 통해 피사체를 우러러보는 듯한 느낌을 받는다. 앙각은 인물을 과장되어 보이게 만든다. 인물의 도도함이나 고결함, 권력 의지, 허풍 등을 표현할 때 앙각을 사용하는 이유가 여기에 있다. 또한 평각 화면이 주는 평범함에서 벗어나고 싶을 때 감독들이 약간의 앙각 화면을 주는 것만으로도 화면은 입체감을 갖게 된다.

## 4) 미장센

영화의 화면은 배우들이나 카메라의 움직임만으로 구성되는 것이 아니다. 각종 소품들과 배경화면, 그리고 여러 가지 조명과 장치들 또한 화면을 구성한다. 이처럼 화면을 통해 보이는 여러 가지 시각적인 요소들을 어떻게 적절하게 통제하고 배치하는가의 문제를 미장센(mise-en-scène) 혹은 장면화라고 한다. 미장센은 일종의 화면 구성법으로서 영화가 현대화되는 과정에서 가장 괄목할 만한 성장을 보인 구문법 중 하나이다. 미장센은 현대에 오면서 카메라의 움직임과 더불어 가장 중요한 표현요소로 자리 잡았다. 감독은 배우의 대사나 설명 없이도 미장센을 통해 자신의 의도를 상징적으로 처리할 수 있기 때문이다.

관객의 눈은 극히 짧은 시간 속에서도 화면을 왼쪽에서 오른쪽으로, 또 위에서 아래로 읽어 가는 특징이 있다. 따라서 좌에서 우로 이동하는 인물이나 화면은 우리의 시선에 순응하는 것으로 보이고, 우에서 좌로 이동하는 인물이나 화면은 우리의 시선에 역행하는 것처럼 보일 수 있다. 이렇듯 관객은 특정 장면에서 누가 중요

[그림 5-13] 이명세의 1999년 작품, 〈인정사정 볼 것 없다〉

〈인정사정 볼 것 없다〉는 남성 중심의 액션영화지만 살인 사건이 중심이 되어 사건을 전개하는 데 그치지는 않았다는 평가를 받는다. 영화 속 장면들 하나하나가 마치 그림책을 보는 듯한 시각적인 즐거움을 선사할 정도로, 〈인정사정 볼 것 없다〉는 영화만이 보여 줄 수 있는 독창적인 미장센을 만들어 내고 있는 것이다.

한 인물이고, 누가 덜 중요한 인물인지를 미장센을 통해 파악할 수 있다. 이 밖에도 장면에 극적 사실감이나 환상적인 느낌을 부여하기 위해 소품이나 의상, 조명, 세트 등 많은 요소들이 미장센 구성에 사용된다.

요약하자면, 미장센은 스크린 위의 모든 시각적 요소들을 배열하는 행위라고 할 수 있다. 프랑수아 트뤼포(François Truffaut)나 앙드레 바쟁(Andre Bazin)과 같은 인물들은 미장센을 몽타주 이론에 반하는 리얼리즘 미학의 주요 개념으로 발전시키기도 했다.

# 요점정리

1 영화언어는 자연언어와 유사하기는 하지만, 영화언어만의 고유한 특성 또한 존재한다.

2 영화는 시간예술이고, 시각예술이며, 서사적인 예술이다.

3 사실주의 영화는 단순하지만 자연발생적이고, 형식주의 영화는 도전적이고 자유분방하다.

4 영화언어 혹은 영화의 구문법이라는 영화의 형식적인 요소들은 영화가 전달하고자 하는 내용, 즉 이야기를 좀 더 명확하게 이해하기 위해서 필수적이다.

5 프레임은 우리가 영상을 보게 되는 직사각형의 화면이다.

6 테이크는 감독의 큐 사인을 시작으로 컷을 외쳐 끝마칠 때까지 카메라에 담긴 영상이다.

7 숏은 스크린에 보이는 하나의 영상이 잘라짐 없이 지속되는 것을 말한다.

8 프레이밍은 프레임과 카메라와의 연관관계이다.

9 부감 촬영은 카메라의 시선을 피사체 위에다 두고 촬영하는 기법이고, 앙각 촬영은 카메라가 피사체의 시선 밑에서 위로 올려보듯 찍는 촬영 기법이다.

10 미장센은 화면을 통해 보이는 여러 가지 시각적인 요소들을 어떻게 적절하게 통제하고 배치하는가의 문제와 관련된다.

**01** 다음 중 프레임(frame)에 대한 설명으로 바르지 <u>않은</u> 것은 무엇인가?

① 화면 내부의 공간에 선택되는 대상과 버려지는 대상을 구별한다.
② 영상의 외곽을 규정하는 틀을 말한다.
③ 필름상의 개별 영상 한 장을 말한다.
④ 화면에 보이는 모든 것을 통제하고 배치하는 것을 말한다.

**02** 인물의 초라한 모습, 피폐한 상황, 현실에 짓눌리는 무게 등을 표현하는 카메라의 촬영 각
도는 무엇인가?

① 부감 촬영                    ② 평각 촬영
③ 앙각 촬영                    ④ 광각 촬영

**03** 영화의 편집에서 기본 단위가 되는 것은 무엇인가?

① 숏                          ② 프레임
③ 시퀀스                       ④ 신

**04** 다음 용어들 중 의미가 <u>다른</u> 하나는 무엇인가?

① 롱숏                        ② 미디엄숏
③ 설정숏                       ④ 마스터숏

**05** 키네토그래프 등 초창기 영화시절에 사용되었던 화면비율은?

① 1:1.85                     ② 1:1.66
③ 1:1.33                     ④ 1:1

**정답 |  01 ④   02 ①   03 ①   04 ②   05 ③**

**01** 자신이 본 영화의 인상적인 장면에서 프레임, 촬영 각도, 미장센 등이 어떻게 표현되었는지 분석해 보시오.

**02** 한국의 대표적인 감독 몇 명을 선정하여, 그들이 구사하는 영화언어의 특징을 조사해 보시오.

체**6**장

# 내러티브와 장르

## 개관

관객에게 잘 짜인 이야기를 전달하는 것을 강조하느냐, 아니면 이야기보다 형식적인 실험을 통해서 새로운

영상을 보여 주는 데 주력하느냐의 문제는 영화의 역사를 관통하는 두 가지 큰 흐름이었다. 이 장에서는 영

화예술상의 커다란 흐름인 이야기로서의 영화와 보여 주는 영화라는 두 가지 커다란 틀 속에서, 스토리와

플롯, 내러티브와 디제시스, 장르, 패러디와 패스티시, 컬트 등의 개념들을 살펴본다.

1. 내러티브와 플롯, 스토리를 구별하고 그 정확한 의미를 설명할 수 있다.

2. 장르영화와 전형적인 장르의 규칙에서 벗어난 영화의 장단점을 평가할 수 있다.

3. 패러디, 패스티시, 컬트, 마니아의 개념을 이해하고 이를 영화에 적용할 수 있다.

이야기로서의 영화 • 보여 주는 영화 • 사실주의 • 형식주의 • 스토리 • 플롯 • 내러티브 • 디제시스 • 장르 • 패러디 • 패스티시 • 오마주 • 컬트 • 마니아

# 1
# 이야기로서의 영화와 보여 주는 영화

뤼미에르(Lumière)와 멜리에스(Méliès), 사실주의와 형식주의, 즉 영화의 탄생 이후 지금껏 이어져 온 영화예술상의 커다란 두 흐름은 결국 '이야기로서의 영화'와 '보여 주는 영화'라는 말로 정리될 수 있다. 관객에게 잘 짜인 이야기를 전달하는 것을 강조하느냐, 아니면 이야기보다 형식적인 실험을 통해서 새로운 무언가를 보여 주는 데 주력하느냐의 문제가 영화의 역사를 관통하는 두 가지 큰 흐름이었던 것이다.

'이야기로서의 영화'가 오랫동안 영화산업의 주류를 차지해 왔다는 것이 일반적

[그림 6-1] 에드윈 포터(Edwin Porter)의 1903년 작품, 〈대열차강도 The Great Train Robbery〉

에드윈 포터는 영화 〈미국인 소방수의 생활 Life of an American Fireman〉(1902)과 〈대열차강도 The Great Train Robbery〉(1903)를 통해 극적인 이야기 구성과 동시편집의 개념을 도입해 진정한 영화의 시작을 알렸다. 에드윈 포터와 데이비드 그리피스 등의 감독들에 의해서, 영화의 탄생 초기부터 경쟁관계를 통해 동반성장하고 있던 이야기로서의 영화와 보여 주는 영화의 관계가 재정립되기 시작한다. 이제 비로소 이야기로서의 영화가 영화산업의 주류로 자리 잡게 된 것이다.

[그림 6-2] 리들리 스콧의 2000년 작품. 〈글래디
에이터 Gladiator〉

'5현제(五賢帝) 시대'가 막을 내리던 180년의 로마를
배경으로 장군에서 검투사로 전락한 주인공 막시무
스의 인생역정을 로마사의 실제 인물들 속에 용해시
켜 웅장한 스케일로 그려 낸 시대극이다. 2001년 제
73회 아카데미 시상식에서 12개 부문의 후보에 올라
작품상과 남우주연상을 비롯하여 의상, 음향, 시각효
과상의 5개 부문을 수상하였다. 〈글래디에이터〉는 쉴
새 없이 제공되는 빠른 속도감의 웅장한 볼거리로 인
해, 볼거리로서의 영화, 보여 주는 영화의 시대를 다
시 열어 놓았다는 평가를 받기도 한다.

인 견해이다. 영화 초창기였던 1915년을 전후하여 벌어졌던 그 두 흐름들 간의 경
쟁에서 승리를 거둔 이야기로서의 영화인 내러티브 영화는 현대에 이르기까지 대중
영화산업의 주도적인 지위를 점해 왔다. 물론, 잘 짜인 이야기를 전달한다는 말이
영화형식에 대해서는 전혀 신경을 쓰지 않는다는 말과 동격이 되어서는 안 될 것이
다. 내용을 담보해 주는 것은 결국 최소한의 형식이기 때문이다.

내러티브 영화가 현대 대중영화의 주류를 차지하고 있다고는 하지만, '보여 주는
영화'라 할 수 있는 형식주의 영화 역시 완전히 그 모습을 감춘 것은 아니다. 몇 년
전 개봉되었던 스티븐 소머즈(Stephen Sommers) 감독의 〈미이라 The Mummy〉(1999)
나 리들리 스콧(Ridley Scott) 감독의 〈글래디에이터 Gladiator〉(2000) 같은 영화들은
이야기 이상의 볼거리들을 제공한다. 하지만 여전히, 이들이 내러티브 영화로 분류
되는 이유는 그 수많은 볼거리들을 한 곳으로 묶어 주는 커다란 이야기의 흐름, 즉
스토리와 플롯, 그리고 내러티브가 존재하기 때문이다.

　　이야기로서의 영화와 보여 주는 영화의 구분은, 엄밀히 말하자면 사실주의와 형식주의의 구분과 정확히 일치하지는 않는다. 역사적으로 살펴볼 때, 앙드레 바쟁(Andre Bazin)을 비롯한 리얼리스트 영화연구자들이 옹호했던 사실주의 영화들은 비록 영화의 형식적 실험이 두드러지는 영화들은 아니었지만, 대중이 자연스럽게 받아들이는 이야기 구조를 갖추지 않은 영화들이 대부분이었을 뿐만 아니라 전형적인 영화의 서사 관습에 익숙한 사람들에게는 오히려 낯설게 느껴지는 영화들이었다. 그 영화들은 오히려 현실을 있는 그대로 드러내는 데에만 초점을 맞추고 있는 경우도 있었다.

　　한편, 러시아 형식주의에 기초를 두고 제작된 영화들은 형식적인 실험을 통해서 새로운 의미를 창조해 내는 데 주력하긴 했지만, 소위 순수한 사실주의 영화들보다 오히려 완벽한 서사구조를 갖추고 있었다는 평가를 받기도 한다. 또한, 이론적인 측면에서 영화의 서사구조에 대한 분석은 대부분 형식주의 혹은 신형식주의와 그 맥을 같이하고 있다.

　　따라서 앞에서 언급되고 있는 뤼미에르와 멜리에스의 사실주의와 형식주의에로의 연결고리는 사실주의와 형식주의라는 사조의 거창한 역사적·이론적 함의에서 비롯된 것이 아니라, 영화적 표현에서의 이야기의 측면과 보여 주기의 측면에 근거를 두고 있는 것으로 이해하는 것이 좋겠다.

# 2

# 스토리, 플롯, 내러티브

　　우리말로는 모두 '이야기'로 번역될 수 있는 스토리(story)와 플롯(plot), 그리고 내러티브(narrative)는 어떻게 구분되는가? 스토리와 플롯, 내러티브에 대한 이해는 대중영화를 분석적으로 이해하는 데 유용한 도구가 될 것이다. 먼저 스토리는 플롯을 통해 우리가 상상 내지 유추할 수 있도록, 시간적 순서로 구성된 이야기 구조를 가리킨다. 따라서 스토리는 영화에서 직접 드러나지 않은 인물과 사건, 혹은 상황을 아우를 수도 있다. 반면에, 플롯이란 영화의 영상을 통해 시청각적으로 표현된 사건의 질서를 일컫는다.

　　다음으로, 내러티브는 영화의 이야기 구조를 지칭하는 보다 일반적인 개념으로, 둘 이상의 사건들을 연결시켜 설명하는 방식을 말한다. 내러티브는 스토리 얼개

[그림 6-3] 프란시스 포드 코폴라(Francis Ford Coppola)의 3부작 〈대부 The Godfather〉(1972), 〈대부 2 The Godfather Part II〉(1974), 〈대부 3 The Godfather Part III〉(1990)

콜레오네라는 한 마피아 가문의 흥망성쇠를 파란만장하게 그린 대서사극이다. 1편 제작 후 18년 만에 대단원의 막을 내린 이 시리즈는 수많은 명장면과 대사를 남겼고 말런 브랜도와 알 파치노, 로버트 드니로 등 걸출한 스타들을 배출했다. 잘 짜인 각본과 연출, 뛰어난 연기, 그리고 그에 어울리는 음악까지 가세, 상업영화의 완벽한 결합을 보여 준다. 특히, 〈대부 2〉는 교차편집으로 이루어진 완벽한 이야기 구조로 인해 전편보다 훌륭한 속편이라는 찬사를 받았는데, 〈대부 2〉는 전편보다 시간상으로 앞선 이야기를 보여 주는 속편을 지칭하는 프리퀄(Prequel)의 시대를 알리는 작품으로도 기억된다.

(story outline)나 플롯 구조(plot structure)뿐 아니라, 이야기의 요소들을 통제하고 그에 일정한 틀을 제공해 주는 시점(point-of-view), 서술자(narrator)와 이야기 세계의 주인공, 사건들과의 관계 등으로 이루어져 있다. 이들 요소들이 어떻게 결합되는가에 따라 이야기 내용(story)이 전혀 다르게 설명될 수 있다.

❖ 학습활동─시점 point-of-view

이야기를 구성하는 인물이나 행위, 배경, 사건 등을 독자에게 제시하는 방식에 관한 문제로, 소설적 구성요소의 하나로 출발했다. 영화를 비롯한 영상매체에서는 카메라와의 동일시, 극중인물과의 동일시 등 관객 주체성 및 동일시의 문제와 연관된다. 극중인물 혹은 카메라의 렌즈가 어떠한 시점에서 무엇을 잡아내는가에 따라서 영화의 전반적인 분위기가 달라질 수 있고, 따라서 전체적인 이야기 구조의 구성에도 큰 영향을 미치는 것이다.

오손 웰스(Orson Welles)의 〈시민 케인 Citizen Kane〉(1941)을 예로 들어 보자. 영화 〈시민 케인〉은 '장미 꽃봉오리(rosebud)'라는 한 마디 단어를 남기고 죽어 간 주인공의 모습으로 시작된다. 이를 계기로 과연 장미 꽃봉오리가 의미하는 바가 무엇인지, 그리고 주인공이 과연 어떠한 생애를 살아왔는지를 추적해 가는 과정이 영화의 대부분을 구성하고 있다.

〈시민 케인〉에서 주인공의 생애는, '주인공의 죽음 → 주인공의 청장년기 → 주인공의 어린 시절 → 장미 꽃봉오리의 의미'의 순서로 그려지는데 이것이 바로 '스토리가 영화상에서 설명되는 방식', 즉 플롯 구조인 것이다. 반면, 이 영화의 스토리 구조는 주인공의 삶의 연대기적인 배열, 즉 '주인공의 출생 → 주인공의 어린 시절 → 주인공의 청장년기 → 주인공의 죽음'의 과정이라고 할 수 있겠다.

이 같은 사실에서 유추할 수 있듯이, 스토리를 설명하는 방식인 플롯 구조가 뒤틀어질수록 새롭고도 난해한 영화가 탄생할 가능성이 높아진다. 쿠엔틴 타란티노(Quentin Tarantino)의 〈저수지의 개들 Reservoir Dogs〉(1992), 〈펄프 픽션 Pulp Fiction〉(1994), 그리고 〈킬 빌 Kill Bill〉(2003~2004)이나 이창동의 〈박하사탕〉(1999) 같은 영화들이 바로 새로운 플롯을 사용하여, 인과적이고 선형적인 내러티브만으로는 보여 줄 수 없었던 영화형식의 새로움과 낯섦을 보여 준 대표적인 예라고 할 수 있다.

[그림 6-4] 이창동의 1999년 작품, 〈박하사탕〉

〈초록물고기〉(1997)로 데뷔한 이창동 감독의 두 번째 작품
이다. 20여 년에 걸쳐 전개되는 우리나라 근대사를 다룬
드라마로, 비평과 흥행 모두에서 큰 성과를 거두었다. 모든
것을 잃은 40대, 의심과 불륜으로 점철된 30대, 고문과 폭
력의 광기에 물들어 가는 형사, 광주의 5월을 무지와 순진
함으로 겪어 내던 군인, 첫사랑과 박하사탕의 추억 등 한
남자의 20년 동안의 인생역정이 현재에서 과거로 시간을
역행하며 그려진다. 내러티브 구조의 측면에서 볼 때, 홍상
수의 〈돼지가 우물에 빠진 날〉(1996)과 더불어 한국 영화사
의 한 획을 긋는 작품이다.

[그림 6-5] 쿠엔틴 타란티노의 〈킬 빌 Vol. 1 Kill Bill Vol. 1〉과 〈킬 빌 Vol. 2 Kill Bill Vol. 2〉

장르의 경계를 무너뜨리고 영화형식을 재구성한 감독이라고 평가되는 쿠엔틴 타란티노 감독
은 〈킬 빌〉 시리즈 1편에서는 일본 사무라이 영화 분위기를 살린 복수의 발단과 전개를, 시리
즈 2편에서는 홍콩 무협영화 분위기를 살린 복수의 절정과 대단원이라는 구성을 취하고 있다.
특히, 2편은 1970년대 홍콩 쇼브러더스 사에서 제작한 무협영화 분위기가 물씬 풍기는 복고
풍의 격투장면들로 관객들의 눈길을 끌었고, 2004년과 2005년 연속으로 MTV 영화상 시상
식(MTV Movie Awards)에서 최고 격투장면상을 수상했다.

[그림 6-6] 조지 루카스(George Lucas)의 대서사시 〈스타워즈 Star Wars〉 시리즈

말이 필요 없는 SF영화의 정전이다. 거대한 우주를 무대로 펼쳐지는 스펙터클한 전투 신과 상상의 극치라 할 만한 각각의 행성과 전함을 비롯한 볼거리들, 우주의 미래와 운명을 놓고 벌이는 장대한 스토리 전개 등 어느 것 하나 놓칠 것 없는 영화적 요소를 지니고 있다. 후반 3부작이 먼저 나온 다음에야 수많은 우려를 무릅쓰고 대하극의 완성을 목표로, 앞선 이야기들을 다룬 1, 2, 3편이 제작된 것도 특징이다. 〈스타워즈〉에 등장하는 미래의 상황, 혹은 외계의 상황은 분명 지금 이 순간 진실로서 받아들일 수 없는 허구적인 세계이자 공상의 세계이지만, 영화의 짜임새 있는 내러티브는 관객으로 하여금 그러한 허구적 세계를 언젠가 어디에선가는 가능할 법한 진실, 혹은 현실의 가능한 한 단면으로 받아들이게끔 한다. 이것이 바로 '허구적인 현실'을 뜻하는 디제시스의 대표적인 사례라고 볼 수 있다.

디제시스(diegesis)는 영화 속에서 전개되는 모든 허구적인 세계를 지칭한다. 예를 들자면, 극적인 상황을 보다 적나라하게 표현하기 위하여 종종 사용되는 영화 속 배경음악은 현실적인 상황에서는 절대로 불가능한 것이기에 디제시스적인 요소라고 할 수 있다. 그러나 디제시스가 제공하는 허구성은 단지 거짓인 것으로만 관객들에게 전달되지는 않는다. 비록 그것이 허구의 세계를 바탕으로 하고 있긴 하지만, 관객은 영화 스크린 위에서 펼쳐지는 사건과 상황을 다소간에 '현실적인' 것으로 받아들이게 되는데, 엄밀한 의미에서 바로 이러한 '허구적인 실제' 혹은 '허구적인 현실'이 디제시스인 것이다.

영화라는 매체는 기본적으로, 인위적으로 만들어진 작품이라고 할 수 있다. 그러나 관객은 영화 속에 펼쳐지는 내용을 자연스럽고 당연한 것으로 받아들이는 경향이 있다. 인위적이고 허구적인 것임에도 불구하고 그것을 자연스럽고 당연한 것으로 받아들이게 하는 영화예술의 거짓된 진실성, 이것을 바로 디제시스라 부른다고 할 수 있다.

디제시스를 흔히 핍진성이라는 용어로 바꾸어 설명하기도 하는데, 라틴어구 베리 시밀리스(veri similis, '진실 같은'이라는 의미)에서 나온 핍진성이라는 용어는 실물감, 즉 텍스트가 행위, 인물, 언어 및 그 밖의 요소들을 신뢰할 만하고 개연성이 있다고 독자들에게 납득시키는 정도를 말한다. 엄밀히 말하자면, 텍스트 외부의 현실이 아닌, 텍스트가 스스로 정립해 놓은 현실 또는 그 텍스트의 장르 안에 존재하는 현실이 얼마나 진실한가의 문제를 의미한다고 할 수 있다. 예를 들어, 초자연적 요소 내지 공상적 요소를 담고 있는 SF영화 역시도 그 스스로 정립해 놓은 텍스트적인 현실에 합치되는 한 고도의 핍진성을 가진 것으로 볼 수 있다.

# 3

# 장르, 장르영화

장르(genre)란 사전적으로 종류나 유형, 분류체계 등을 의미한다. 하지만 장르영화라고 할 때는 보다 제한적으로 특정한 유형의 영화를 지칭하는 것으로 사용되는 경우가 많은데, 이는 영화에서 장르란 것이 소재, 주제, 스타, 스튜디오, 내러티브, 관객 등 영화의 각 구성요소들 간의 총체적인 결합에 바탕을 두고 있는 개념이기 때문이다. 사운드가 도입된 이후 쏟아져 나왔던 뮤지컬 영화나 1950년대를 기점으로 정점에 달했던 서부영화, 그리고 전쟁영화나 멜로영화, 필름 누아르나 코미디 영화

등이 대표적인 장르들일 것이다.

장르영화는 1940~1950년대를 전후하여 미국 할리우드의 스튜디오를 중심으로 발달했다고 보는 것이 일반적이다. 당시 할리우드를 특징짓는 대표적인 표현으로 스튜디오 시스템, 스타 시스템, 장르 시스템 등의 용어가 사용되는 것은 결코 우연이 아니다. 스튜디오, 스타, 그리고 장르는 각기 동떨어져 있는 개별적 개념이 아니라, 함께 대중영화를 정의하는 상호작용적이면서도 복합적인 개념이다.

장르는 스튜디오 시스템 내에서 일정 정도 이상의 흥행을 보증하는 담보이기도 했다. 유명 스타를 기용함으로써 실패의 확률을 최소한으로 줄이는 것과 마찬가지로, 이미 검증된 성공적인 스토리·내러티브 구조를 영화제작 시스템 안으로 적극 끌어들임으로써 관객들의 관심을 지속적으로 유지시키는 것이 바로 장르영화의 목표였다. 그리고 이러한 목표는 현재에 이르기까지도 성공적인 것으로 보인다.

물론, 현대 대중영화에서 장르 개념은 다소 복잡해진다. 한 가지 장르의 단순한 차용이 아닌 여러 가지 장르가 혼재된 양상이 점점 더 빈번해지고 있기 때문인데, 멜로와 코미디를 결합한 '로맨틱 코미디' 영화나 액션과 코미디를 결합한 한국식 '조폭영화' 등이 그 대표적인 예라고 할 수 있겠다.

[그림 6-7] 배용균 감독의 1988년 작품, 〈달마가 동쪽으로 간 까닭은?〉

영화는 집단창작 예술이라는 고정관념을 깨뜨리고 대학교수인 제작자가 감독뿐만 아니라 촬영, 조명, 편집 등 주요 과정을 혼자 처리함으로써 한국 영화계에 충격을 던져 준 작품이다. 제목 '달마가 동쪽으로 간 까닭은?'은 불교에서 말하는 화두(話頭)로, 참선을 통해 진리를 깨우치는 수도승들의 깨달음을 상징한다. 스토리 중심의 일반영화와는 달리 최화적인 화면구도와 상징적인 묘사가 중심을 이루고 있다. 제42회 칸 영화제에서 '주목할 만한 영화(Uncertain Regard)' 부문에 선정되었고, 스위스에서 열린 로카르노 국제영화제에서 그랑프리인 황금표범상을 수상했다. 대중적인 상영을 목적으로 하는 일반영화와는 달리, 독립적인 형태의 배급망을 통해 관객에게 전달되었다는 점에서 일종의 독립영화라고 평가할 수 있는 작품이다.

한편, 장르영화의 범주에 들지 않는 영화들을 지칭하는 용어로, 독립영화라는 말이 있다. 광의의 독립영화는 일반 대중영화와는 거리가 먼 예술영화, 제작비가 현저히 적게 사용된 저예산 영화, 소규모 집단에서 특정한 목적으로 제작된 인디영화 등을 모두 아우른다. 하지만 엄밀히 말하자면, 독립영화란 주류 영화와는 다른 독립적인 배급망을 가진 영화라고 보는 것이 타당할 것이다. 대중적인 상영을 목적으로 하는 일반적인 영화와는 달리 순전히 개인적인 의도로 제작되었던 배용균 감독의 〈달마가 동쪽으로 간 까닭은?〉(1988)이나, 한정된 극장에서 제한된 상영기간 내에 순회상영의 방식을 택했던 김기덕 감독의 〈활〉(2005) 등의 영화가 그 대표적인 예라고 할 수 있겠다.

# 4

# 패러디, 패스티시, 오마주

패러디(parody)와 패스티시(pastiche)라는 개념 모두 '모방'을 의미한다는 점은 동일하다. 그러나 패러디는 모방을 통한 '풍자'나 '해학'에 초점을 맞추고 있는 반면, 패스티시는 모방 그 자체에 주안점을 두는 개념으로 풍자나 해학, 조롱 등과는 거리가 멀다. 따라서 패스티시는 '혼성모방'이라고 불리기도 한다.

하지만 오늘날 대부분의 사람들은 패러디와 패스티시라는 단어를 혼용해서 쓰고 있는 듯하다. 단순히 웃음을 위한 웃음을 목표로 하고 있는 〈못말리는 비행사 Hot Shots!〉(1991)나 〈총알 탄 사나이 The Naked Gun: From the Files of Police Squad〉(1988), 그리고 장규성 감독의 〈재밌는 영화〉(2002) 등과 같은 영화를 패러디 영화로 간주하고 있는 것이다. 물론, 모든 종류의 영화가 진지함을 무기로 관객에게 접근해야 하는 것은 아니지만, 패러디는 분명 혼성적인 모방과 쉽게 얻어지는 웃음 이상의 풍자와 해학을 바탕으로 하고 있는 개념이라는 사실은 기억해 둘 필요가 있다.

마지막으로, 오마주(hommage)는 프랑스어로 존경 또는 경의를 뜻하는 말이다. 영화에서는 보통 후배 영화인이 선배 영화인의 기술적 재능이나 그 업적을 기리면서 감명 깊은 주요 대사나 장면 등을 모방하여 표현하는 행위를 가리킨다. 자신의 작

[그림 6-8] 시리즈물이지만 각기 다른 장르적 특성을 지니고 있는 〈에이리언 Alien〉(리들리 스콧, 1979), 〈에이리언 2 Aliens 2〉(제임스 캐머런, 1986), 〈에이리언 3 Alien 3〉(데이빗 핀처, 1992), 〈에이리언 4 Alien: Resurrection〉(장 피에르 주네, 1997)

각 편마다 감독이 달라 각기 독특한 색깔을 지닌다. 1편이 현란한 영상미를 추구하는 데 치중했던 공포영화라면, 2편은 촘촘히 안배된 연출로 완성도에서 더 높은 점수를 얻은 액션영화이다. 반면 3편은 영화의 스피드에 주안점을 둔다는 의도를 실현했고, 4편은 독특한 상상력을 발휘해 온 프랑스 출신 감독의 특장이 엿보인다. 전체적인 흐름에서는 공통분모를 찾아볼 수 있지만, 각각의 작품이 독특한 장르적 특성을 보이고 있다는 점에서 〈에이리언〉 시리즈는 일종의 패러디 시리즈라고 볼 수 있다. 같은 소재의 서로 다른 장르적 활용, 관습과 규칙의 새로운 해석과 재해석의 과정이라는 측면에서 말이다.

[그림 6-9] 샘 레이미(Samuel Raimi)의 〈이블 데드 The Evil Dead〉(1982), 〈이블 데드 2 Evil Dead 2〉(1982), 그리고 〈이블 데드 3: 암흑의 군단 Army of Darkness〉(1993)

〈스파이더맨〉 시리즈로 전 세계에 유명세를 떨치게 된 감독 샘 레이미의 저예산 영화 시리즈물인 〈이블 데드〉는 감독 스스로가 자신이 구축한 장르의 관습을 무너뜨리면서 풍자와 해학 정신을 보여 주는 대표적인 패러디 영화들로 손꼽힌다. 〈이블 데드〉 시리즈의 1편은 산골 벽지에 위치한 한적한 집에 머물게 된 젊은이들이 잠든 악령을 깨우면서 일어나는 사건을 다룬 공포영화였다. 소름 끼치는 스릴과 엉뚱한 유머의 결합으로 저예산 B급 영화의 감수성을 그대로 전해 주고 있다. 반면, 2편은 1편을 스스로 패러디한 블랙코미디에 가까운 영화였고, 더 나아가 3편은 서부영화와 중세 액션영화의 장르적 관습을 도입한 작품이다.

품에서 다른 누군가의 작품 속 장면을 차용함으로써 그 감독 및 영화에 대한 존경을 표현하는 것이다.

예를 들어, 브라이언 드 팔마(Brian de Palma) 감독은 알프레드 히치콕(Alfred Hitchcock)의 스릴러 영화 〈사이코 Psycho〉(1960)에 등장하는 욕실의 샤워 살인 장면을 〈드레스트 투 킬 Dressed to Kill〉(1980)에서 그대로 사용하였다. 오마주는 존경심을 표현한다는 점에서 패러디나 패스티시, 또는 일반적인 의미의 표절과는 구분된다. 하지만 형식적 측면으로만 보면, 특정 텍스트가 패스티시인지, 패러디인지, 오마주인지, 혹은 표절인지를 판단하는 것은 결코 쉽지 않다.

# 비디오, DVD, 인터넷,
# 그리고 컬트와 마니아

비디오와 DVD, 인터넷의 광범위한 보급, 디지털 테크놀로지의 발달, 매체 간 융합 현상의 가속화 등은 영화예술의 수용행태를 다소 바꾸어 놓았다. 한편으로는 너나 할 것 없이 흥행대작 영화들에 열광하는 획일적인 모습을 보이는가 하면, 다른 한편으로는 소수집단만의 독특한 취향을 마음껏 발산하는 알려지지 않은 작은 영화들을 찾기도 한다. 몇 해 전, 텔레비전 드라마 〈다모〉를 향한 컬트적인 마니아 집단의 추종은 '다모폐인'이라는 신조어를 만들어 내기도 했다.

컬트(cult)란 원래 숭배를 뜻하는 라틴어 'cults'에서 유래한 말이다. 따라서 어원적으로 '숭배의 대상이 되는 영화'라고 할 수 있는 컬트영화는 일부 집단에 의해 열광적인 지지를 받는 영화를 의미한다. 컬트영화는 1960년대 이후 미국의 심야영화

[그림 6-10] 송능한의 1997년 작품, 〈넘버 3〉

조직폭력배와 그에 맞서는 검사의 이야기를 코믹하게 다루었다. 주연들뿐 아니라 개성 넘치는 게릭터들이 영화의 재미를 더했는데 특히 송강호는 독특한 억양이 섞인 연기를 선보이며 주목받는 연기자로 급부상했다. 〈넘버 3〉는 한국형 코미디의 전형을 보여 주었던 작품으로 기억되고 있다. 글로벌한 시대의 글로벌한 코미디가 주를 이루고 있는 현대 한국 영화시장에서 우리나라 관객만이 즐길 수 있는 코미디와 개그의 진수를 선보였기 때문이다.

[그림 6-11] 짐 셔먼의 1975년 작품, 〈로키 호러 픽처 쇼 Rocky Horror Picture Show〉

〈로키 호러 픽처 쇼〉는 개봉 초기 관객들로부터 외면을 당해 단 2주 만에 개봉관 상영이 중단되었다. 그러나 도시의 변두리 극장에서 주말 심야영화로 상영되면서 일부 관객들의 열광적 호응을 얻게 되는 기이한 현상이 나타났다. 관객들은 영화가 상영되는 동안 등장인물의 대사와 노래를 따라할 뿐 아니라 배우들과 똑같은 옷을 입고 무대에 올라가 춤을 추기도 하는 등 춤과 퍼포먼스를 벌이며 영화관람을 일종의 종교적 의식처럼 즐기기 시작했는데, 이로부터 소수의 집단들이 광적으로 숭배하는 영화를 의미하는 컬트영화의 원조로 일컬어지게 되었다.

에서 그 기원을 찾을 수 있다. 심야영화는 10대와 20대 젊은이들이 주된 관객층을 이루고 있었고, 따라서 심야에 상영되는 영화 역시 그들의 취향에 맞는 영화여야만 했다.

컬트영화의 탄생을 본격적으로 알린 것은 짐 셔먼(Jim Sharman) 감독의 〈로키 호러 픽처 쇼 Rocky Horror Picture Show〉(1975)였다. 리처드 오브라이언(Richard O'Brien)의 록 뮤지컬을 영화화한 〈로키 호러 픽처 쇼〉는 개봉관에서는 별다른 주목을 받지 못했었는데, 심야영화관에서의 상영을 계기로 열렬한 지지층들을 끌어모으기 시작했다. 뉴욕의 웨이벌리 극장은 1975년부터 1989년까지 15년 동안 계속해서 〈로키 호러 픽처 쇼〉를 상영하는 진기록을 세우기도 했고, 이 영화에 대한 컬트적인 마니아 관객층은 영화의 대사 한마디 한마디를 모두 암기하며 따라하는 등의 진기한 광경을 연출하기도 했다.

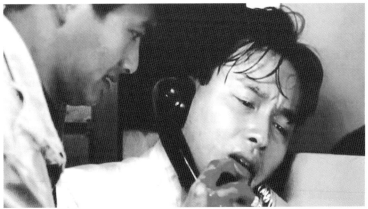

[그림 6-12] 우위썬의 〈영웅본색 英雄本色〉(1986)과 〈영웅본색 2 英雄本色 2〉(1987)

칼 대신 총을 든 현대판 무협영화라는 평을 받는 〈영웅본색〉 시리즈는 당시 쿵푸영화의 한계 등으로 인해 침체에 빠지기 시작한 홍콩 영화를 부활시키는 계기가 되었다. 필름 누아르의 암울한 분위기와 무협영화의 테크닉을 접목하였다는 점에서 국내에서는 홍콩 누아르라는 명칭으로 불리기도 했다. 우위썬 감독은 1987년 속편 〈영웅본색 2〉, 1988년 〈첩혈쌍웅〉을 연출하면서 세계적으로 주목을 받기 시작했다. 우리나라에서 〈영웅본색〉 시리즈와 〈첩혈쌍웅〉은 컬트 현상을 일으키기도 했고, 특히 〈영웅본색 2〉의 전화박스 장면은 국내외 많은 영화들의 오마주 대상이 되기도 했던 명장면으로 기억된다.

부차적 문화라고도 불리는 하위문화는, 한 사회 내에서 일반적으로 볼 수 있는 행동양식과 가치관을 전체로서의 문화라고 할 때, 그 전체적 문화의 내부에 존재하면서 특정 부분에서는 독특한 특징을 보이는 부분적 문화를 지칭한다. 이른바 '문화 속의 문화'라고 할 수 있는데, 상류계층의 문화, 화이트칼라의 문화, 농민의 문화, 도시의 문화, 청소년 문화, 불량배 집단의 문화, 군사문화 등이 이에 해당된다. 하위문화는 전체적 문화로부터 상대적으로 구별되는 독자성을 가진 문화이므로, 이 문화에 참여하는 사람들에게 지배적인 전체문화만으로는 채울 수 없는 욕구를 충족시켜 주는 역할을 한다. 다양한 하위문화의 존재는 문화의 획일화를 방지하고 문화에 활력을 불어넣는 역할을 수행한다.

우리나라에서의 본격적인 컬트 현상은 우위썬(吳宇森) 감독의 〈영웅본색 英雄本色〉(1986)으로부터 비롯되었다고 볼 수 있다. 당시 개봉관에서는 전혀 주목받지 못했던 〈영웅본색〉은 재개봉관과 홈 비디오 시장을 통해서 엄청난 수의 마니아층을 형성하였다. 이러한 현상에 힘입어 당시 한국의 영화시장에서는 홍콩 누아르 바람이 불기도 했고, 저우룬파(周潤發), 장궈룽(張國榮)을 비롯한 홍콩 스타들의 이름은 아직까지도 우리 귀에 친숙하다.

# 요점정리

**1** 영화의 탄생 이후 지금껏 이어져 온 영화예술상의 커다란 두 흐름은 이야기로서의 영화와 보여 주는 영화이다.

**2** 플롯이란 영화의 영상을 통해 시청각적으로 표현된 사건의 질서를 일 컫는다.

**3** 스토리는 플롯을 통해 우리가 상상 내지 유추할 수 있도록, 시간적 순 서로 구성된 서사구조를 가리킨다.

**4** 내러티브는 영화의 이야기 구조를 지칭하는 보다 일반적인 개념으로 둘 이상의 사건들을 연결시켜 설명하는 방식을 말한다.

**5** 디제시스는 영화 속에서 전개되는 모든 허구적인 세계를 지칭한다.

**6** 장르는 사전적으로 종류나 유형, 분류체계 등을 의미한다.

**7** 장르영화는 1940~1950년대를 전후하여 미국 할리우드의 스튜디오 를 중심으로 발달했다.

**8** 패러디는 모방을 통한 '풍자'나 '해학'에 초점을 맞추는 개념이다.

**9** 패스티시는 모방 그 자체에 주안점을 두는 개념으로, '혼성모방'이라 고 불리기도 한다.

**10** 컬트영화는 일부 집단에 의해 열광적인 지지를 받는 영화를 의미 한다.

**01** 영화의 이야기 구조를 지칭하는 보다 일반적인 개념으로 둘 이상의 사건들을 연결시켜 설명하는 방식을 가리키는 개념은 무엇인가?

① 스토리                     ② 내러티브

③ 디제시스                ④ 플롯

**02** 막대한 부를 남기고 홀로 외롭게 죽어 간 노인의 최후의 말 '장미 꽃봉오리(rosebud)'의 수수께끼를 파헤치기 위해 형사 추리물과 같은 구성을 취했던 영화 〈시민 케인〉의 감독은 누구인가?

① 뤼미에르 형제          ② 데이빗 그리피스

③ 오손 웰스                ④ 에드윈 포터

**03** 장르 및 장르영화에 대한 설명으로 바르지 <u>않은</u> 것은 무엇인가?

① 장르라고 함은 사전적으로 종류나 유형, 분류체계 등을 의미한다.

② 장르영화는 1940~1950년대를 전후하여 미국 할리우드의 스튜디오를 중심으로 발달했다.

③ 이미 검증된 성공적인 스토리·내러티브 구조를 영화제작 시스템 안으로 적극 끌어들임으로써 관객들의 관심을 지속적으로 유지시키는 것이 바로 장르영화의 목표였다.

④ 스튜디오, 스타, 그리고 장르는 그 자체로 설 때에만 의미가 있는 개별적인 개념들이라고 할 수 있다.

**04** 전체적 문화의 내부에 존재하면서 특정 부분에서는 독특한 특징을 보이는 부분적 문화, 즉 '부차적인 문화'를 지칭하는 용어는 무엇인가?

① 하위문화               ② 하층문화

③ 고급문화               ④ 대중문화

**05** 영화에서 일반적으로 후배 영화인이 선배 영화인의 기술적 재능이나 그 업적을 기리면서 감명 깊은 주요 대사나 장면 등을 모방하여 표현하는 행위를 무엇이라 부르는가?

① 패러디                    ② 패스티시

③ 오마주                  ④ 디제시스

정답 | 01 ②   02 ③   03 ④   04 ①   05 ③

**01** 각자 좋아하는 영화의 내러티브, 스토리, 플롯을 분석해 보시오.

**02** 이번 주 개봉된 영화들의 장르를 분류하고 그 특징을 설명해 보시오.

**03** 한국의 대표적인 독립영화 몇 편을 선정하여, 주류 대중영화와의 공통점 및 차이점을 조사해 보시오.

**04** 패러디 또는 패스티시가 사용된 영화 한 편을 골라 이 영화의 패러디 장면과 패러디 대상이 되는 원본영화를 비교하고 이러한 표현의 의미를 평가해 보시오.

제 **7** 장

# 영화제작

## 개관

영화의 제작은 기술적 요인과 사회적 요인의 결합으로 인해 완성된다고 한다. 여러 가지 요소들이 모여 이루어진 종합예술로서의 영화가 제작, 배급되는 과정을 구체적으로 이해함으로써 영화매체의 특성에 대한 보다 깊이 있는 성찰을 할 수 있을 것이다. 이 장에서는 프리프로덕션, 프로덕션, 포스트프로덕션 등 크게 세 단계로 진행되는 영화의 제작 과정에 대해서 학습한다. 특히, 프리프로덕션 단계에서의 소재 개발과 시나리오 작성, 프로덕션 단계에서의 촬영과 조명 등에 대한 기본적인 내용에 중점을 두고 학습한다.

1. 영화제작에 필요한 각 요소들에 대해 정리
   할 수 있다.

2. 사전 · 사후 작업을 포함하여 영화 한 편
   이 제작되는 전체 과정의 흐름을 열거할
   수 있다.

3. 현대의 문화산업과 영화산업에서 홍보와
   마케팅 역할의 중요성에 대해 이해할 수
   있다.

프리프로덕션 · 프로덕션 · 포스트프로덕
션 · 시놉시스 · 트리트먼트 · 시나리오 ·
콘티 · 크랭크 인 · 크랭크 업 · 픽스 · 팬 ·
틸트 · 달리 숏 · 주광 · 보조광 · 역광 · 홍
보 · 배급

# 1
# 영화제작의 요소들

흥히 우리가 접하게 되는 영화는 모든 제작 과정을 거쳐 완벽하게 정제된 영화, 즉 완성품으로서의 영화이다. 이러한 완성품으로서의 영화가 만들어지는 과정은 여타의 산업에서 하나의 상품이 제작되는 과정과 흡사하다. 한 편의 영화가 만들어져서 우리 앞에 상영될 때까지 어떠한 과정을 거치는지 파악하기 위해서는 영화제작의 여러 요소들에 대한 이해가 필요하다.

## 1) 기술적 요인

한 편의 영화가 성공적으로 제작되는 데 중요한 기술적 요인은 앞에서도 언급한 활동사진의 카메라 원리, 즉 잔상효과이다. 잔상효과를 적절하게 이용하여 영화를 제작하기 위해서는 광원을 적절히 조절하여 필름에 노출함으로써 영화 프레임을 만들어 내야 한다. 또한 이를 영사하는 장치들, 즉 카메라와 인화기, 그리고 영사기 등도 필요하다. 과학적인 원리와 기술적인 장치가 온전하게 결합될 때 우리는 연속적인 영상, 즉 활동사진인 영화를 감상할 수 있다.

## 2) 사회적 요인

영화제작은 준비와 촬영, 그리고 조합이라는 세 가지 단계를 거치게 된다. 또한 영화제작은 개인의 작업이 아닌 공동의 작업, 즉 집단창작의 과정이기에 감독뿐 아니라 수십 명, 수백 명에 달하는 모든 스태프와 연기자들이 각각의 역할을 충실히 이행해야만 한 편의 완성된 영화가 탄생할 수 있다. 영화제작을 공동으로 책임지는 스태프에는 촬영 현장에서의 스태프 외에도 무수히 많은 직·간접적인 인력이 포함된다.

[그림 7-1] 프랑수아 트뤼포(François Truffaut)의 1973년 작품, 〈사랑의 묵시록 Day for Night〉

이 영화의 원제는 '아메리칸 나이트(American Night)' 혹은 '데이 포 나이트(Day for Night)'이다. 이는 곧 낮 시간에 밤 장면을 촬영하는 것을 지칭하는데, 이 같은 방식이 애초에 할리우드에서 시작됐기 때문에 이를 아메리칸 나이트라고도 하는 것이다. 트뤼포 감독은 이 영화를 통해서 영화제작의 현실, 영화제작 과정의 한 단면을 풍자적으로 그려 내고 있다. 공동창작의 산물로서의 영화는 기본적으로 수많은 요소들의 결합으로 완성될 수밖에 없다. 따라서 현대의 영화감독들은 영화제작 과정 자체를 소재나 주제로 활용하여 영화판의 현실을 사회의 현실에 빗대어 보여 주고자 하는 시도를 끊임없이 하고 있다. 〈사랑의 묵시록〉은 이러한 경향의 대표작이다.

# 2
# 영화의 제작단계

## 1) 프리프로덕션(pre-production)

### (1) 소재의 선택과 개발

영화기획과 제작의 시작은 바로 소재를 찾는 일이다. 그리고 선택된 소재가 가진 영화적인 가능성을 극대화하여 시나리오 작업에 착수하게 된다. 그렇다면 영화에서 가장 중요한 시나리오의 출발점인 소재는 어떻게 발굴되고 있을까? 최근 한국영화의 질적 성장의 한 원인으로 참신하고 다양한 소재의 개발을 들 수 있다. 이것은 영화기획 및 제작의 첫 단계인 '소재 선택과 개발'이 다양한 방식으로 이루어지고 있다는 것을 의미한다.

영화의 원작은 김호식이 1999년 8월 PC통신 나우누리 유머 란에 올린 자신의 연애 스토리인데, 당시 네티즌 사이에 폭발적인 화제를 모았다. 〈엽기적인 그녀〉는 홍콩, 대만, 베트남, 일본 등 아시아 지역에서도 흥행 돌풍을 일으켰고, 전지현은 엽기녀의 기상천외한 갖가지 행동을 잘 소화하며 열연하여 아시아에서 한류열풍의 주역이 되었다. 또한 이 영화는 스티븐 스필버그가 이끄는 미국 메이저영화사 드림웍스가 배급권과 함께 영어판 리메이크 권리를 매입하여 관심을 끌었으며, 이후 인터넷상에서 인기를 끈 소설이나 만화의 영화화 경향을 주도하기도 했다.

전문 작가들의 창작 시나리오 이외에도, 우리의 일상생활이나 소설, 만화, 드라마 등을 통해서 영화의 소재는 발굴될 수 있다. 그렇기 때문에 영화기획자들은 사회적 이슈나 트렌드를 주시하고, 인터넷을 비롯한 다양한 매체에 지속적인 관심을 쏟아 오고 있으며, 이는 곧 한국 영화 발전의 중요한 에너지로 작용하고 있다. 1990년대 후반부터 인터넷이 널리 보급되기 시작하였는데, 인터넷상에서 영화의 주요 관객층이라고 할 수 있는 10대 및 20대 네티즌들의 호응을 얻었던 인터넷 소설들이 무수히 영화화되기 시작했다.

영화 소재 찾기에서 텔레비전을 통해 방영된 영상물 또한 주된 공급원으로 기능한다. 텔레비전 시트콤으로 큰 인기를 끌었던 〈올드미스 다이어리〉는 원작에 출연했던 배우와 연출자가 영화에도 그대로 참여해 화제가 되기도 했다. 또한, 박진표 감독의 〈너는 내 운명〉(2005)은 텔레비전 다큐멘터리를 영화화시킨 작품이다.

이 밖에 연극으로 다루어졌던 내용을 영화로 만드는 경우도 있다. 2006년 천만 관객을 동원했던 이준익 감독의 〈왕의 남자〉는 작품성과 흥행성을 모두 인정받은 연극 〈이(爾)〉를 원작으로 하고 있다. 한편, 봉준호 감독의 〈살인의 추억〉(2003)은

[그림 7-3] 황동혁의 2007년 작품, 〈마이파더〉

미국으로 입양되었던 한 남자가 22년 만에 자신의 부모를 찾기 위해 한국으로 건너와 자신의 아버지를 찾으면서 일어나는 사건을 그린 황동혁 감독의 휴먼드라마이다. 〈마이파더〉는 22년 만에 사형수 아버지를 만난 입양아 '애런 베이츠'의 실화를 바탕으로 제작되어 화제가 되었다. LA 근교의 국외 현지 촬영으로 일부 촬영이 진행었으며, 유명 할리우드 배우와 베테랑 스태프들이 대거 참여하여 영화의 완성도를 높였다.

[그림 7-4] 봉준호의 2003년 작품, 〈살인의 추억〉

총 10회에 걸쳐 발생한 화성 연쇄살인사건은 1988년 9월 발생한 8차 사건을 제외하고 나머지 9건 모두가 해결되지 않은 채 남아 있는 희대의 미해결 살인사건으로, 범행 수법이 아주 잔인하고 대범해 1980년대 말 큰 사회문제를 일으켰다. 영화는 실제 사건을 바탕으로 하면서도 영화적 재미를 더하기 위해 두 형사를 등장시키고, 이들의 대조적인 수사 기법을 축으로 긴장감 있는 이야기 구성을 취하고 있다. 화성 연쇄살인사건이라는 소재는 먼저 연극 〈날 보러 와요〉를 통해 무대에 올랐는데, 〈살인의 추억〉은 다시 이를 영화화한 작품이다.

1986년부터 1991년까지 경기도 화성시 일대에서 10명의 여성이 살해된 채 미해결로 남아 있는 화성 연쇄살인사건을 무대에 올린 연극 〈날 보러 와요〉를 영화화시킨 작품이다.

### (2) 시놉시스, 트리트먼트, 시나리오

시놉시스(synopsis)란 하나의 아이디어에서 출발한 소재에 대략적인 인물을 구성하고 어떤 사건이 영화를 통해 등장하게 될 것인지를 A4 한 장 분량 정도로 정리한 줄거리 안이다. 시놉시스를 통해 하나의 아이디어는 비로소 원시적이지만 아주 작은 이야기를 갖게 된다. 시놉시스는 대본을 읽기 전에 영화에 대해서 호기심을 충분히 유발할 수 있는 문장과 간단한 줄거리로 구성된다.

시놉시스가 완성되면, 대부분의 경우 작가들은 인물들이 어떻게 서로 엮여 있는지의 인물 구성도와 사건 진행도를 만든 후 시나리오의 바로 전 단계인 트리트먼트(treatment)를 만들게 된다. 트리트먼트란 시놉시스로 만들어진 이야기가 좀 더 구체화되고, 장면별로 세분화된 대본 직전의 단계를 말한다. 트리트먼트의 최종단계는

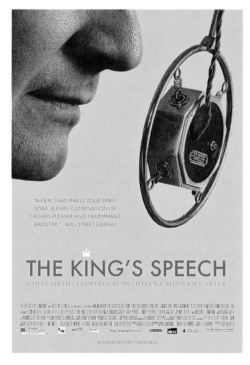

[그림 7-5] 톰 후퍼(Tom Hooper)의 2010년 작품, 〈킹스 스피치 The King's Speech〉

〈킹스 스피치〉는 영국의 역사영화로, 톰 후퍼가 감독을 맡고, 데이비드 사이들러(David Seidler)가 각본을 썼다. 2011년 제83회 아카데미 시상식에서 작품상, 감독상, 각본상, 그리고 남우주연상 등의 주요 4개 부문에서 수상했다. 이처럼 각종 영화제에서 한 편의 영화가 작품상과 감독상, 그리고 각본상을 석권하는 경우를 종종 볼 수 있는데, 이는 그만큼 영화제작에서 각본, 즉 시나리오가 차지하는 비중이 크다는 사실에 대한 방증이다.

시나리오(scenario)에서 대사만이 빠진 형태로서, 장면을 구별하고 어떤 장소에서 어떤 배우가 어떤 행동을 하는지 등등을 모두 포함한다. 이후 각각의 인물에 맞는 대사가 추가되면 첫 번째 영화 대본이 완성된다. 보통 초고라고 불리는 대본은 이후 제작 현장에서까지 대략 20번 이상의 수정 작업을 통해 최종고에 이르게 된다.

흔히 대본의 최종고로 통용되는 시나리오는 원래 이탈리아어에서 유래된 용어이다. 그러나 이 용어는 현재 이탈리아에서는 사용되고 있지 않으며, 영어권 국가에서도 시나리오보다는 스크린플레이(screen play)라는 용어가 더 선호되고 있다. 단지 일본과 우리나라에서만 시나리오라는 단어가 널리 사용되고 있는 것이다.

### (3) 콘티

대본이 완성되면 감독과 연출부는 곧바로 콘티 작업에 들어간다. 콘티란 'continuity'의 줄임말로 촬영용 대본을 일컫는 말이다. 일반적으로 현장에서는 이 말을 줄여 콘티라 부른다. 보통 콘티는 영화대본의 내용을 기초로 하여, 실제 제작 과정에서 필요한 요소를 종이에 그림이나 글로 상세하게 설명하거나 지시해 놓은 문서이다. 예를 들어 영상을 그림으로 표현하고 촬영의 기술적인 설명, 카메라의 움직임이나 음성효과, 그리고 기타 배우들의 특성 등을 글로 기록해 놓은 것이다. 콘티는 또한 스토리 보드란 이름으로 불리기도 한다.

보통 콘티 작업의 핵심은 영화촬영을 원활하게 진행시키는 것에 있다. 감독의 머릿속에 존재하는 이미지를 실제 영상으로 구체화시켜 주는 첫 단계에 해당하는 촬영은 그런 의미에서 콘티 작업의 가장 중요한 목적이라고 말할 수 있다. 촬영 감독은 감독과의 긴밀한 대화를 통해 문자화된 대본을 어떻게 영상화시킬까에 초점을 맞춘다. 촬영은 영화의 미장센을 구현하는 궁극적인 표현수단이다. 즉, 콘티는 문자화된 대본과 영상의 촬영 사이의 매개체이다.

### (4) 헌팅

헌팅이란 영화촬영에 필요한 장소를 미리 알아보고 섭외하는 것을 말한다. 영화 헌팅은 본격적으로 시작될 영화촬영을 위한 준비 작업이다. 문자화되어 있는 영화 대본을 시각화시키기 위해서는 먼저 촬영을 세트에서 할 것인지, 아니면 실제 장소에서 할 것인지를 콘티에서 구분하게 된다.

[그림 7-6] 대니 보일(Danny Boyle)의 1996년 작품, 〈트레인스포팅 Trainspotting〉

영국 영화의 부흥과 신세대 영화의 전면적인 등장을 전 세계로 알린 영화이다. 빠른 화면 전환과 경쾌한 배경음악으로 마약에 찌들어 희망이라고는 없을 것 같아 보이는 청년들의 질풍노도를 발랄하게 그려 내고 있다. 연출력과 극적인 이야기 구성, 그리고 배우들의 연기 등 모든 것이 완벽하게 조화를 이루고 있는 작품이다. 더불어, 광활한 듯 척박한 스코틀랜드의 풍경과 이와 대비되는 퇴폐적인 도시의 분위기는 영화에서의 장소 헌팅의 중요성을 다시금 상기하게 만든다.

### (5) 영화제작 발표회

영화제작사가 자금을 확보하면 영화사는 스케줄에 맞춰 영화제작에 들어가게 된다. 영화제작 발표회가 진행되는 것도 이 시기인데, 현대영화에서 영화의 흥행 여부는 홍보 및 마케팅에 의해서 결정된다고 해도 과언이 아니기에, 영화제작 발표회는 과거와 달리 상당히 중요하게 치러진다. 영화의 시작을 매스컴에 알림과 동시에 앞으로 6개월 정도 후에 선보일 영화에 대한 궁금증을 유발시키는 사전 홍보의 의미가 강하기 때문이다.

### (6) 크랭크 인

영화제작 발표회 직후 대부분의 영화는 촬영을 시작하는데 이를 크랭크 인(crank in)이라 부른다. 영화촬영 시작을 크랭크 인이라고 부르는 이유는 초기의 영화 카메라와 연관이 있다. 초기의 영화 카메라는 핸들을 돌려 촬영했는데 그 핸들이 바로 크랭크였다. 촬영을 시작하기 위해서는 우선 핸들을 돌려서 꺼내야 했고, 그런 의

**143**
제 7 장 영화제작

[그림 7-7] 초창기의 영화 카메라와 손잡이(크랭크)

초기의 영화 카메라는 핸들을 돌려 촬영했는데, 바로 그 핸들 혹은 손잡이를 크랭크라고 부른다. 영화촬영을 시작하기 위해서는 손잡이를 돌려서 꺼내야 했기 때문에, 영화촬영의 시작을 알리는 용어로 '크랭크 인'이 사용되기 시작했다.

미에서 핸들을 돌려 꺼낸다는 의미의 크랭크 인이란 말이 생겨났다. 반면에 촬영이 끝나면 핸들의 손잡이를 위로 올려 닫는다고 해서 크랭크 업(crank up)이라는 말이 탄생했다.

❖ 학습활동―영화제작 스태프
- 제작자: 영화제작의 총책임자
- 제작사: 영화제작을 담당하는 회사
- 배급사: 영화배급을 담당하는 회사
- 프로듀서: 감독과 함께 영화 외적인 측면을 책임지는 사람. 프로듀서는 일반적으로 제작자가 직접 겸하는 경우가 많으며, 프로젝트에 따라 작품별 책임 프로듀서를 고용하기도 한다. 프로듀서는 제작에서 가장 중요한 부분인 투자유치와 더불어 영화의 전체적인 부분을 지휘하는 만큼 그 역할도 다양하다.
- 라인 프로듀서: 촬영 현장에서 일어나는 모든 일을 보조하는 책임자. 영화촬영을 위한 준비와 촬영을 총괄하는 역할로 국내에서는 제작팀을 총괄하는 제작실장으로 불리기도 한다. 외국영화의 경우, 프로덕션 매니저(Production Manager)라는 명칭을 쓰기도 한다. 제작실장은 촬영의 세부 일정을 수립하고 확인하는 작업을 담당하며, 조감독과 협의하여 전체적인 촬영

스케줄 표뿐만 아니라 주간 촬영 및 일일 촬영 스케줄 표를 작성하기도 한다.
- 프로덕션 디자이너: 감독과 함께 장면을 설계하는 영상책임자
- 아트디렉터: 영화작품의 시각적인 모든 분야를 연구 및 총 감독하는 미술감독
- 현장편집: 현장에서 간이편집으로 컷의 연결을 감독에게 보여 주는 사람
- 붐 오퍼레이터: 동시녹음 현장에서 마이크를 들고 녹음하는 현장기사
- 사운드 슈퍼바이저: 대사와 효과음 등 각종 음향 효과를 책임지는 사람

## 2) 프로덕션(production)

### (1) 촬영과 조명

완벽한 촬영을 위해서는, 배우 등과 같은 피사체를 카메라와 얼마나 떨어뜨려 놓을 것인가의 문제인 카메라 숏, 카메라의 시점이 피사체를 올려다볼 것인가 내려볼 것인가 아니면 수평적으로 놓을 것인가의 문제인 카메라 앵글, 장면의 지배적인 색상은 무엇이며 색채의 상징성은 어떻게 놓을 것인가를 결정하는 색채표현, 그리고 표준·광각·망원 등 어떤 렌즈를 사용할 것인가와 어떤 종류의 필터와 어떤 감도의 필름을 사용할 것인가를 결정하는 렌즈, 필터, 필름의 선택이라는 여러 가지 측면에서 신중한 판단이 요구된다. 또한 화면 디자인의 기초인 구도의 문제와 카메라 앞에서 인물의 위치를 결정하는 문제 등도 중요하다.

특히, 촬영 시 카메라의 움직임에 대한 이해는 필수적이라고 할 수 있다. 먼저, 픽스(fix)는 카메라를 삼각대 등에 고정시켜서 움직이지 않고 촬영하는 것을 말한다. 민감한 심리상태나 정적인 분위기를 유지할 때 주로 사용된다. 팬(pan)은 카메라가 왼쪽에서 오른쪽으로, 혹은 오른쪽에서 왼쪽으로 수평을 유지한 채 움직이며 촬영하는 것이다. 이는 인물의 이동에 따라 카메라가 좌우로 움직일 때, 인물의 시선에 따라 공간을 소개할 때 주로 사용된다. 반면, 틸트(tilt)는 고정된 카메라가 상하로 움직이며 촬영하는 것을 말한다. 이 역시 인물을 아래위 방향으로 소개할 때 또는 인물의 시선에 의해 상대방 혹은 건물 등을 아래위 방향으로 소개할 때 사용된다.

다음으로, 달리 숏(dolly shot)은 카메라가 피사체를 따라 움직이며 촬영하는 것을 말하며, 다른 용어로 트래킹 숏(tracking shot)이라고도 한다. 달리 숏은 카메라가

[그림 7-8] 지미집(zimizib)

크레인과 같은 구조의 끝에 카메라를 설치하고 아래에서 리모트 컨트롤로 촬영을 조정하는 무인 카메라 크레인이다. 영화의 끝 장면에서 위에서 내려다보며 시점이 점점 높아지고, 동시에 서서히 자막이 올라가는 식의 촬영 장면을 찍을 때 사용된다. 지미집을 이용하면 일반 카메라보다 더 생동감이 있는 장면을 연출할 수 있다.

직접 움직임을 보인다는 점에서, 카메라가 한 축을 따라 수평적으로 방향만 바꾸는 것을 지칭하는 팬과는 구별된다. 팔로우 숏(follow shot)은 카메라와 피사체의 거리를 유지하며 움직이는 피사체를 따라가며 촬영하는 것을 말한다. 스포츠 중계나 특정 인물에 대한 추격 장면 등에서 사용되며 속도감을 나타내기 좋다. 크레인 숏(crane shot)은 카메라와 피사체의 높낮이를 크게 표현하고 싶을 때나, 피사체의 시선변화를 크게 나타내고자 할 때 사용된다. 매우 낮은 앵글에서 매우 높은 앵글로의 변화를 통해 다양한 심리적 효과를 얻을 수 있다. 높이와 크기에 따라 크레인과 슈퍼 크레인으로 구분할 수 있고, 지미집(zimizib)을 사용할 수도 있다.

영화촬영에 필요한 빛을 조절하는 조명은 효과적인 미장센과 촬영을 위해 가장 중요한 요소이다. 빛은 둔하고 특징 없는 2차원의 영상을 관객의 상상을 자극시키는 3차원의 환상으로 변화시키는 데 결정적인 역할을 담당한다.

조명에서 가장 먼저 결정해야 되는 것은 피사체에 비추는 조명을 어디에 놓을 것인가의 문제이다. 조명에서는 이것을 주광(key light)이라 한다. 주광은 방향이나 방

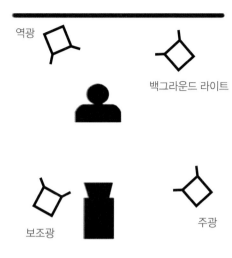

역광

백그라운드 라이트

보조광

주광

[그림 7-9] 영화조명의 기초

주광, 보조광, 역광, 그리고 배경조명이라고도 불리는 백그라운드 라이트 등의 네 가지 조명은 자연스러운 화면을 연출하는 데 필수적인 요소들이라고 할 수 있다. 주광은 특정 장면의 토대가 되는 광원이고, 보조광은 그림자를 만들지 않는 부드러운 광선이다. 역광은 화면에 심도를 더해 주는 역할을 하며, 백그라운드 라이트는 세트의 배경을 비추어 주는 역할을 한다.

해광선에 상관없이 제일 두드러지는 광선이며, 그 장면의 토대가 되는 광원을 말한다. 다시 말하면 화면 안에 의도된 그림자를 만드는 광원이라고 할 수 있다. 그 다음으로 중요한 조명은 보조광(fill light)이다. 보조광은 그림자를 만들지 않는 부드러운 광선으로, 주광에 의해서 생기는 강한 그림자를 약화시키는 동시에 그늘 속의 세부가 보이게 만들어 주는 역할을 한다. 이상적인 보조광은 노출에 영향을 주지 않아야 하며, 그 빛 스스로가 그림자를 만들지도 않고 주광의 효과를 감소시키지 않아야 한다. 세 번째로 중요한 조명은 역광(back-light)이다. 역광은 보통 피사체의 뒤쪽에서 비추는 광원을 말하는데, 이 역광을 사용하여 2차원적인 그림에서 대상과 배경을 분리함으로써, 화면에 심도를 더해 주어 3차원적인 영상을 효과적으로 제작할 수 있다. 덧붙여, 세트의 배경만을 비추는 배경조명(background light)까지 포함하여 이들 네 가지 조명이 영화조명의 기초를 이루게 된다.

### (2) 영상편집과 음향

촬영을 마친 필름은 편집의 과정을 통해 최종 화면이 선택되고 장면의 시간성을 부여받게 된다. 아무리 정교하게 촬영된 장면이라도 흔들리는 부분, 마음에 들지 않는 부분들이 있기 마련이다. 이러한 부분을 제거하고 마음에 드는 장면들을 이어 가는 것이 편집의 가장 기본적인 속성이다. 그러나 편집이 단순하게 잘못된 장면을 잘라 내고 장면과 장면을 이어 주는 역할만을 담당하는 것으로 보아서는 안 된다.

영화는 편집이라는 요소를 통해 더욱더 다양한 극적 사실성을 강조할 수도 있으며 영화의 완성도를 높일 수 있기 때문이다.

즉, 편집은 단순히 장면과 장면을 연결하는 역할 이외에 감독이 한 편의 영화를 완성해 가는 데 작품의 통일성이나 일관성, 완성도에 문제가 될 수 있는 장면 전체를 들어내는 역할도 담당한다. 이러한 편집의 개념은 편집이 편집기사의 단순하고도 기계적인 활동이 아닌 영화의 완성도를 구현하는 감독의 창작 영역으로까지 확대되었음을 의미한다.

현대영화에서 영상과 함께 소리의 중요성은 점차 커지고 있다. 소리의 도입으로 영화의 표현 수단이 훨씬 다채로워졌기 때문이다. 영화가 처음 기획될 때 영화음악이 함께 기획될 정도로 산업적인 측면에서도 소리의 역할이 커져 가고 있다. 또한 많은 관객들이 특정 영화를 생각할 때, 자연스럽게 영화를 대표하는 선율을 떠올리는 것이 당연한 시대가 되었다. 아울러 과거에는 단순하게 영화에 필요한 효과음이나 대사의 원활한 전달에만 주의를 집중했던 사운드 관련 스태프들의 역할 역시 점차 커지고 있다.

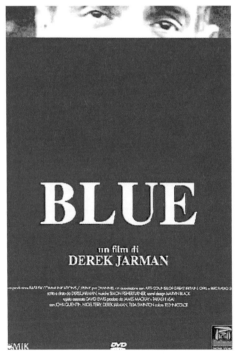

[그림 7-10] 데릭 저먼(Derek Jarman)의 1993년 작품, 〈블루 Blue〉

작품을 발표할 때마다 갖가지 논란을 불러일으켰던 데릭 저먼의 작품 중에서도 〈블루〉는 가장 파격적인 영화로 손꼽힌다. 79분이라는 상영 시간 내내 푸른색으로 칠해진 화면만이 제공되면서, 관객은 단지 다양한 언어의 목소리와 음향만을 들을 수 있을 뿐이다. 〈블루〉는 결국, 현대의 영화와 영상이라는 것에 시각적인 측면에서뿐 아니라 청각적인 측면에서도 접근할 수 있다는 점을 보여 주기 위한 철학적인 실험영화라고 할 수 있다.

영화에서 녹음기사가 담당하는 사운드 작업은 크게 세 가지 과정으로 구분될 수 있다. 촬영 현장에서 연기자의 대사를 카메라의 촬영 순서와 동일하게 녹음하는 동시녹음, 편집을 마친 필름에 효과음을 집어넣는 효과음 더빙, 그리고 음악과 함께 대사, 효과음 등을 섞어 하나의 사운드 트랙으로 만드는 믹싱작업 등이 그것이다.

### (3) 프린트 인화

거의 모든 경우에 촬영 후 곧바로 필름이 현상소로 옮겨지는 이유는 분실의 우려 때문이기도 하지만, 필름 상태에 변화가 생기기 전에 현상을 하기 위해서이기도 하다. 이렇게 현상소로 옮겨진 필름은 바로 현상에 들어가 프린트를 뜨게 되는데, 현상소에서 현상된 테스트용 첫 번째 프린트를 러시(rushes)라 부른다. 촬영 당일이나 다음날 제작자, 감독, 촬영 감독과 주요 출연진 등이 이 필름을 관람하면서 그날의 장면이 원활하게 촬영되었는지를 체크하기도 한다.

## 3) 포스트프로덕션(post-production)

### (1) 홍보

과거의 영화산업에서 영화홍보는 영화 후반작업 후 시작되는 것으로 인식되었으나, 영화산업이 점차 전문화되면서부터 홍보는 영화의 기획단계에서부터 시작되는 것으로 인식되고 있다. 홍보의 결과에 따라 흥행이 결정되는 현재의 추세에서 영화홍보는 영화 후반작업 후 가장 중요하고 가장 비용이 많이 드는 과정이 되었다.

영화홍보 및 마케팅을 시작하는 시기는 각 영화에 따라 상이하다. 1990년대 후반에서 2000년대 초반까지만 해도, 크랭크 인 전에 영화의 제작발표회를 여는 것이 관행이었다. 그러나 최근에는 언제 어디서나 누구든 쉽게 인터넷을 비롯한 각종 매체에 접근할 수 있게 되면서 영화의 관객들이 오히려 과도한 정보에 휩싸이게 되었고, 이에 따라 제작발표회를 통한 관심이 영화 개봉 당시까지 이어지기란 쉽지 않기에 제작발표회를 생략하는 추세이다.

프로덕션 과정 중에는 촬영 현장을 공개하는 형식의 제작보고회가 이루어지기도 하며, 영화의 성격에 따라 프로덕션 과정을 언론에 공개하지 않는 경우도 있다. 후자의 경우는, 프로덕션 과정이 모두 끝난 뒤에 한꺼번에 궁금증을 해소시키는 형식의 제작보고회를 개최하기도 한다. 제작보고회는 기자회견을 비롯하여, 파티나 각종 이벤트 등 마케터들의 다양한 아이디어를 바탕으로 다채롭게 이루어진다. 진부한 형식의 제작보고회는 사람들의 이목을 끌기 어렵기 때문에, 홍보 및 마케팅은 무엇보다 창의적이고 기발한 아이디어를 필요로 하는 작업이라고 할 수 있다.

### (2) 시사회

최근에는 영화 시사회가 가장 효과적인 홍보방법으로 활용되고 있다. 과거는 평론가를 비롯한 전문가의 의견이 중요했었지만 인터넷의 등장으로 네티즌 사이에서 직접적인 의사소통이 이루어지면서 시사회의 관객 반응은 영화의 성공을 가늠할 수 있는 잣대가 되고 있다. 일반적으로 시사회는 극장주 시사회 혹은 배급 시사회, 기자 시사회, 일반 시사회 등의 다양한 형태로 이루어지고 있다. 특히 요즘은 네티즌들의 즉각적인 반응을 알아보기 위한 네티즌 시사회와 영화제작과 관련된 특별 인사들을 초청하는 VIP 시사회 등의 비중도 커졌다.

### (3) 배급

과거의 영화들이 하나의 극장에서 장기간 상영되었던 것과는 달리, 현재는 대규모 배급사의 등장으로 많은 수의 극장에서 단기간 상영을 하는 시스템이 일반화되었다. 영화의 배급 절차는 영화제작 이전에 배급사와 더불어 영화 개봉 스케줄을 미리 잡아 놓은 상태에서 영화가 만들어지는 경우와, 영화제작 이후에 배급 시사회를 통해 배급이 결정되는 경우의 두 가지가 있다.

배급사의 가장 기본적인 역할은 제작·수입한 영화를 극장에 공급하는 일이다. 투자·수입한 영화가 극장, 텔레비전, 케이블 텔레비전 등의 다양한 창구를 통해서 수익을 창출하도록 하는 역할 또한 중요하다. 영화의 배급은 홍보 및 마케팅과 마찬가지로 치밀한 전략이 요구되며, 영화가 지닌 특성에 따라 배급 전략은 아주 다양하다.

제작비가 많이 들어간 작품의 경우에는 '와이드 릴리즈(wide release)' 전략, 즉 개봉 첫 주부터 많은 수의 스크린을 확보해 단기간 내에 수익을 뽑아내는 배급 방식을 쓴다. 또한, 제작 초기의 예상보다 작품의 완성도가 낮을 경우, 나쁜 입소문이 퍼지기 전에 수익을 올리는 일종의 '치고 빠지기' 전략을 쓰는 경우도 있다. 영화에 따라서는 흥행성을 지닌 배우의 부재 혹은 적은 제작비에도 불구하고 작품성에서 높은 평가를 받을 경우에는 관객이 장기적으로 늘어날 수 있다는 판단하에, 상대적으로

[그림 7-11] 이정범의 2010년 작품, 〈아저씨〉
〈아저씨〉는 이정범 감독이 〈열혈남아〉(2006) 이후 4년 만에 내놓은 두 번째 작품으로 원빈의 첫 단독 주연영화이기도 하다. 원빈은 이 영화로 한류스타로서의 입지를 굳히게 되었는데, 덕분에 〈아저씨〉는 일본 전역에서 약 100개의 스크린을 통해 개봉되었고 중국에서는 4000개 이상의 스크린을 확보해, '와이드 릴리즈'로 개봉하는 최초의 한국 영화로 기록되기도 했다.

적은 스크린 수로 시작하여 상영기간을 점차로 늘려 가는 전략을 구사하기도 한다.

물론, 이러한 전략을 구사하지 않고서도 흥행에 성공하는 경우를 찾아볼 수 있는데, 예를 들어 이준익 감독의 〈왕의 남자〉(2005)는 애초에 적은 수의 스크린에서 상영을 시작했으나, 관객들의 입소문에 힘입어 점차 스크린 수를 확대해 나가면서 엄청난 흥행 성적을 기록하기도 했다.

# 요점정리

**1** 완성품으로서의 영화에 대한 깊이 있는 이해를 위해서는 기술적 요인, 사회적 요인 등 영화제작의 모든 구성요소에 대한 사전지식이 필요하다.

**2** 영화의 제작단계는 크게 프리프로덕션, 프로덕션, 포스트프로덕션의 세 가지로 나뉜다.

**3** 프리프로덕션 단계에서는 소재의 발굴에 이어, 시놉시스와 트리트먼트, 시나리오와 콘티를 작성하는 것이 중요하다.

**4** 영화제작 발표회 직후 대부분의 영화는 실제 촬영을 시작하는데 이를 크랭크 인이라 부른다.

**5** 촬영과 조명, 영상편집과 음향 등이 프로덕션 단계를 구성한다.

**6** 카메라의 움직임을 나타내는 용어로는 픽스, 팬, 틸트, 달리 숏, 팔로우 숏, 크레인 숏 등이 있다.

**7** 대표적인 영화조명 방식으로 주광, 보조광, 역광, 배경조명이 있다.

**8** 포스트프로덕션 단계에서는 홍보를 통한 영화의 원활한 배급이 중요하다.

**01** 영화의 편집에 대한 설명 중 바르지 <u>않은</u> 것은 무엇인가?

① 미장센, 프레이밍 등과 더불어 실제 영화제작의 핵심요소이다.
② 편집의 단위가 되는 숏의 길이는 항상 같다.
③ 극적인 표현과 관련이 없는 요소들을 잘라 낸다는 원칙에서 출발한다.
④ 편집을 통해서 상황을 보다 역동적으로 전개시킬 수도 있다.

**02** 장면을 구별함과 동시에 어떤 장소에서 어떤 배우가 어떤 행동을 하는지 등등을 구체적으로 기술해 놓은 대본의 직전 단계는 무엇인가?

① 시놉시스                 ② 트리트먼트
③ 스크린플레이          ④ 콘티

**03** 촬영 후 현상소로 옮겨진 필름은 바로 현상에 들어가 프린트를 뜨게 되는데, 이렇게 현상된 테스트용 첫 번째 프린트를 무엇이라 부르는가?

① 크랭크 인               ② 크랭크 업
③ 포지티브                ④ 러시

**04** 고정된 카메라가 상하로 움직이며 촬영하는 것을 가리키는 용어는 무엇인가?

① 달리 숏                ② 픽스
③ 팬                      ④ 틸트

**05** 2차원적인 그림에서 대상과 배경을 분리함으로써, 화면에 심도를 더해 주어 3차원적인 영상을 효과적으로 제작할 수 있도록 해 주는 조명은 무엇인가?

① 주광                  ② 보조광

③ 역광                  ④ 배경조명

정답 | 01 ②    02 ②    03 ④    04 ④    05 ③

**01** 영화제작의 각 단계별 세부 항목들에 대해서 토론해 보시오.

**02** 자신이 관람한 영화의 홍보 과정을 조사해 보시오.

**03** 영화의 배급 방식에 따라 흥행의 추이가 어떻게 나타나는지 몇 편의 영화를 대상으로 분석해 보시오.

제 **8** 장

# 영화산업

## 개관

영화는 오락거리인 동시에 경제적인 이윤을 창출해 내는 하나의 상품이다. 상품으로서의 영화와 영화산업의 특징을 이해함으로써 영화 매체의 특성에 대한 보다 깊이 있는 성찰을 할 수 있을 것이다. 더불어, 이 장에서는 미국 할리우드 영화산업과 한국 영화산업의 특징과 변천사를 살펴본다. 영화는 기본적으로 산업이자 예술이기 때문에, 개인적인 독창성과 창의성에 바탕을 두고 제작되는 여타의 다른 예술 장르와 구별된다고 할 수 있다. 따라서 산업적인 마인드를 염두에 두고 영화 전반을 살펴보는 것이 영화라는 매체에 대한 보다 완벽한 이해를 위한 필수조건임을 기억해야 한다.

1. 영화가 산업으로서 갖는 특징과 상품으로서 갖는 특성을 설명할 수 있다.

2. 미국 할리우드 영화산업의 특징을 설명할 수 있다.

3. 한국의 영화산업의 발달과정을 이해할 수 있다.

연예산업 • 창구효과 • 예술로서의 영화 • 상품으로서의 영화 • 부분적 공공재 • 정보재 • 경험재 • 비(非)반복재 • 사치재 • 스튜디오 시스템 • 스타 • 장르 • 스크린쿼터

# 영화산업의 특징

## 1) 영화산업이란 무엇인가?

영화를 연구하는 사람들은 영화를 하나의 예술, 또는 의미 있는 메시지를 전달하는 커뮤니케이션의 수단으로만 보려 하고, 이윤을 내는 사업(business)으로는 보지 않으려는 경향이 있다. 그러나 사업으로서 영화의 산업적 특징은 영화의 생산과 수용을 고려하는 데 중요한 요소이고, 이러한 요소들에 대한 이해 없이는 영화가 어떻게 우리의 삶과 관련을 맺고 있는지를 설명하는 것이 불가능하다고 할 수 있다.

영화산업은 우선 연예산업(entertainment industry)으로서의 성격을 지니고 있다.

[그림 8-1] 멀티플렉스 극장

최근 극장문화의 중심에 서 있는 것은 멀티플렉스라 할 수 있다. 하나의 극장을 찾아 여러 스크린 위에 펼쳐지고 있는 다양한 영화들 중 하나를 선택해서 관람할 수 있다는 장점 외에도, 멀티플렉스 극장은 각종 문화상품을 소비할 수 있는 종합 쇼핑몰로서 기능하고 있다. 영화탄생 후 100년 이상의 시간이 흐름 지금까지도 영화를 대중문화의 꽃이라 부르고, 영화산업을 종합 연예산업이라 칭할 수 있는 이유가 바로 이러한 현대적인 복합문화 공간으로서의 영화상영 공간에 있다는 평가도 분명히 일리가 있는 것이다.

현대사회에서 대중문화의 영역에 속하는 다른 분야들, 즉 방송, 대중음악, 게임, 만화, 레저, 스포츠 등과 함께 대중영화는 대다수 사람들의 여가를 책임지는 중요한 즐길 거리로서 자리매김하고 있다. 사람들은 영화를 하나의 여흥거리 또는 '문화생활'로서 즐기고 이에 대한 대가를 기꺼이 지불한다. 이에 따라 전 세계 대부분의 나라에서 영화는 이윤을 목적으로 생산·배급되어 관객에게 상영되는 하나의 산업(industry) 시스템 속에 존재하고 있다. 한 편의 영화가 제작되어 배급·상영되기까지의 과정은 하나의 상품이 제작되어 소비자에게 유통되는 과정과 흡사하다.

영화는 예술, 오락, 문화인 동시에 산업이기에, 영화제작을 위해서는 일정 정도의 자본이 필요하다. 영화제작을 위해 필요한 자본은 여타의 다른 기업이 상품을 제작하는 데 소요되는 자본과 다르지 않다. 어느 정도의 자본을 들여 제작된 영화는 마치 상품이 소비자에게 유통되는 것처럼 배급·상영되어야 한다. 배급과 상영이 좀 더 원활히 이루어지게 하기 위해서는 홍보 및 마케팅의 역할도 중요하다. 더불어 영화는 극장에서 상영이 종료된 후에는 홈 비디오나 DVD, 그리고 케이블 텔레비전과 지상파 텔레비전 등의 또 다른 통로로 다시 관객들과 만난다. 이렇듯 한 편의 영화가 여러 통로를 통해서 단계적으로 제공됨으로써 연속적인 이윤을 창출하는 것 을 '창구효과(window effect)'라고 한다.

## 2) 예술로서의 영화와 상품으로서의 영화

영화는 산업혁명과 테크놀로지의 발달이라는 근현대사의 커다란 전환점에서 탄생한 주요 예술이다. 물론 대중의 미적인 관심과 예술에 대한 열망이 영화의 발달에 중요한 역할을 담당하기는 하였으나, 기본적으로 영화라는 매체는 19세기 이후 과학적인 호기심과 기술적인 실험의 산물이라고 할 수 있다. 사업, 산업 혹은 상품이라는 말과 예술이라는 말이 본질적으로는 상반되는 표현이기는 하지만, 영화라는 매체에서 이 두 단어는 서로 동반자 관계에 있다고 해도 과언이 아니다.

영화예술에서 기술적인 측면은 영화라는 '예술'을 급속도로 발전하게 만드는 요인이었으며 그 기술적인 요소들은 또 다시 이윤창출이라는 사업적인 마인드에 의해서 더욱 공고한 기반을 마련하게 되었다. 1895년 뤼미에르(Lumière)에 의한 영화의 탄생 이후 100여 년이라는 시간의 흐름 속에서, 영화는 도전적인 예술가들의 노력과 기술적인 발명, 그리고 사업적인 마인드가 결합되어 오늘날 그 누구도 의심치

못할 만한 대중문화의 꽃으로 성장해 온 것이다.

결론적으로 말하자면, 첫째, 영화는 텔레비전이나 비디오, 혹은 DVD와는 달리 공동의 경험을 바탕으로 향유되는 매체이다. 영화는 집에서 혼자서 감상하는 매체가 아니라, 가족이나 친구들과 함께 소비되는 상품인 것이다. 둘째, 영화는 다른 매체에 비해서 훨씬 질 높은 영상과 음향을 제공하고 새로운 테크놀로지를 적극적으로 활용할 수 있는 문화상품이다. 셋째, 영화는 다른 산업과의 밀접한 연관을 바탕으로 더욱 발전할 수 있는 상품이다. 예를 들어, 오늘날의 극장은 단지 영화관람만을 위한 공간이 아니라, 쇼핑, 외식 등이 동시에 이루어질 수 있는 종합 쇼핑몰의 성격을 지니고 있다.

## 3) 부분적 공공재로서의 영화

흔히 경제학에서는 상품을 형식에 따라 재화와 서비스로 구분한다. 재화를 다시 형식에 따라 세분하면 정보재와 유형재로 나뉘고, 재화를 사용의 측면에서 구분하면 사적재와 공공재로 나뉜다. 공공재라는 단어를 접했을 때 생길 수 있는 흔한 착각은, 공공재는 정부나 공공기관에 의해서만 제공되어야 한다는 생각이다. 그러나 이는 올바른 생각이 아니다. 공공재와 사적재의 구분은 재화의 '사용'에 따른 구분이지, '제작'이나 '제공', 혹은 '생산' 주체에 따른 구분이 아니기 때문이다.

물론 영화는 텔레비전 방송과 같이 온전한 의미에서의 공공재는 아니다. 텔레비전 방송의 경우 기술적으로 거의 모든 사람들이 시청 가능하고 그야말로 불특정 다수가 그것을 향유할 수 있는 데 반해서, 순수한 의미에서의 영화는 극장이라는 공간에서만 한정 상영되므로 순수한 공공재라고는 할 수 없다.

그러나 한 영화의 콘텐츠를 텔레비전 방영이나 비디오와 DVD 제작 등의 여러 형태로 활용할 수 있는 가능성이 열려 있기 때문에, 영화라는 매체 전반의 성격을 고려할 때 공공재적 성격을 떼어 놓고 생각할 수는 없는 것이 사실이다. 특히 각 영상매체의 영역 간 경계가 무너지고 있는 현대사회에서는 더욱 그러하다. 디지털화와 미디어 통합화 움직임이 가속됨에 따라서 영화의 콘텐츠는 보다 많은 사람들에게 열려 있는 공공재적 성격을 더욱 강하게 보일 수밖에 없는 것이다. 따라서 영화는 '부분적 공공재'라고 할 수 있다.

## 4) 정보재로서의 영화

재화를 형식에 따라 세분하면 정보재와 유형재로 나뉘는데, 유형재는 물질적으로 접촉이 가능한 상품, 즉 먹거나 만지거나 직접 조작할 수 있는 성질의 재화를 말한다. 반면에, 정보재는 눈과 귀, 혹은 머리로 인지하거나 지각하는 방식으로 소비되는 재화를 말한다. 당연히, 영화는 정보재에 속한다고 할 수 있다.

정보재로서의 영화의 특징을 살펴보면, 첫째, 영화는 경험재이다. 정보라는 것이 직접 듣거나 보거나 경험하기 전에는 그 상품의 성격을 파악할 수 없기 때문에, 보통의 재화와는 다른 경험재적인 성격을 지닐 수밖에 없는 것이다. 경험재로서의 영화는 생산자와 소비자 간의 정보의 비대칭성이라는 성격을 지닌다. 즉, 생산자는 필연적으로 소비자보다 더 많은 정보를 가질 수밖에 없다는 말인데, 따라서 생산자와 소비자는 이러한 정보의 비대칭성을 최소한으로 줄이려는 노력을 하기 마련이다.

이는 영화 콘텐츠 관련 정보가 어느 정도까지 사전에 공개되어야 하는지에 대한 미묘한 이슈와도 관련된다. 이에 생산자는 스타 시스템이나 스튜디오 시스템 등 영화 장르의 관습적인 법칙을 최대한 활용하려는 시도를 하는 것이고, 소비자는 각종 미디어나 서적을 통해 영화상품의 사전 정보를 습득하려는 노력을 하는 것이다. 영화가 극장에 개봉되기 전에 홍보나 마케팅이 부족해도 문제가 되지만, 영화의 내용이 너무 많이 알려진 상태에서 개봉이 되어도 관객들의 흥미를 무척이나 반감시킬 것이다.

둘째, 영화는 반복적인 소비가 제한되는 상품이다. 물론 한 영화를 두 번 이상 관람할 수도 있고 텔레비전이나 비디오, 혹은 DVD를 통해서 반복적으로 시청할 가능성은 있다. 그러나 수십 번, 수백 번이라도 반복해서 구입할 가능성이 열려 있는 물질적인 유형재와는 달리, 한 영화의 소비는 아무리 많아 봐야 몇 번 이내로 제한될 수밖에 없는 것이 사실이다. 정보라는 것은 일단 전달된 이후에는 그 가치가 급속도로 떨어지는 상품이기 때문이다. 따라서 영화는 비반복재이다.

셋째, 영화는 사치재이기도 해서, 영화라는 상품이 없이도 사람들은 충분히 일상

[그림 8-3] 〈출발! 비디오 여행〉

〈출발! 비디오 여행〉은 우리나라의 대표적인 영화 소개 프로그램이다. 각종 텔레비전 프로그램이나 신문·잡지의 영화비평 및 관련 기사를 통해 관객은 특정 영화에 대한 사전 정보를 얻고자 한다. 이것은 영화가 기본적으로 생산자와 소비자 사이의 정보 불균형을 전제로 하고 있는 정보재이자 경험재라는 속성을 지니고 있기 때문에 비롯된 현상이라고 볼 수 있다. 관객의 입장에서는 정보의 부족도 문제가 되겠지만, 정보의 과잉 역시도 문화상품 소비에서 항상 바람직한 현상은 아니라는 점을 염두에 두어야 한다.

생활을 해 나갈 수 있다. 즉, 영화상품의 소비는 삶의 질을 높여 주는 데 일조하지만, 영화가 사람들의 삶에 필수적인 것은 아니라는 말이다.

# 2
# 할리우드 영화산업

## 1) 미국 영화의 상업성

미국 영화는 초창기부터 강한 상업적인 목적의식을 가졌다. 영화를 통해 돈을 벌 수 있다는 생각을 갖게 된 흥행사들과 자본가들은 여러 가지 단편영화를 골라 상영하는 극장을 탄생시켰다. 보통 이 극장은 5센트라는 작은 돈을 내면 볼 수 있는 극장이라고 해서 '니켈로디언(Nickelodeon: 5센트 극장)'이라 불리며 많은 사람들에게 사랑을 받았다. 안정적인 수익을 낼 수 있는 극장이 만들어지면서 영화는 단순한 단편영화에서부터 서부극이나 조로 시리즈와 같은 연속 기획물에 이르기까지 무척 다양한 모습을 띠기 시작했다. 대중오락으로서 영화가 서서히 자리를 잡기 시작하면서 오늘날 할리우드 영화산업의 대표적인 모습이라고 할 수 있는 스타 시스템이 탄생했으며 원시적인 형태의 장르영화 역시 선보이기 시작했다.

단편영화들의 계속적인 성공은 영화의 장편화로 이어지게 되는데, 이러한 장편화 흐름에 결정적인 역할을 담당한 감독이 데이비드 그리피스(David Griffith)였다. 그는 1915년 〈국가의 탄생 The Birth of a Nation〉을 만들어 세계영화의 수준을 한 단계 끌어올렸다. 그리피스의 〈국가의 탄생〉은, 약 2만 3000달러의 평균 제작비를 사용하였던 기존 영화들과 달리 11만 달러라는 엄청난 제작비를 들여 만든 대작영화였다. 이런 과감한 투자는 엄청난 흥행 성공을 이끌어 내어, 현재 추정하고 있는 이 영화의 흥행 수익은 총 5000만 달러에 육박하는 것으로 알려졌다. 이렇듯 과감한 투자에 대한 보상으로서의 흥행 성공 사례는 영화가 단순한 오락거리일 뿐 아니라 하나의 산업으로까지도 성장할 수 있다는 사실을 실제로 증명해 보였다.

## 2) 스튜디오 시스템

오늘날 할리우드의 대표적인 특징으로 불리는 스튜디오 시스템(studio system)은 장편영화 제작에 유리한 제작 및 배급의 산업체계를 말한다. 스튜디오 시스템은 영화 촬영장(studio)을 운영하는 영화사가 안정된 배급과 상영을 위해 배급사와 극장을 매입하는 과정에서 붙여진 명칭이었다.

초창기 할리우드 스튜디오 시스템은 영화산업의 중요한 영역, 즉 제작, 배급, 상영의 세 가지 영역을 하나의 영화사가 통제한다는 특징을 가지고 있었다. 이러한 특징을 수직통합(vertical integration)이라 부른다. 초창기 5대 대형 영화사(Paramount, Loew's(MGM의 모회사), Fox Film(후에 20세기 폭스사가 됨), Warner Bros., RKO))는 극장 체인망까지 완비하여 완벽한 수직적 통합 시스템을 갖추었고 개봉관 매출의 4분의 3을 독점했다. 주요 개봉관을 갖지 못한 소형 메이저 3사와 여타의 소규모 영화제작 배급사는 그 나머지 매출을 놓고 경쟁해야만 했다. 중소 규모의 영화제작사들은 주변부 극장의 상영을 목표로 질 낮은 영화를 제작하거나, 불리한 조건을 감수하며 개봉관 진출을 모색해야만 했다.

1952년은 할리우드 영화산업에 커다란 변화를 가져온 해였다. 그해는 텔레비전

[그림 8-4] 파라마운트 영화사

초창기 할리우드 스튜디오 시스템은 수직통합을 그 주된 특징으로 하고 있었다. 당시의 5대 영화사, 즉 파라마운트, 로스(Loew's), 폭스 필름, 워너 브러더스, 그리고 RKO는 개봉 관 매출의 4분의 3 이상을 독점하고 있었다. 이후, 파라마운트 영화사와 미국 성부 간의 소 송 사건을 통해서 할리우드의 수직통합 시스템에는 제동이 걸리게 된다.

[그림 8-5] 피터 잭슨(Peter Jackson)의 〈반지의 제왕〉 3부작, 〈반지 원정대 The Lord of the Rings: The Fellowship of the Ring〉(2001), 〈두 개의 탑 The Lord of the Rings: The Two Towers〉(2002), 〈왕의 귀환 The Lord of the Rings: The Return of the King〉(2003)

판타지 문학의 가장 위대한 작품으로 꼽히는 J. R. R. 톨킨의 원작소설을, 총제작비 2억 7000만 달러를 쏟아 부어 3부작으로 스크린에 옮겼다. 무엇보다 특수효과가 총동원된 압도적인 스펙터클로 전 세계 관객의 시선을 끌었다. 엄청난 규모의 야외 세트, 수백 개에 달하는 미니어처와 최첨단 컴퓨터 그래픽을 결합해서 환상의 세계를 만들어 냈다. 또 첫 편에서만 982벌의 갑옷, 2321개의 무기, 114개의 원정대 특수 무기, 2만 개 이상의 소품이 사용되었다. 오늘날까지도 스튜디오 시스템, 스타 및 장르 시스템 등 고전 할리우드 영화시대의 전통이 그대로 이어져 내려오고 있는 것이다. 이처럼 영화산업의 전체적인 경제규모가 커지고 각종 테크놀로지가 급속도로 발전함에 따라서 블록버스터라고 불리는 초고예산 영화들이 속속 제작되어 관객의 이목을 끈다.

네트워크가 처음으로 1년 내내 미국 전역으로 방송을 하기 시작한 해였다. 전국 방송이 시작되면서 텔레비전은 영화산업 전반을 뒤흔들어 놓았다. 또한 그해에는 와이드 스크린과 스테레오 사운드가 등장했으며, 이전에 비해 제작비를 현저히 줄일 수 있는 컬러필름이 등장하기도 하였다.

더불어, 1940년대 후반부터는 기존의 거대 메이저 스튜디오들이 몰락하기 시작했으며 새로운 독립제작사가 성장했다. 1938년부터 1948년까지 10년간의 법정 소송 끝에, 마침내 미국 대법원이 '미국 정부 vs 파라마운트 영화사'의 사건에서 할리우드 메이저 영화사의 수직통합 시스템에 제동을 걸었다. 루스벨트 시절 미 법무부의 제소로 시작된 이 재판의 판결에 의해 할리우드 스튜디오들은 자신이 소유하고 있는 극장 체인을 늦어도 1952년까지는 처분해야만 했다. 그래서 메이저 영화사들은 제작과 배급은 할 수 있었지만 상영까지 통제할 수는 없게 되었다. 이로써 미국의 영화산업에서 20년 이상 지속되었던, 제작과 배급, 그리고 상영을 일관적으로 통제하는 거대 스튜디오들의 수직통합 산업 시스템이 붕괴되었다.

스타 시스템(star system)이란 영화 자체의 줄거리보다 인기 있는 스타의 이미지를 이용하여 영화의 흥행에 영향을 주는 할리우드 영화산업의 또 다른 특징이다. 1914년 할리우드의 영화사들은 한 편의 영화가 성공하면 그 배우에게 동일한 이미지의 역할을 계속 맡기기를 원했다. 이는 관객이 영화의 내용과 더불어 배우의 이미지를 열망하기 시작했기 때문이다.

1910년대 이후 할리우드에서 잘 팔리는 영화 소재를 찾아 비슷한 계열의 영화를 만들기 시작한 것이 장르영화(genre films)의 시작이었다. 영화 전체의 기본적인 틀은 유지한 채 약간의 변형을 가해서 비슷한 부류의 영화를 만들기 시작한 것이다. 흥행의 성공 여부를 예측하기 어려운 영화의 특성상 제작사들은 안전한 투자를 위하여 잘 팔리는 이야깃거리와 안정적인 소재를 추구하게 되었고, 그 결과 이전에 성공을 거둔 영화로부터 줄거리, 배역, 스타일 등을 차용해 그 테두리 안에서 약간의 변형을 가한 영화들을 만들게 된 것이 바로 장르영화가 된 것이다. 장르는 할리우드의 스튜디오 시기를 통해 가장 강력한 중추였고, 상업영화의 세계에서 스튜디오 시대 이후에도 그 중요성을 유지하고 있다.

## 3) 규모의 경제

현재 미국 영화산업은 다량의 소규모 영화를 제작하는 방식에서 벗어나 대규모의 제작비를 들여 거대한 수익을 내는 블록버스터 영화를 제작하는 방식을 택하고 있다. 메이저 영화사들이 자체제작 편수를 늘리지 않고 있는 것은, 그들이 비디오와 TV의 판권을 이용하여 초고예산 영화, 즉 블록버스터의 제작 전략을 채택했음을 보여 준다. 블록버스터(blockbuster)란 액션과 스펙터클이 강한 장르를 선택해 초고예산을 투입하여 만들어진 영화를 말한다. 이런 영화들은 적극적인 마케팅과 홍보를 통해 관객들의 기대심리를 한껏 부풀린 다음 보통 전국 2000개 이상의 극장에서 동시에 개봉된다. 이런 방식을 채택함으로써 영화제작사는 악평이나 비판적인 소문 등 흥행에 지장을 줄 만한 요소들의 영향력을 최소화시킬 수 있을 뿐만 아니라, 제작비나 마케팅 비용을 단기간에 회수할 수도 있게 되었다.

이러한 블록버스터 제작 전략에서 볼 수 있듯이 할리우드 영화산업의 특징은 한마디로 규모의 경제(economy of scale)를 추구하고 있다는 것이다. 할리우드 영화산업은 세계 최대의 국내 시장 규모를 자랑하는 미국 내 영화 상영관과 TV, 비디오, 케이블 등 다양한 매체를 통해 배급을 다양화함으로써 수익을 극대화하고 있다. 한 영화사가 영화, TV, 비디오 등 여러 매체들에 대하여 콘텐츠를 공급하는 전략(one-institution, multi-products)과 동일한 상품, 즉 동일한 영화가 여러 분배 채널을 거치면서 이윤을 발생(one-source, multi-use)시키는 이른바 창구효과(window effect)는, 1950년대 중반 TV라는 새로운 매체의 보급과 동시에 본격화되기 시작했다. 영화라는 한 상품을 극장 이외의 다른 매체를 통해 단계적으로 공급함으로써, 즉 각 단계별로 새로운 관객들과 만나 새로운 가치를 창출할 수 있게 됨으로써 막대한 수익을 낼 수 있게 되었다.

# 3
# 한국의 영화산업

## 1) 초창기의 영화산업

한국의 영화산업은 1990년대 이전에는 원시적인 산업의 수준을 벗어나지 못하였으며, 과거 정권들 또한 산업적인 시각에서의 지원이나 진흥보다는 억압과 규제에 초점을 맞추어 영화를 다루고 있었다. 이승만 정권 아래에서는 1954년의 입장세 면세조치, 1959년의 국산영화 장려 및 영화오락 순화를 위한 보상특혜시책 등 몇 가지 유의미한 시도들도 있었지만, 통상적인 검열업무 이외의 영화 진흥정책이나 지원정책은 거의 없었다고 해도 과언이 아니다.

한국 영화에 대한 국가의 본격적인 정책적 개입은 1961년 군사쿠데타를 통해 정권을 잡은 박정희 정권에 의해 시작된다. 1961년 영화사 통폐합, 1962년 영화법 공포, 1973년 영화진흥공사의 설립 등으로 이어지는 일련의 영화정책은 제작 분야의 기업화 정책, 외화 수입을 통한 수익의 제작자본과의 연계, 외화 및 국내 영화제작 수급 조절, 강도 높은 검열 등으로 특징지어진다. 이러한 특징들에 비추어 볼 때, 이 시기 영화에 대한 정책은 형식적으로는 지원과 규제가 함께 맞물려 있는 정책이라 할 수 있지만, 사실상 영화의 지원을 위한 각각의 방편들은 통제와 규제를 기반으로 하고 있었기에 규제 일변도의 정책이었다고 평가할 수 있다.

유신체제가 수립되면서, 문화적 지원을 위한 최소한의 정책적 노력마저도 사라지는 가운데 한층 더 강력해진 검열과 정권 옹호적인 영화에 대한 선별적인 지원 정도만이 살아남는다. 이 시기 한국 영화정책의 핵심이었던 외화 수입권 배정제도의 경우도 외화에 대한 국산 영화의 열등함을 인정한 바탕에서 이루어진 것이었고, 이로 인해 외화 수입권 배당을 노린 실적 위주의 제작풍토가 성행하여 국산 영화의 질적 수준을 떨어뜨리는 계기가 되었다.

## 2) 1980~1990년대 영화산업

1984년 12월 31일 국회를 통과하여 1985년 7월 1일부터 시행된 제5차 개정영화법과 1985년 하반기의 영화시책은 기존의 영화진흥책과 차별되는 몇 가지 특징을 갖고 있었다. 영화산업이 허가제에서 등록제로 완화되었으며, 검열을 심의로 바꾸는 제도 변화와 수입 편수의 제한 폐지 등은 과거 유신정권과 제5공화국 전반기의 국가의 엄격한 직접 규제와 분명 차이가 있는 것이었다.

이와 같은 일련의 변화는 국가 영화정책의 근본적인 방향전환을 보여 주는 것이었다. 이러한 변화의 배경으로 1983년 이후에 전두환 정권이 사회 전반에 대해 유화적인 입장으로 전환했다는 점과 1970년대 후반 이후 고조되어 온 미국 영화업자들의 시장개방 압력이 견딜 수 없는 수위까지 도달하고 있었다는 점 등을 지적할 수 있다. 그 결과 한국 정부는 1985년의 한미영화협상을 거쳐 영화시장 개방을 결정하였고, 이를 반영하는 제6차 개정영화법이 1986년 발표되기에 이르렀다. 곧

[그림 8-6] 박종원의 1989년 작품, 〈구로아리랑〉

봉제공장에서 하루하루 생계를 이어 가는 여공들은 산업화의 주역 가운데 하나였지만 최저수준의 생활환경에서 살아갈 수밖에 없다. 그 때문에 그들에게 생존을 위한 투쟁은 자연발생적인 것이었다. 검열로 인해 많은 장면들이 가위질당한 이 영화는 그 처절한 시대를 온전히 보여 주지 못하기에, 역설적으로 우리들에게 많은 것을 말해 주고 있다.

이어 1987년에는 최초의 UIP(United International Pictures) 직배영화인 〈위험한 정사 Fatal Attraction〉가 상영되었다.

미국 UIP 직배가 시작되면서 한국의 영화산업은 심각한 타격을 받아서 연간 한국 영화제작 편수가 40편을 밑돌기 시작했다. 한편, 이러한 영화시장 개방에 따른 한국 영화산업의 위축은 한국 정부의 영화에 대한 직접적인 통제가 완화될 수밖에 없음을 대변하는 것이기도 했다. 더욱이 그 당시 한국 사회의 민주화는 영화산업에서의 움직임을 촉진시켜, 그 결과 젊은 영화세대의 등장과 맞물린 영화시장의 자본주의적 합리화의 경향이 생겨나게 되었다. 그래서 1994년에는 프린트 벌수 제한이 폐지되었는데, 이는 비록 기본적으로는 직배사들을 위한 것이었지만 한국의 영화산업에서는 일종의 규제 완화의 신호탄이기도 했다.

1995년 영화진흥법은 영화제작을 서비스업에서 제조업으로 업종 분류해 다양한 형태의 세제와 금융혜택을 받을 수 있게 되었으며, 이로 인해 창업투자사를 비롯한 각종 금융기관이 영화사업에 참여하게 되는 계기가 마련되었다. IMF 극복을 제일

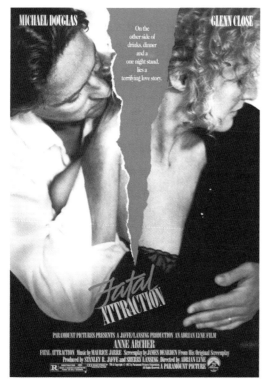

[그림 8-7] 아드리안 라인(Adrian Lyne)의 1987년 작품, 〈위험한 정사 Fatal Attraction〉

우리나라 최초의 UIP 직배영화인 〈위험한 정사〉는 막대한 자본력을 바탕으로 하고 있는 할리우드 영화가 선정영화 시장에 손을 대면 어떻게 되는지를 보여 주는 분명한 사례로 기억된다. 스타 시스템을 활용하고, 각종 장르들을 적절하게 버무리는 전략을 택한 이 영화는 직배를 둘러싼 당시의 논란에도 불구하고 1987년 가장 흥행에 성공한 영화 중 하나로 남아 있다.

과제로 여기며 출발한 김대중 정부는 취임사에서 문화사업을 21세기의 기간사업으로 이끌어 가겠다고 천명하면서 영화 및 문화사업에 적극적인 관심을 기울였다. 이러한 정책적 관심은 문화산업이 창출해 내는 부가가치에 대한 확실한 인식하에, 관련 산업을 적극적으로 견인해 나가겠다는 것이었다. 김대중 정부는 처음부터 문화산업의 수출을 염두에 두고 있었다. 하지만 이러한 문화산업 정책은 순수한 예술 내지 문화를 소외시키는 결과를 낳았으며 한국 영화의 영역을 산업과 흥행의 중심으로만 바라보도록 만드는 결과를 가져오기도 했다.

## 3) 2000년대 영화산업

대체적으로 한국 영화가 성장한 것은 우수한 인력들이 1990년대 이후 급격히 영화 및 영상 산업으로 진출하기 시작하면서부터라고 볼 수 있다. 과거의 영화 및 연예 사업은 우수한 인재를 확보하는 데 어려움을 많이 겪었으나, 1990년대 이후 현대사회의 다각화 속에서 고시와 금융 및 의료 사업 등에 치우쳐 있던 우수한 인재들의 관심이 서서히 오락과 문화 쪽으로 확대되기 시작하였기 때문이라고 하겠다.

스크린쿼터에 따른 의무적인 상영관을 확보하게 되면서 한국 영화는 지속적으로 관객들과 만날 수 있는 기회를 제공받게 되었다. 이러한 안정적인 상영권을 기반으로 성장하기 시작한 한국 영화는 크게 세 가지 요인으로 인해 양적·질적으로 발전했다. 이전의 영화들과 달리 현재의 한국 영화는 관객들이 가장 선호하는 장르를 개발하고 소재를 발굴하여 관객과의 거리를 좁혔다. 할리우드 영화의 파상공세 속에서도 저예산의 한국 영화가 성공할 수 있었던 것은 그때그때의 시대상황과 사회 분위기를 바로 흡수해 영화에 반영한 결과였다. 이와 더불어, 이런 영화제작을 지속할 수 있게 해 준 금융권 및 기업들의 전문화된 투자, 그리고 한국 영화만을 집중적으로 배급하는 전문적인 배급회사의 등장은 오늘날의 한국 영화를 만든 중요한 요인이다.

현재 한국 영화는 문화산업의 중심으로 인식되고 있다. 1990년대 말 이후, 여러 편의 영화들을 동시에 상영할 수 있는 멀티플렉스관의 확대 등으로 인해 전체 규모가 5000억 원을 넘는 등 지속적인 시장의 확대가 이루어지고 있으며, 한류 열풍과 발맞추어 한국 영화는 해외 마케팅 시장에서도 인기를 끌고 있기에, 한국의 영화산업은 상승세를 이어갈 것으로 전망된다. 그러나 영화가 안정된 하드웨어 기반보다

[그림 8-8] 1000만 관객 이상을 동원한 한국 영화들, 봉준호의 〈괴물〉(2006), 이준익의 〈왕의 남자〉(2005), 강제규의 〈태극기 휘날리며〉(2004), 윤제균의 〈해운대〉(2009), 그리고 강우석의 〈실미도〉(2003)

2000년대 들어 한국의 영화산업은 엄청난 성장세를 보이기 시작했고, 결과적으로 1000만 명 이상의 관객을 동원한 우리나라 영화들이 거의 매년 등장했다. 당시의 한국 영화들이 지니고 있었던 경쟁력의 원천은 바로 제작 및 공급 측면에서의 산업적인 혁신, 정부의 영화산업 정책의 변화, 그리고 한국 영화에 대해 강한 지지를 보이는 수용자층의 형성 등이다.

는 지식과 인력을 중심으로 하는 소프트웨어적인 속성을 지니고 있어 꾸준한 관심과 노력을 보여 주지 않는다면 언제 다시 침체기로 빠져들지 알 수 없는 일이다. 특히 미국의 할리우드 영화가 세계를 지배하고 있는 현재와 같은 구조 속에서 자국의 시장을 보호하고 육성하는 것은 결코 쉬운 일은 아니다. 따라서 한국 영화산업의 각종 위험요소들을 해결하고 내실을 다지는 일이 필수적이다.

## 요점정리

**1** 영화산업은 연예산업(entertainment industry)이다.

**2** 한 편의 영화가 여러 통로로 단계적으로 관객들에게 제공됨으로써 연속적인 이윤을 창출하게 되는 현상을 창구효과라고 한다.

**3** 영화는 예술로서의 특성과 상품으로서의 특성을 동시에 지니고 있는 매체이다.

**4** 상품으로서의 영화의 특성으로 부분적 공공재, 정보재, 경험재, 비(非)반복재, 사치재 등을 들 수 있다.

**5** 미국 할리우드 영화는 초창기부터 강한 상업적인 목적의식을 가지며 발전해 왔다.

**6** 할리우드 영화산업의 가장 중요한 특징인 스튜디오 시스템은 장편영화 제작에 유리한 제작 및 배급의 산업체계를 말한다.

**7** 1990년대 이전에는 원시적인 수준을 벗어나지 못하고 있던 한국의 영화산업은 1990년대 이후 우수한 인력들이 진출하기 시작하면서부터 꾸준한 성장세를 보이기 시작하여, 현재는 문화산업의 중심으로 인식되고 있다.

**01** 현재의 할리우드를 구축한 영화계 거물이자 'Inceville'을 만든 인물로, 황무지였던 로스앤젤레스 지역을 영화촬영을 위한 중심 도시로 탈바꿈시킨 사람은 누구인가?

① 데이비드 그리피스　　　　　② 토머스 인스
③ 뤼미에르 형제　　　　　　　④ 토머스 에디슨

**02** 다음 중 상품으로서의 영화의 속성을 나타내는 말로 적절하지 <u>않은</u> 것은 무엇인가?

① 부분적 공공재　　　　　　　② 반복재
③ 경험재　　　　　　　　　　④ 정보재

**03** 미국 할리우드 영화산업에서 수직통합 시스템에 제동을 걸게 된 계기는 무엇인가?

① 디지털 기술의 발전
② 텔레비전 네트워크의 광범위한 보급
③ 와이드 스크린 및 돌비 시스템의 도입
④ 미국 정부 vs 파라마운트 영화사 소송사건

**04** 1980년대 이후 한국의 영화산업에 대한 설명으로 옳은 것은 무엇인가?

① 한국 최초의 UIP 직배영화는 〈라쇼몽〉이다.
② 1995년 영화진흥법은 영화제작을 서비스업으로 분류했다.
③ 스크린쿼터제로 인해 국내의 영화상영관은 1년에 96일 동안 의무적으로 외국 영화를 상영해야 한다.
④ 1980년대 중반 영화산업이 허가제에서 등록제로 완화되었다.

**05** 영화제작을 서비스업에서 제조업으로 업종 분류해 다양한 형태의 세제와 금융 혜택을 받을 수 있게 만들었던 법안은 무엇인가?

① 1995년 영화진흥법
② 1994년 프린트 벌수 제한의 폐지
③ 1986년 제6차 개정영화법
④ 1985년 한미영화협상

**정답 |** 01 ②  02 ②  03 ④  04 ④  05 ①

**01** 영화가 산업으로서 갖는 특징이 무엇인지 설명해 보시오.

**02** 미국의 영화산업이 전 세계 영화시장의 주류로 설 수 있었던 배경에 대해서 토론해 보시오.

**03** 스크린쿼터 제도를 둘러싼 논쟁의 핵심 내용을 평가해 보시오.

제 **9** 장

# 대중문화와 관객

## 개관

영화가 대중문화의 한 축으로 성장하면서 영화를 삶의 일부로 여기며 살아가는 사람들이 늘어 가고 있다.

현대사회에서의 영화관람 행위는 삶과 사회의 변화를 가져올 수 있는 직접적인 원인이 되고 있는 것이다.

영화는 특정 시대의 사회·문화와 직접 소통한다고까지 말할 수 있게 되었다. 이 장에서는 생산자, 수용자,

그리고 텍스트라는 세 축을 통해서 형성되는 영화의 특성과 관객의 문제, 그리고 상호텍스트성에 대해서 살

펴본다.

1. 문화와 대중문화의 개념을 설명할 수 있다.

2. 영화의 의미 생산에서 관객의 역할을 설명할 수 있다.

3. 상호텍스트성의 개념을 영화에 적용할 수 있다.

문화 · 대중문화 · 미디어　정치경제학 · 구조주의 · 문화주의 · 생산자 · 텍스트 · 수용자 · 관객 · 상호텍스트성

# 1

# 문화, 대중문화, 사회

21세기를 흔히 대중문화의 시대라고 한다. 이는 과거 소수 엘리트 계층을 중심으로 생산되고 소비되던 문화가 대중에게로 그 무게 중심이 옮겨 온 것을 의미하며, 대량생산과 소비의 주체가 대중이라는 사실을 강조한다. 전반적으로 예술과 문화에서도 같은 경향이 존재하는데 영화 역시 대량생산과 대량소비라고 하는 대중문화 시대의 원리를 그대로 따라가고 있기 때문이다.

그렇다면, 과연 문화란 무엇인가? 넓게 보면 문화란 자연상태의 어떤 것에 인간적인 작용을 가하여 그것을 변화시키고 새로운 것을 창조해 낸 것을 말한다. 문화는 인간이 인간으로 진화하면서부터 이루어 낸 모든 역사의 산물, 그 전체의 무게를 담고 있다. 여기에는 정치·경제·법·제도·문학·예술·도덕·종교·풍속 등 모든 인

[그림 9-1] 왕자웨이(王家偉)의 1990년 작품, 〈아비정전 阿飛正傳〉

왕자웨이가 1988년의 〈열혈남아 熱血男兒〉에 이어 두 번째로 감독한 작품으로, 현대인의 일상적인 단면을 통해 생명의 귀중함과 사랑의 존재가치를 담아낸 작품이다. 왕자웨이 특유의 정지 화면과 느린 템포, 복잡한 카메라 기법이 돋보이는 작품이지만, 개봉 당시 홍콩을 비롯한 거의 모든 나라에서 일제히 흥행에 참패하였고 우리나라에서는 환불소동까지 벌어졌다. 영화 〈아비정전〉에 대해서 그렇게도 인색하던 우리나라의 관객은 1997년 왕자웨이 감독의 〈해피 투게더〉가 국내에서 상영금지 처분을 받자, 이번엔 오히려 감독에 대한 열렬한 지지 반응을 드러내며 변화된 시대, 변화된 대중문화의 수준, 변화된 관객의 모습을 보여 주었다.

간적인 산물이 포함된다. 보통 시대에 따라 집단에 따라 무엇이 정상적이고 가치 있는 문화인가에 대한 정의가 다르다. 이렇게 문화에 대한 정의가 다른 것은 이 문제가 인간이 만들어 낸 역사적 산물들을 두고 인간들이 벌이는 권력다툼과 밀접히 관련되어 있기 때문이다. 문화는 인간들 사이의 투쟁의 영역, 즉 권력과 지적 헤게모니의 갈등의 장이 되기도 한다.

좁게 보면 문화는 일반적으로 한 사회의 구성원들이 공유하는 생활양식을 말한다. 전통문화라든지 군대문화, 인디문화, 결혼문화 등 어떤 사회나 집단의 특정한 행동양식과 가치판단이 드러나는 여러 가지 모습들을 문화라고 말하는 것이다. 문화는 또한 소설·회화·연극·오페라 등의 문학·예술 작품이나 영화·텔레비전 드라마·대중가요 등의 대중문화 작품과 같은 문화 생산물을 의미하기도 한다. 이러한 생산물을 통해 한 사회의 역사적 경험이나 가치관이 표현되고 공유되기 때문이다. 영화는 시대적인 배경과 그 시대를 살아가는 인물들의 삶의 체험이 드러난다는 점에서 우리의 문화를 구성하는 중요한 영역으로 자리 잡고 있다.

영화가 대중문화의 한 축으로 성장하면서 영화 자체를 삶의 일부로 여기며 살아

[그림 9-2] 강제규의 1999년 작품, 〈쉬리〉

남북 분단현실을 배경으로 한 영화로, 당시로서는 한국 영화사상 최다 관객동원 기록을 세운 작품이다. 영화가 한 사회와 시대를 반영하고, 다시 그 영화는 대중의 마음을 움직여 세상에 대한 인식을 바꾸어 놓을 수도 있다는 사실을 깨닫도록 해 주었다. 이에, 영화를 현실의 반영임과 동시에 반영의 현실이라고 지칭하는 것이다.

가는 사람들이 늘고 있다. 영화를 생활의 한 부분으로 받아들인 사람들에게 영화는 보는 것 이상의 의미를 지닌다. 그들은 한 편의 영화 속에서 삶의 또 다른 의미를 발견하고, 자신의 세계를 변화시킨다. 과거의 영화보기가 단순한 오락거리와 취미 활동이라는 의미가 전부였다면, 현대의 영화보기는 삶과 사회의 변화를 가져올 수 있는 직접적인 원인이 되어 가고 있다. 이러한 의미에서 영화는 특정 시대의 문화와 직접 소통하고 있는 것이다.

영화는 끊임없이 사회와 교류하면서 사회적으로 화제가 되는 사건들을 재조명하거나, 사회를 반영하는 거울의 역할을 수행한다. 특정 사회의 다양한 사회적 현상이나 가치체계를 반영하기에 영화와 사회 간에는 특별한 관계가 형성된다. 예를 들면, 〈쉬리〉(1999)나 〈공동경비구역 JSA〉(2000)를 통해서 남북관계에 대한 인식이 변화하게 되는 식이다. 이렇게 영화는 문화체계 속에서 단순히 현실을 기록하는 것이 아니라, 현실의 상을 특정한 방식으로 구성함으로써 사회에 영향을 미친다. 요약하자면, 영화는 현실의 반영임과 동시에 반영의 현실이다.

❖ 학습활동−왜곡된 거울 기능

관객은 때로 갱 영화에 등장하는 타락한 주인공을 통해 정상적인 방법으로 살아갈 수 없는 부패한 인간상을 고찰함으로써, 사회를 비판적으로 바라볼 수 있다. 이와 같은 영화의 기능을 왜곡된 거울 기능이라고 한다. '왜곡된 거울 기능'이라는 개념은 영화가 단지 사회를 있는 그대로 반영할 뿐만 아니라, 어느 정도 과장된 모습으로 한 사회의 특정 문제를 부각시킴으로써 그 문제에 대해서 관객, 즉 사회구성원으로 하여금 주의를 환기시키게 하는 기능까지도 수행하고 있음을 말해 준다. 예를 들어 누아르 영화에 종종 등장하는 타락한 경찰의 모습은 일면 현실에 대한 정확한 반영으로 받아들여질 수도 있겠지만, 그 타락의 정도가 세상에 대한 현실적 묘사를 뛰어넘을 경우 그 사회의 제반 문제에 대한 환기를 일으키기 위한 영화적 과장법으로 해석될 수도 있는 것이다.

영화는 사회에서 영감을 얻는다. 작가와 감독, 제작자와 기획자들은 사회 곳곳에서 일어나는 사건들에 항상 많은 관심을 기울이고 있으며 꾸준한 관찰과 추적을 통해 수많은 인물들, 사건들과 상황들을 영화로 재구성해 간다. 이렇게 완성된 영화를 가지고 사회는 다시 영화가 소재로 삼았던 사건이나 현상, 이슈 등을 재해석할

[그림 9-3] 존 휴스턴(John Huston)의 1941년 작품, 〈말타의 매 The Maltese Falcon〉

대실 해밋(Dashiell Hammett)의 추리소설 〈말타의 매〉는 1931년 로이 델 루스 감독이 영화화한 이후 여러 차례 리바이벌되었던, 영화화의 단골 소재였다. 1941년 작 〈말타의 매〉는 존 휴스턴 감독의 데뷔작이다. 인간의 탐욕으로 인해 발생하는 실상이 타락한 도시의 풍경과 어우러져 펼쳐지고 있기에, 누아르 장르의 붐을 주도했다는 평가를 받는다. 프랑스어로 '검은 영화'라는 뜻의 필름 누아르는 일반적으로 1940년대부터 1950년도 초반에 이르기까지 할리우드 스튜디오에서 제작되었던 영화들이었다. 필름 누아르에 등장하는 인물들은 아직까지도 '왜곡된 거울 기능'의 대표적인 사례로 언급된다.

[그림 9-4] 황동혁의 2011년 작품, 〈도가니〉

2011년 9월에 개봉한 황동혁 감독의 영화로, 청각장애인 특수학교인 광주 인화학교에서 실제로 일어난 장애학생 성폭행 사건을 소재로 한 공지영의 동명소설을 영화화한 작품이다. 이 영화는 한 편의 문화상품이 사회를 어떻게 변화시킬 수 있는가를 보여 준 대표적 사례라고 할 수 있는데, 이 영화를 본 관객들은 인화학교 사건의 재수사와 시설 폐쇄를 요구하는 서명운동을 벌이게 되었다. 〈도가니〉는 사회적 약자에 대한 성폭력과 학대를 공론화하는 계기를 제공하였고, 이는 사건 재수사와 관련 법 개정으로 이어지는 등 엄청난 사회적 변화를 몰고 왔다.

수 있는 기회를 갖게 된다.

영화와 사회는 서로 공생관계에 있다고 볼 수 있는데, 누가 먼저 영향을 미쳤는 가의 문제보다는 영화와 사회가 상호 비판과 피드백을 통해 서로의 발전에 도움을 주고 있다는 사실 자체에 주목하는 편이 옳다고 할 수 있겠다. 영화는 사회의 거울 이라는 주장은 영화의 사회반영론을 강하게 내포하고 있다. 가끔씩 발생하는 사건 들이나 문제작들이 등장할 때면 영화에 대한 비판과 우려의 목소리가 높아지기도 하는데, 이를 좀 더 깊이 있게 생각해 보면 감독의 상상력이라는 것은 그 시대 혹은 그 사회의 적나라한 반영임을 부정할 수 없다는 사실을 말해 주는 것이다.

# 2
# 생산자, 텍스트, 수용자

여타의 다른 문화적 산물과 마찬가지로 영화는 제작자 혹은 생산자, 관객 혹은 텍스트, 그리고 수용자라는 세 가지 요소들로 구성되어 있다. 이 세 가지 요소들 중 어디에 초점을 맞추느냐에 따라 영화라는 매체를 이해하는 방식이 달라질 것이다. 물론, 가장 중요한 사실은 생산자와 텍스트, 그리고 수용자라는 세 가지 요소들 중 어느 하나만이 중요한 것이 아니기에 이 셋 모두를 종합적으로 고려하여 영화라는 문화적 실천에 대한 완벽한 이해를 추구해야 한다는 점이다.

먼저 생산의 측면, 즉 산업적이거나 경제적인 메커니즘에 주안점을 두고 영화라 는 문화적 산물을 이해하는 태도는 프랑크푸르트학파(Frankfurt School)의 입장과 상 통한다. 일찍이 아도르노(Adorno)나 호르크하이머(Horkheimer) 같은 프랑크푸르트학 파의 학자들은, 영화·대중가요 등 대중문화의 영역이 경제적 논리에 의해 식민화됨 으로써 표준화되고 규격화된 문화적 산불만을 낳는다고 비판하였다. 이들은 대중 문화가 사람들에게 현실을 비판적으로 보거나 더 나은 사회를 꿈꾸게 하기보다, 체 제에 순응적이고 수동적인 태도를 갖게 함으로써 기존 질서를 보수적으로 유지하는 데 기여한다고 보았다.

기본적으로 이러한 미디어 정치경제학의 입장은 누가 매스미디어를 소유하는가 하는 문제에 관심을 기울이고 있다. 전통적으로 사적 영역에서 출발한 신문매체는

[그림 9-5] 테오도르 아도르노(Theodor Wiesengrund Adorno)
프랑크푸르트학파의 대표적인 인물로 철학, 사회학, 미학 등 광범위한 영역에 걸쳐 연구 활동을 한 독일의 사상가이다. 1947년 호르크하이머와의 공저 『계몽의 변증법 Dialektik der Aufklarung』을 발표하면서 세계적인 명성을 떨치게 되었다.

그 소유가 소수의 지배주주에 의해 독점되고, 나아가 점차 산업화되면서 과연 한 사회의 자유로운 의사소통의 장으로의 역할을 과연 제대로 수행할 수 있는가 하는 문제의 제기가 그 대표적인 예일 것이다. 한편, 전파의 희귀성 논리로 공적 영역에서 출발한 라디오와 텔레비전 방송은 국가로부터 얼마나 자유로우며, 또 한편 사적 영역의 개입에 의한 산업화, 상업화의 추이로부터 얼마나 자유로울 수 있는가 하는 문제 제기도 이와 맥을 같이한다. 미국의 할리우드 거대자본이 독식하는 세계 영화 산업의 구조, 그리고 역시 서구 중심으로 편성되어 있는 음반시장 구조가 결국 미국과 서구, 그리고 이들에 바탕을 둔 거대자본의 이익만을 대변하고 있지 않는가 하는 점에 문제를 제기한다.

다음으로, 텍스트 자체를 영화 이해의 대상으로 삼는 태도는 프랑스의 구조주의적 전통에서 찾아볼 수 있다. 특정한 문화적 산물의 생산방식이나 소비방식보다 어떤 작품이 담고 있는 내용과 형식을 분석하는 데 심혈을 기울이는 구조주의자들은 한 텍스트 안에 구조화된, 보다 심층적인 의미를 찾아냄으로써 한 작품과 그 작품을 낳은 문화에 대한 보다 심오한 이해를 도모할 수 있다고 보았다.

구조주의는 미디어 자체의 소유, 노동 등의 이슈보다는 미디어가 만들어 내는

'텍스트 내부의 이데올로기성'에 주목한다. 여기에서 말하는 구조는 곧 텍스트 내부에서 일정한 원칙에 의해 운용되는 언어의 이데올로기적 구조를 의미하며, 구조주의는 이를 보다 체계적이고 정교하게 설명함으로써 오늘날의 미디어, 그리고 대중문화의 성격을 규명하는 것을 목적으로 한다. 광의의 구조주의 관점은 텍스트 내부의 언어적 구조를 과학적으로 설명하는 것을 목표로 하는 기호학적 연구방법을 지향하는 경향을 띤다. 한편, 텍스트 내부의 언어 규칙의 운용을 설명함에 있어서 근대적 질서 틀의 시각에서 한 걸음 더 나아가 후기 구조주의적 관점으로 발전되기도 했다. 또한 대중문화 내부의 언어구조가 언어 외부적·사회적 권력과 어떻게 연관되는가 하는 점에 한층 더 주목하면서 미디어 혹은 대중문화의 담론 분석으로 발전되기도 했다.

   마지막으로, 수용의 측면에 초점을 맞추어 영화와 대중문화에 접근하는 태도는 영국에 기반을 둔 문화주의적 접근이 대표적이다. 리처드 호가트(Richard Hoggart), 레이먼드 윌리엄스(Raymond Williams), 스튜어트 홀(Stuart Hall), 데이비드 몰리(David Morley) 등의 문화연구자들은 문화적 산물이 담고 있는 의미뿐만 아니라 그것이 사람들에 의해 수용되는 방식에도 관심을 기울였다. 구체적인 역사적·사회적 맥락

[그림 9-6] 레이먼드 윌리엄스(Raymond Williams)

20세기 영국의 대표적인 문예 이론가이자, 문화와 사회 분야에서도 폭넓은 영향을 끼친 학자이다. 윌리엄스의 주된 연구 영역은 텔레비전 드라마였지만, 소설이나 영화에 이르기까지 폭넓은 매체를 대상으로 활동했다. 스튜어트 홀 등과 더불어 문화주의 연구를 주도했는데, 이들은 엘리트 중심주의를 거부하고 영화, 텔레비전, 멀티미디어 등으로 대중문화의 연구 영역을 확대하였다.

속에서 수용자들이 특정 텍스트를 어떻게 이용하고 해석하는가에 주목함으로써 실제의 수용자들이 문화 생산물의 수용 과정에서 갖게 되는 다양한 의미들을 파악할 수 있었을 뿐 아니라, 사회적 조건과 이들 수용 과정의 관계를 이해할 수 있게 되었다.

문화주의의 연구 전통은 1964년에 설립된 영국 버밍엄 대학 현대문화연구소(Birmingham center for contemporary cultural studies)의 일단의 학자들에 의해 구체적인 결실을 보기에 이른다. 이들은 이러한 연구 전통을 실제로 더 이상 문화주의라고 부르지 않았으며, '문화연구(cultural studies)'라는 하나의 학제로 칭하게 된다. 버밍엄 대학의 현대문화연구는 다학제적 성격을 가진 하나의 학제로서의 성격을 띠며, 문학·문예비평·여성학·심리학·정치학·역사학·문화인류학을 아우르는 하나의 대안적 '대중문화 정치학(politics of popular culture)'으로 발전하게 된다.

# 3

# 관객의 지위,
# 수동적인 관객에서 능동적인 수용자로

영화라는 매체는 기본적으로 '수동적인 관객(spectator)'을 대상으로 삼으며 탄생했다. 영어로 'spectator'는 '관객' 또는 '구경꾼'으로 번역될 수 있는데, 이 단어에는 영화가 전달하는 매혹적인 스펙터클(spectacle: 볼거리)을 수동적으로 지켜보기만 하는 존재라는 의미가 함축되어 있다고도 생각할 수 있다. 이는 영화의 탄생 이후 꾸준히 영화관람 행위에 대한 이론으로서 공고한 지위를 누려 온 '관음증(voyeurism)'이라는 개념과 밀접히 관련되어 있다.

'관음'이라는 것은 상대방이 모르는 상태에서 다른 사람들의 행위를 엿보는 행위를 말한다. 어두운 극장에서 극중인물들이 일구어 나가는 이야기를 객석에서 몰래 지켜보고 있는 관객은 바로 이 '관음자(voyeur)'의 시선을 지니고 있다고도 할 수 있다.

하지만 현대사회에서 영화관객들이 영화 텍스트를 취하는 행위는 이렇듯 간단하게만 설명될 수는 없을 듯하다. 이는 바로 관객들이 현실 생활 속에서 얻은 경험을 바탕으로 영화라는 텍스트를 능동적으로 해석하는 측면이 있기 때문이다. '수용자(audience)'라는 용어는 이러한 능동적인 관객의 지위를 나타내기 위해 사용되는 표현이라고 할 수 있다. 능동적인 관객, 즉 수용자가 자신의 경험을 영화 속 세계에 투영하고 영화로부터 얻어진 경험을 다시 자신의 일상적인 삶 속으로 투영하는 과정이 끝없이 반복되기에, 현대사회에서 영화라는 문화적 산물의 생산자, 수용자, 그리고 텍스트의 관계는 더욱 복잡하다고 말할 수 있는 것이다.

# 4
# 상호텍스트성

상호텍스트성(intertextuality)이란 서로 인용하거나 참조하는 방식으로 관련을 맺는 둘 이상의 텍스트 간의 관계를 의미한다. 줄리아 크리스테바(Julia Kristeva)는 어떠한 텍스트라도 그것의 의미는 다른 텍스트와의 관련 속에서 결정된다고 말한다. 예를 들어 영화 〈약속〉의 포스터의 의미는 수용자가 이 포스터를 읽을 때 어떤 텍스트와 연결시키느냐에 따라 달라진다고 할 수 있다. 영화를 본 사람들은 영화 속

[그림 9-7] 김유진 감독의 1998년 작품, 〈약속〉
이만희의 연극 〈돌아서서 떠나라〉에서 모티프를 얻은 이 영화는 중견 감독 김유진과 연극인 이만희가 함께 준비한 영화이다. 제36회 대종상 영화제 남우조연상, 제35회 백상예술대상 영화부문 최우수연기상 등을 수상했다.

에서 남자 주인공에게 부여했던 의미, 즉 '헌신적임', '자상함', '슬픔' 등등을 떠올리며 포스터를 해독하지만, 영화를 보지 않은 다른 사람들은 일반적인 조폭영화를 연상하여 '냉철함', '강인함', '남성적임'의 의미를 떠올리거나 금연광고와 연계시켜서 '담배를 끊겠다는 약속'의 의미를 얻기도 한다. 이는 수용자가 어떤 의미 읽기 방식을 텍스트에 적용하느냐에 따라 텍스트 자체의 의미가 달라진다는 사실을 말해 준다.

이러한 의미에서 롤랑 바르트(Roland Barthes)는 상호텍스트성에서 수용자의 역할을 강조한다. 우리는 이러한 상호텍스트성의 개념을 통해 생산자와 수용자, 텍스트라는 세 가지 요소들의 관계, 그리고 더 나아가 서로 다른 텍스트들이 각각 자신이 담고 있던 내용과 형식을 주고받으면서 서로 간의 경계를 무너뜨리고, 보다 큰 제3의 텍스트를 형성해 가는 과정을 이해할 수 있다.

영화에서 상호텍스트성의 가장 두드러진 사례는 기존 작품의 리메이크와 소설의 영화화를 비롯한 다른 매체 간의 상호교류이다. 기존 작품의 리메이크나 소설의 영화화는 기존에 존재하던 원작을 바탕으로 하여 새로운 경험이나 상황, 주제의식 등을 추가함으로써 원작이 제공해 주던 원래의 의미 이외에 또 다른 의미를 창출해 내

[그림 9-8] 워쇼스키 형제의 〈매트릭스 The Matrix〉(1999), 〈매트릭스 2: 리로디드 The Matrix Reloaded〉(2003), 〈매트릭스 3: 레볼루션 The Matrix Revolutions〉(2003)

새로운 영상미와 촬영 기법을 통해 무수한 패러디와 각종 유행을 낳은 이 시리즈는 형식적인 부분의 파장에 머물지 않고, 수제와 관련해서 철학자들에게까지 고민거리를 던져 준 작품으로 유명하다. 이 영화를 둘러싸고 다양한 분석들이 제기되었으며, 그것들은 여러 서적으로 출간되기도 했다.

는 것을 목표로 하는 것이 원칙이다. 관객들은 이와 같은 과정을 통해서 원래의 텍스트와의 관련성 속에서 다양한 방식으로 새로운 의미를 얻게 된다.

❖ 학습활동─영화 〈매트릭스〉 시리즈와 상호텍스트성

래리·앤디 워쇼스키(Lary Wachosky & Andy Wachosky) 형제에 의해서 1999년 처음 제작된 영화 〈매트릭스〉 시리즈는 현대사회에서 사회와 문화 각 영역 간의 교류가 얼마나 적극적으로 이루어지고 있는지를 보여 주는 단적인 예이다. 먼저 내용적인 측면에서, 홍콩 영화와 일본 사무라이 영화 등 아시아권의 무협 서사극에 많은 영향을 받았다고 자인하는 워쇼스키 형제는 〈매트릭스〉라는 영화 안에 여러 사회의 여러 문화를 한데 묶어 전달한다. 영화 생산자, 즉 제작자의 입장에서 이미 사회적 경험을 영화적 현실로 전달하고자 하는 모습이 뚜렷이 드러나는 것이다.

다음으로 영화 수용, 즉 관람의 측면에서, 〈매트릭스〉 영화를 관람한 일부 관객들이 주인공과 똑같은 복장을 한다든가 주인공 흉내를 내며 총기를 난사하는 사건을 일으키는 등 현실의 경험과 영화 속 경험을 구별하지 못하는 사태까지도 발생했다. 이는 무엇이 현실이고 무엇이 가상인가에 대한 의문을 제기했던 영화의 스토리와 더불어, 많은 문화 연구자들 및 사회학자들이 이 영화에 대해 관심을 보이게 되었던 원인이기도 하다. 실제로 영화 〈매트릭스〉가 개봉된 이후, 수많은 관련 서적이 출판되었다.

마지막으로 지극히 산업적인 측면에서, 영화 〈매트릭스〉는 인접 산업과의 밀접한 연관 속에서 스스로를 자리매김했다. 영화 속에서는 등장하지 않았던 비하인드 스토리를 게임을 통해서 알아낼 수 있다든지, 영화의 내용과 직접적인 상관이 없는 애니메이션 〈애니매트릭스〉를 제작하여 대중에게 제공한다든지 하는 등의 방식으로 여러 산업과의 협력체계 속에서 영화를 만들어 내는 현대 영화산업의 단초를 제공한 것이다.

리메이크와 소설의 영화화에는 크게 세 가지 방식이 사용될 수 있는데, 첫째는 원작을 있는 그대로 충실히 옮기려고 하는 시도이고, 둘째는 원작의 기본적이고 전체적인 틀만을 받아들인 상태에서 전혀 다른 새로운 작품을 창조하려는 시도이며, 셋째는 원작의 형식을 충실히 이용하되 몇몇 주요한 요소들을 대체, 첨가 혹은 삭제함으로써 새로운 내용과 주제의식을 표현하려는 시도이다. 이들 세 가지 방식은 각각 충실한 각색, 다원적 각색, 변형적 각색이라고 불린다. 이들 세 가지 방식 각각의 확연한 차이에도 불구하고, 소설의 영화화라는 문제는 결국 원본과 모사물의 관계라는 측면에서 바라보는 것이 바람직하다고 할 수 있다. 특정한 텍스트가 다른

[그림 9–9] 우위썬(吳宇森)의 〈첩혈쌍웅 The Killer〉(1989)과 〈페이스 오프 Face/Off〉(1997)

홍콩에서 할리우드로 자리를 옮긴 우위썬 감독의 대표작들이다. 〈페이스 오프〉의 클라이맥스, 교회 안에서 펼쳐지는 엄청난 총격전과 그때 등장하는 비둘기 모습 등은 감독의 영화 스타일을 상징하는 장면으로 남아 있다. 우위썬 감독의 미국 이름인 존 우(John Woo)를 다른 인물로 착각하여, 〈페이스 오프〉가 〈첩혈쌍웅〉을 표절한 영화라고 생각하는 이들도 생겼다는 일화가 있다. 따라서 이 두 편의 영화는 현대사회에서의 다양한 텍스트들의 상호관계라는 문제를 생각하게끔 해 주었다는 평가를 받기도 한다.

텍스트로 전이, 변형 혹은 재창조되는 과정에서 우리가 가장 먼저 주목해야 하는 것은 바로 텍스트와 텍스트 사이의 '관계' 그 자체이기 때문이다.

또한 영화와 영상 텍스트를 바라보고 분석하는 관점 및 방식이라는 측면에서, 소설이라는 원본이 영화 텍스트의 해석 및 평가의 기준으로 활용될 수도 있다는 의미에서, 이는 다시 소설과 영화의 과학성 및 객관성의 문제, 틀이나 관습, 규칙과 법칙의 문제와도 연결된다. 다시 말해서, 상호텍스트성은 원본과 복사물의 구분이 점점 더 모호해지거나 무의미해지는 상황, 사적 영역에서의 유희라는 오늘날의 대중영화의 속성, 그리고 계몽적·교훈적 매체에 대한 강박감 탈피라는 특징을 적절하게 드러내 주는 방식이다.

요점정리

**1** 문화란 일반적으로 한 사회의 구성원들이 공유하는 생활양식을 말한다.

**2** 영화는 현실의 반영임과 동시에 반영의 현실이다.

**3** 영화는 제작자 혹은 생산자, 관객 혹은 수용자, 그리고 텍스트라는 세 가지 요소들로 구성되어 있다.

**4** 영화는 수동적인 관객을 대상으로 삼으며 탄생했다.

**5** '수용자'라는 용어는 능동적인 관객의 지위를 나타내기 위해 사용되는 표현이다.

**6** 상호텍스트성이란 서로 인용하거나 참조하는 방식으로 관련을 맺는 둘 이상의 텍스트 간의 관계를 의미한다.

**7** 영화에서 상호텍스트성의 가장 두드러진 사례는 기존 작품의 리메이크와 소설의 영화화이다.

**01** 영화는 다른 매체에 비해서 뛰어난 대중적 호소력을 가진다. 영화를 설명하는 다음의 설명 중 바르지 <u>않은</u> 것은 무엇인가?

① 영화에는 사람들이 살아가는 이야기가 들어 있다.
② 영화는 공감각적으로 대중에게 호소한다.
③ 영화는 문화를 재현하고, 전파하며, 학습시킨다.
④ 만화나 문학작품 등의 영화화는 현실의 반영이라고 볼 수 없다.

**02** 관객은 때로 갱 영화의 타락한 주인공을 통해 정상적인 방법으로 살아갈 수 없는 부패한 인간상을 고찰함으로써 사회를 비판적으로 바라볼 수 있다. 이와 같은 역할을 수행하는 영화의 기능은 무엇인가?

① 거울 기능        ② 왜곡된 거울 기능
③ 현실의 반영       ④ 반영의 현실

**03** 다음 중 능동적인 영화 관람자의 지위를 나타내기 위해 사용되는 표현은 무엇인가?

① 수용자         ② 소비자
③ 생산자         ④ 관객

**04** 서로 인용하거나 참조하는 방식으로 관련을 맺는 둘 이상의 텍스트 간의 관계를 의미하는 용어는 무엇인가?

① 상호텍스트성      ② 디제시스
③ 핍진성         ④ 하이퍼리얼리즘

**05** 다음 인물들 중 영국의 문화주의를 주도했던 그룹에 속하지 <u>않는</u> 사람은?

① 레이몬드 윌리엄스      ② 스튜어트 홀

③ 호르크하이머      ④ 데이비드 몰리

**정답 |** 01 ④   02 ②   03 ①   04 ①   05 ③

**01** 영화는 현실의 반영이자 반영의 현실이라는 말의 의미에 대해서 토론해 보시오.

**02** 현대사회와 문화에서 영화가 차지하는 비중과 그 구체적인 영향력에 대해 생각해 보시오.

**03** 영화 밖의 현실과 영화 속에서 전달되는 세계는 어떠한 방식으로 상호작용하고 있는지 토론해 보시오.

**04** 상호텍스트성의 개념을 중심으로 자신이 본 영화와 대중문화의 다른 텍스트들과의 관계를 조사해 보시오.

# 제 10 장

# 문화비평과 영화비평

## 개관

영화비평은 기본적으로 한 영화상품이 지니고 있는 사회적·문화적 가치와 대중, 즉 수용자 또는 관객의 사회적·문화적 가치판단과의 상호작용이다. 또한, 능동적인 관객 혹은 수용자가 특정한 영화 텍스트에 대해 적극적인 피드백을 행하는 행위는 영화관람의 개인적인 경험을 여러 사람들과 공유하게 한다는 점에서 바람직한 문화적 실천이라고 할 수 있다. 이 장에서는 문화비평과 영화비평의 의미에 대해서 되짚어 보고, 실제 비평의 한 사례로서 미국 드라마 〈다크 엔젤〉을 기호학적으로 분석해 본다.

학습목표

**1.** 영화에 대해 글을 쓴다는 것의 의미를 이해할 수 있다.

**2.** 문화비평과 영화비평의 의미를 설명할 수 있다.

**3.** 영화 및 드라마 텍스트에 대해 실제로 비평을 수행할 수 있다.

주요용어

영화에 대한 글쓰기 · 문화비평 · 영화비평 · 생산자 · 수용자 · 텍스트 · 장르이론 · 작가주의 · 구조주의 · 기호학 · 정신분석학 · 인지이론 · 문화연구

# 1
# 영화에 대한 글쓰기

영화라는 하나의 문화적 산물을 둘러싼 생산자, 수용자, 텍스트 간의 관계의 마지막을 장식할 수 있는 계기는, 관객의 입장에서 직접적으로 영화 텍스트에 반응하는 과정일 것이다. 이는 주변 사람들과의 대화나 토론, 카페나 블로그, SNS 등을 통한 각종 글쓰기를 통해 이루어질 수 있다. 여기에는 가볍게 자신의 느낌이나 생각을 말하는 방식에서부터 영화와 관련된 자료들을 조사하여 감상문이나 비평문 등을 작성하거나 영화에 대한 그림 및 동영상을 제작하는 등의 다양한 방식이 존재할 수 있다.

이미 수용자들이 여러 통로를 통해 주고받는 영화에 대한 평가가 영화흥행을 좌우하는 중요한 요소 중 하나로 여겨질 정도로 수용자 참여의 중요성이 커지고 있다. 이렇게 능동적인 관객, 즉 수용자가 영화 텍스트에 대해 적극적인 피드백을 행하는 행위는 영화의 제작사 및 배급사에 의한 일방적인 커뮤니케이션 흐름을 변화시킬 수 있을 뿐 아니라 영화관람의 개인적인 경험을 여러 사람들과 공유하게 한다는 점에서 바람직한 문화적 실천이라고 할 수 있다.

간단히 말하자면, 문화비평 또는 영화비평은 영화관객, 즉 영화매체의 수용자가 대중문화 현상에 대해 상호작용할 수 있는 가장 대표적인 수단이라고 할 수 있다. 상업적 측면에서 단지 하나의 영화 또는 하나의 문화상품을 소비하느냐 마느냐의 문제를 가지고 특정 대중문화 현상을 평가한다는 것은 너무도 경제 환원주의적인 시각임에 틀림이 없다. 대중문화와 대중영화가 하나의 상품으로 소비된다는 것이 엄연한 사실이기는 하지만, 이와 동시에 대중문화와 대중영화는 대중의 문화적이고도 교육적인 소양에 질적인 도움을 주는 문화재·가치재이자 정보재이기에, 경제적인 시각만으로 대중문화와 대중영화를 바라보는 것은 바람직하지 못하다.

영화비평은 기본적으로 한 영화상품이 지니고 있는 사회적·문화적 가치와 대중, 즉 수용자 또는 관객의 사회적·문화적 가치판단과의 상호작용이라고 할 수 있다. 감독 또는 제작자가 자신이 지닌 사회적·문화적 가치관을 영화를 통해 전달하고자 한다면, 관객은 영화비평이라는 과정을 통해 자신이 지니고 있는 사회적·문화적 가치관과 특정 영화에 대한 가치판단을 감독, 제작자 그리고 다른 관객들과 함께 나누고자 하는 것이다.

영화매체의 본질이 오락적인 성격에 있든 혹은 경제적인 측면에 있든 간에, 영화비평의 중심에는 시대와 문화의 성찰이라는 이슈가 자리하고 있다. 관객 또는 수용자의 의사소통적 참여공간으로서의 영화라는 매체를 상정한다면, 관객과 영화, 관객과 영화감독 및 제작자 간의 수용 미학적 의사소통은 아무리 강조되어도 지나치지 않을 것이다. 영화비평, 그리고 나아가 문화비평은 특정 시대와 사회·문화에 대한 비판적 성찰과 일반 대중의 가치관 형성에 초점을 맞추어야 한다는 것은 너무도 당연하다.

# 2
# 문화비평

비평의 역사는 오래전 고대로부터 시작되었다. 하지만 개별 작가나 작품에 대한 체계적이고 이론적인 비평 활동이 본격적으로 등장하여 그것을 담당하는 주체로서의 비평가가 자리를 잡기 시작한 것은 근대 이후의 일이라고 보는 것이 타당하다. 역사적으로 볼 때, 근대 이후에는 이성 중심의 합리적인 사고가 발전하고 산업사회가 성숙되기 시작했으며, 대중민주주의가 발전하는 등 여러 가지 요인이 결합되면서 현대의 사회와 문화의 발전에 대한 새로운 인식이 생겨났다.

또한 비평의 등장과 발전에는 19세기 중반 이후 급속도로 발달하기 시작한 대중문화가 커다란 영향을 미쳤다고 볼 수 있는데, 이에 대해서는 크게 두 가지 측면에서 접근할 수 있다. 먼저 고급문화 우선주의, 즉 엘리트주의적 입장에서는 대중문화의 확산을, 기존에 확립되어 가고 있던 예술의 쇠퇴 주장과 연결시켜, 예술의 쇠퇴를 우려하고 예술의 순수한 영역을 지키고자 하는 노력이 있었다. 예를 들어 프랑크푸르트학파의 대중문화론을 이러한 경향의 하나로 파악할 수 있다.

다음으로 상품문화로서 대중문화가 지닌 특성에 기대어 대중문화를 바라볼 수도 있겠는데, 이는 곧 대중문화는 시장을 위해 생산되는 대량생산의 문화라는 사실을 전제로 깔고 있다. 대량생산, 대량소비를 기본으로 하는 문화가 급속도로 발전하면서 문화상품 시장에는 엄청난 양의 문화 생산물이 쏟아져 나오게 되고, 문화의 수용자, 즉 소비자를 놓고 각 생산주체들 간에 경쟁이 벌어질 수밖에 없는 상황이 발생하게 된 것이다.

결과적으로 수용자의 입장에서는 수많은 문화 생산물들 중 무엇을 선택하여 수용할 것인지에 대해 혼란이 발생하게 되었는데, 바로 이 지점에서 비평은 특정 순간에 적합한 특정 대중문화 산물을 선별해서 수용자에게 제시해 주는 역할을 담당하게 되었다. 말 그대로 비평은 생산자와 텍스트, 그리고 수용자 사이에서의 가교 역할을 담당하게 되었다고 해도 과언이 아닌 것이다.

# 3
# 영화비평

영화라는 매체, 영화라는 상품은 기본적으로 정보재이자 경험재의 속성을 지니고 있다고 했다. 따라서 생산자와 소비자 사이에 필연적으로 존재할 수밖에 없는 정보의 불균형성, 비대칭성의 문제를 해결하고 특정한 영화 텍스트의 원활한 공급과 수용을 가능하게 하기 위한 하나의 방편으로서의 영화비평의 필요성 또한 중시되는 것이 당연하다.

그러한 의미에서, 문화비평 혹은 영화비평은 언제나 텍스트의 생산 과정, 생산된 텍스트, 그리고 텍스트의 수용 과정이라는 대중문화 및 영화상품의 세 가지 층위를 고려해야 한다. 세 층위를 종합적으로 고려할 때에야 비로소 완성된 형태의 비평이 가능하다는 사실은 두말할 필요 없겠지만, 실제로 비평 활동을 할 때에는 세 층위 중 어느 한 곳에 초점을 맞추어 구체적인 작업을 행하는 것이 보다 효율적이라는 점 또한 기억해 둘 만하다.

이를테면, 영화의 집단 생산 과정에서의 관습이나 공식에 주안점을 두고 있는 장르이론이나, 독창적인 생산 주체로서의 개인을 염두에 두고 있는 작가주의 이론, 텍스트의 내부에 존재하는 구조의 분석에 초점을 맞추고 있는 구조주의 이론, 관객 혹은 수용자의 영화관람 행위에 관심을 기울이며 영화관람 행위를 기본적으로 감정적인 몰입으로 바라보는 정신분석학, 혹은 그것을 이성적이거나 문화적인 경험으로 취급하는 인지이론과 문화연구 등의 각각의 비평적 경향들은 바로 앞에서 언급된 세 가지 층위의 현실적이고 실제적인 구분에 바탕을 두고 있는 것이다.

이와 더불어, 사회과학적인 입장에서 영화가 가지는 의미와 기능, 그리고 영화가 우리에게 행사하는 영향력에 대한 연구 또한 필요하다. 즉, 영화를 비롯한 각종 영상물이 인간에 의하여 다양한 방법으로 사용되면서 그것이 과연 형태나 내용물, 그리고 이용 상황 등에 따라 도대체 어떠한 영향력을 행사하고 있는지에 대해서도 관심을 기울일 필요가 있다는 의미이다.

# 4
# 비평의 실제

## 1) 블라디미르 프롭의 요소적 접근과 과정적 접근

러시아 민담연구가 블라디미르 프롭(Vladimir Propp)은 100여 개의 러시아 민담을 분석하여 그 안에서 31단계의 기능을 찾아내고 이를 다시 크게 6단계의 과정으로 나누었다. 그리고 프롭은 그러한 과정 속에서 등장하는 7가지 캐릭터와 각 캐릭터의 역할 또한 제시하고 있는데, 이러한 7가지 캐릭터와 6단계의 과정, 그리고 31단계의 기능은 전통적인 의미에서의 구조주의적, 기호학적 분석의 한 전형이라고 할 수 있다.

### (1) 요소적 접근-7가지 캐릭터

① 악당: 평화를 침범하며 영웅과 대립한다.
② 증여자: 영웅에게 초능력 또는 무기, 기술 등을 전달한다.
③ 조력자: 위기에 처한 영웅을 구해 준다.
④ 공주와 아버지: 악당이 차지하려는 대상으로, 결국 공주는 영웅에게 주어지며, 아버지는 이를 허락한다.
⑤ 파견자: 영웅에게 임무를 부여하고 파견하는 역할을 한다.

⑥ 영웅: 주어진 임무를 수행하기 위해 악당과 싸우고 공주를 차지한다.

⑦ 가짜 영웅: 영웅 행세를 하지만 결국 가짜임이 드러나 처벌을 받는다.

## (2) 과정적 접근—6단계의 과정과 31단계의 기능

① 준비단계: 한 가족이 평화롭게 산다. 악의 무리들이 평화를 위협하려고 한다.

❶ 가족 중의 한 명이 부재중이다.

❷ 영웅에게 금기가 주어진다. 때로는 주인공이 무언가로부터 이탈하기도 한다.

❸ 금기는 위반된다. 때로는 금지 기능 없이 위반 기능만 존재할 수도 있다.

❹ 악당이 정보를 수집하려 한다.

❺ 악당은 그의 희생자에 대한 정보를 얻는다.

❻ 악당이 희생자를 속이려 한다. (책략)

❼ 희생자는 속임수를 당하여 무심결에 악당을 돕게 된다. (기만적 동의)

② 복잡화단계: 악의 무리가 가족을 침범한다. 가족은 피해를 당하고, 이에 대해 복수를 하려고 한다.

❽ 악당이 가족 중의 한 명에게 해를 끼치거나 상처를 입힌다. (민담의 실제적 활동이 창조된다.) 혹은 가족 중의 한 명이 무언가를 결여하고 있거나 갖기를 원한다.

❾ 불운이나 악행, 결여가 알려지게 된다. 영웅에게 요청이나 명령이 주어지게 된다.

❿ 영웅은 악당에게 대항하는 행동에 대해 동의하거나 결정한다.

③ 이주단계: 영웅과 가족은 고향을 떠난다. 복수를 위한 준비를 하고, 새로운 기술을 습득하며, 조력자를 만난다.

⓫ 영웅과 그의 가족이 집을 떠난다. (출발)

⓬ 영웅은 시험을 당하고, 심문받고, 공격받는데, 그로 인해서 영웅에게 주술적 작용물이나 조력자를 얻는 방법이 제공된다. 증여자의 첫 번째 기능이 시작된다.

⓭ 영웅이 (미래의) 증여자의 행동에 반응을 보인다.

⓮ 영웅이 주술적인 작용물을 사용할 수 있게 된다. (준비나 수령)

❺ 영웅은 추구하는 대상이 있는 곳으로 옮겨지거나 인도된다.

④ 투쟁단계: 이야기의 주인공, 영웅은 악의 무리를 만나서 싸운다. 결국 악의 무리를 물리치고, 애초에 존재하던 평화를 되돌려 놓는다.

⓰ 영웅과 악당이 만나 싸움을 벌인다. (투쟁)

⓱ 영웅은 어떤 증표를 받는다.

⓲ 악당이 퇴치된다. (승리)

⓳ 최초의 불행이나 결여가 해소된다.

⑤ 귀향단계: 영웅과 가족은 고향으로 되돌아온다. 그 고향에는 가짜 영웅들이 존재하기도 하지만, 결국 세상은 영웅을 제대로 알아보게 된다.

⓴ 영웅이 돌아온다.

㉑ 영웅이 추적당한다.

㉒ 영웅이 추적으로부터 구출된다.

㉓ 영웅이 아무도 모르게 집이나 다른 나라에 도착한다.

㉔ 가짜 영웅이 나타나 근거 없는 요구를 한다.

㉕ 영웅에게 어려운 과제가 주어진다.

⑥ 인식단계: 영웅이 인정을 받고, 악의 무리와 가짜 영웅들은 처벌을 받는다. 사람들은 평화의 소중함을 인식하고, 영웅은 높은 지위에 오른다.

㉖ 과제가 해결된다.

㉗ 영웅이 사람들의 인정을 받는다.

㉘ 가짜 영웅 혹은 악당의 정체가 폭로된다.

㉙ 영웅에게 새로운 모습이 주어진다.

㉚ 가짜 영웅 혹은 악당이 처벌된다.

㉛ 영웅은 결혼하고 왕좌에 오른다.


## 2) 미국 드라마 〈다크 엔젤〉에 대한 기호학적 분석

2009년 겨울, 와이오밍 주의 시골 마을에 세워진 국가기밀의 유전자 연구소 맨티코어에서 12명의 소년과 소녀가 탈출한다. 이들은 모두 유전자 조작으로 초인적인 두뇌와 체력을 지니고 태어나 비밀 병기로 훈련을 받고 있었으나 살인 무기로서의 삶을 거부하는 이들 소년 소녀들은 목숨을 건 절체절명의 탈출을 시도했던 것이

[그림 10-1] 데이빗 너터의 2000년 작품, 〈다크 엔젤 Dark Angel〉

〈다크 엔젤〉은 지난 2000년, 당시 무명에 가까웠던 제시카 알바라는 여배우를 일약 스타덤에 올려놓은 드라마이다. 알바는 〈다크 엔젤〉에서 유전자 조작으로 초인적인 능력을 지니게 된 맥스 역을 맡았다. 〈다크 엔젤〉은 영화 〈타이타닉〉과 〈아바타〉로 유명한 제임스 캐머런 감독의 첫 번째 텔레비전 드라마 기획으로 화제가 되었으며, 엄청난 제작비를 들여 다채로운 특수효과를 선보이며 가까운 미래사회를 완벽하게 재현해 냈다.

다. 맨티코어의 핵심 간부인 도널드 라이데커는 이들을 추적하고, 결국 일부는 체포되지만 일부는 탈출에 성공한다. 그리고 10년 후인 2019년, 테러리스트의 파괴공작으로 미국 경제는 파탄을 맞고 주요 도시들은 황폐해졌다.

황폐화된 도시 시애틀에 드라마의 주인공이자 10년 전 탈출에 성공했던 한 명인 맥스가 살고 있다. 그녀는 자신의 정체성에 대한 의문을 가진 채, 헤어진 동료들을 그리워하며 살고 있다. 생계를 위해 낮에는 자전거 택배 일을 하고 밤에는 자신의 초인적인 능력을 사용해 미술품 등을 훔치고 있던 맥스는 어느 날 밤 로건을 만나게 된다. '아이즈 온리'라는 가명으로 세상의 부조리를 고발하는 일을 하고 있는 미디어 저항군 로건의 설득에, 맥스는 헤어진 동료들의 정보를 얻기 위해서 그를 돕기로 결정한다.

### (1) 요소적 접근-등장인물들과 7가지 캐릭터

① 맥스 게바라: 영웅

드라마의 주인공으로, 국가기밀의 유전자 연구소 맨티코어에서 탈출한 유전자 조작 인간이다. 유전자 조작 코드 카테고리인 X5 시리즈 중에서 가장 균형적이고 완벽한 유전자를 지녔다. 맨티코어의 창시자인 샌드맨에 의해서 미래에 일어날 인류의 대참사를 막기 위한 유전자 치료법이 그녀의 몸 안에 이식되었다. 일명 코드네임 X5-452이다. 그녀가 추구하는 대상은 자신을 만든 '아버지'라는 존재와 자신의 정체성, 그리고 훗날 연인관계로 발전하는 로건과의 안정된 사랑이다.

② 로건 케일(아이즈 온리): 증여자, 조력자, 공주와 아버지

시즌 1의 초반부에 증인을 보호하려다 괴한들의 총상을 입어 하반신 불구가 되었다. 그 후, 미디어 저항군으로서의 임무에 더욱 충실하던 중 맥스를 만나게 되고 맥스와 로건은 점점 가까워진다. 완벽한 유전자를 지닌 맥스의 수혈로 인해 잠시 걸을 수 있게 되었으나, 항체 충돌로 인해 다시 휠체어 신세를 진다. 시즌 2에서는 조슈아의 수혈로 인해 다시 걸을 수 있게 된다. 때로는 로봇 의족으로 유전자 조작 인간들과 같은 초인적인 능력을 발휘하기도 한다. 시종일관 맥스를 돕는 인물이기에 조력자, 맥스에게 부족한 인간적인 부분들, 이성적이고 사회비판적인 의식들, 사랑의 감정을 제공하기에 증여자, 영웅 맥스가 추구하는 대상이기에 공주(와 아버지)라는 역할을 담당한다고 볼 수 있다.

③ 오리지널 신디: 조력자

맥스가 일하는 잼포니라는 택배회사의 동료이자 친구이다. 맥스의 비밀을 알고 있으면서도 변함없는 우정을 보여 준다. 매사에 딱 부러진 성격으로 직장 잼포니에서도 언니 같은 존재이다. 시즌 1과 2 전 편에 걸쳐서 지속적으로 등장하며, 맥스의 가장 큰 조력자이다.

④ 스케치: 조력자

트러블 메이커로 언제나 사건 사고를 매달고 다니지만 잼포니의 4총사로 의리가 있다. 시즌 내내 맥스가 유전자 조작 인간이라는 사실을 알지 못하지만, 언제나 그녀를 친구로 대한다. 사실 스케치가 맥스를 돕는 일은 거의 없고, 맥스가 스케치를 돕는 것이 대부분이지만, 시즌 2의 마지막 에피소드의 결정적인 순간에 조력자 역할을 충실히 수행한다.

⑤ 도널드 라이데커: 악당, 파견자

맨티코어에서 군사훈련을 담당하고 있던 지휘관이다. 맥스와 동료들이 도망친 후에는 상부의 명령으로 이들의 행방을 계속 추적한다. 고등학교 졸업 후 입대했고, 소꿉친구였던 여자와 결혼했다. 사관양성학교를 수석으로 졸업한 후 레인저 1부대에서 활약했다. 대만, 소말리아전 참전 이후 특수부대로 승진했다. 하지만 1995년에 사랑하던 아내가 누군가에 의해 살해당한 후 돌출 행동으로 규율 위반이 잦아지자 불명예 제대하게 된다. 1996년에 알코올 중독으로 병원 치료를 받고 그 후 맨티코어에 들어간다. 자신이 키운 유전자 조작 인간을 '아이들'이라 부르며 애정을 보이기도 한다. 시즌 1에서 라이데커는 전형적인 악당 캐릭터이다. 하지만 시즌 1의 마지막 에피소드에서 자신이 속한 조직의 비밀을 알게 되고, 맥스에게 수수께끼와도 같은 단서들을 조금씩 제공하며 더 큰 세상을 향해, 더 깊은 비밀을 향해 맥스를 내보내는 역할을 한다. 맥스를 직접적으로 돕는 모습도 보여 조력자라고도 할 수 있겠으나, 라이데커가 제공하는 직접적인 도움은 모두 맥스를 위한 것이 아니라 자신을 위한 것이기에 진정한 의미의 조력자라고는 할 수 없다.

⑥ 알렉: 조력자, 가짜 영웅

맨티코어에서 태어난 유전자 조작 인간 X5 멤버 중 하나이다. 시즌 1에 등장한 벤과는 쌍둥이 형제로, 시즌 2에서 전면에 등장하기 시작한다. 10년 전, 탈출하지 않고 맨티코어에 남은 알렉은 암살 전문가로 키워졌다. 제멋대로에 밝고 자유분방한 성격이지만, 마음속 깊은 곳에는 누구도 다가갈 수 없는 어두운 측면을 지니고 있다. 대부분의 에피소드에서 맥스의 조력자로서의 역할에 충실하지만, 이중적인 성격 탓에 독자적으로 행동하면서 맥스와 대립하기도 하며, 맥스를 수시로 궁지에 내몰기도 한다. 그의 이중적인 성격 중 한 쪽이 조력자 캐릭터라면, 다른 한 쪽은 가짜 영웅 캐릭터이다.

⑦ 조슈아: 증여자, 조력자

인간과 개의 DNA 융합으로 만들어진 유진자 조직 캐릭터 제1호이다. '아비지'인 샌드맨의 제1호에 대한 애정으로 다른 유전자 조작 인간들과 캐릭터들은 모두 지니고 있는 바코드가 없다. 맥스 덕분에 맨티코어에서 바깥 세상으로 나오게 된 후 샌드맨이 예전에 살던 집에서 사람들의 눈을 피해 조용히 살고 있다. 개와 유사한 외모를 지니고 있지만, 내면은 순수함 그 자체이다. 예술가적인 감수성 또한 뛰어나다. 시즌 2에서 맥스의 두 번째 탈출을 돕는 진정한 조력자이며, '아버지' 샌드맨의 비밀에 대한 결정적인 단서가 되는 목걸이를 맥스에게 준다.

⑧ 에이머스 화이트: 악당, 가짜 영웅

정부 소속의 수사관으로 일하고 있으나, 사실은 우성 종족 번식 비밀결사체인 페네스톨의 핵심 멤버이다. X시리즈 유전자 조작 인간들을 잡아들이거나 없애는 역할을 한다. 시즌 2의 대부분에서 시즌 1에서 라이데커가 담당하던 악당의 역할을 맡지만, 맨티코어와 페네스톨의 비밀이 밝혀진 후 과학에 의한 유전자 조작 실험과 비밀결사를 통한 우성 종족 번식 사이의 주도권 싸움에서 후자의 리더 역할을 맡음으로써 가짜 영웅으로 거듭난다.

⑨ 렌프로: 악당, 파견자

시즌 1 후반부에 등장하는 새로운 맨티코어 책임자이다. 라이데커까지도 속여 가면서 맥스에게 적대적인 역할을 한다. 그러나 맥스의 유전자가 결함 없는 완벽한 유전자임을 알게 된 후에는, 맥스에게 샌드맨의 존재를 알려 주어 그를 찾는 여정

[표 10-1] **블라디미르 프롭의 7가지 캐릭터의 역할과 행동 영역, 그리고 〈다크 엔젤〉의 사례**

| 등장인물 | 역 할 | 행동 영역 | 〈다크 엔젤〉 |
|---|---|---|---|
| 악당 | 평화를 침범하며 영웅과 대립한다. | 악한 행위. 주인공과의 싸움이나 기타 투쟁 형태. 추적 | 라이데커, 화이트, 렌프로 |
| 증여자 | 영웅에게 초능력 또는 무기, 기술 등을 전달한다. | 영웅에게 주술적 작용물을 공급. | 로건, 조슈아, 자크 |
| 조력자 | 위기에 처한 영웅을 구해 준다. | 불행이나 결여의 해소. 추격에서 구출해 줌. 어려운 과제의 해결. 주인공의 변신 | 로건, 신디, 스케치, 알렉, 조슈아, 자크 |
| 공주와 아버지 | 악당이 차지하려는 대상으로, 결국 공주는 영웅에게 주어지며 아버지는 이를 허락한다. | 어려운 과제를 부여함. | 로건, 샌드맨 |
| 파견자 | 영웅에게 임무를 부여하고 파견하는 역할을 한다. | 파견 | 라이데커, 렌프로, 자크 |
| 영웅 (주인공) | 주어진 임무를 수행하기 위해 악당과 싸우고 공주를 차지한다. | 탐색을 위한 출발. 증여자의 요구에 반응. 결혼 | 맥스 |
| 가짜 영웅 | 영웅 행세를 하지만 결국 가짜임이 드러나 처벌받는다. | 탐색을 위한 출발. 증여자의 요구에 반응. 부당한 요구 | 알렉, 화이트 |

을 떠나도록 한다.

⑩ 자크: 증여자, 조력자, 파견자

코드네임 X-5599로 불리며, 탈출한 X5 시리즈들의 육체적·정신적 리더라고 할 수 있다. 맥스를 비롯한 유전자 조작 인간과 캐릭터들을 돕는 데 일생을 바치고, 맥스가 총상을 입어 사경을 헤매자 자신의 심장을 맥스에게 준다. 시즌 1의 시작 당시의 상황 설정 자체가 10년 전 맨티코어에서 탈출한 12명의 소년 소녀들이었으니, 애초에 맥스를 맨티코어로부터 세상 밖으로 파견한 인물은 자크라고 할 수 있다.

⑪ 샌드맨: 공주와 아버지

드라마에 직접 등장하지는 않는다. 맥스가 추구하는 대상이면서, 맥스가 이 세상을 살도록 허락해 준 장본인이기도 하다.

### (2) 과정적 접근－6단계의 과정과 31단계의 기능

위에서 언급된 주요 캐릭터들이 각자의 역할과 행동 영역을 담당하며 드라마의 내용을 내러티브적으로 구성하는 과정을 정리해 보면, 각각의 에피소드들이 프롭이 밝혀낸 것과 같은 각 단계별 기능들을 충실히 이행하고 있다는 사실을 어렵지 않게 알 수 있다. 〈다크 엔젤〉의 이야기는 준비단계→복잡화단계→이주단계→투쟁단계→귀향단계→인식단계의 6단계 과정 그대로 다음과 같이 펼쳐진다.

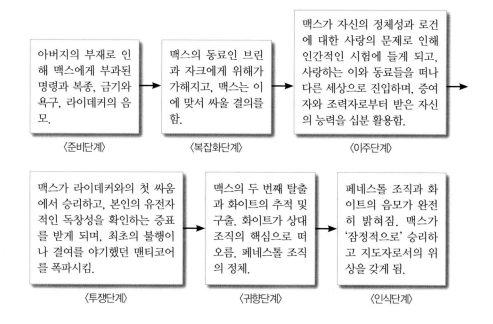

| 아버지의 부재로 인해 맥스에게 부과된 명령과 복종, 금기와 욕구, 라이데커의 음모. | 맥스의 동료인 브린과 자크에게 위해가 가해지고, 맥스는 이에 맞서 싸울 결의를 함. | 맥스가 자신의 정체성과 로건에 대한 사랑의 문제로 인해 인간적인 시험에 들게 되고, 사랑하는 이와 동료들을 떠나 다른 세상으로 진입하며, 증여자와 조력자로부터 받은 자신의 능력을 십분 활용함. |

〈준비단계〉　　〈복잡화단계〉　　〈이주단계〉

| 맥스가 라이데커와의 첫 싸움에서 승리하고, 본인의 유전자적인 독창성을 확인하는 증표를 받게 되며, 최초의 불행이나 결여를 야기했던 맨티코어를 폭파시킴. | 맥스의 두 번째 탈출과 화이트의 추적 및 구출. 화이트가 상대 조직의 핵심으로 떠오름. 페네스톨 조직의 정체. | 페네스톨 조직과 화이트의 음모가 완전히 밝혀짐. 맥스가 '잠정적으로' 승리하고 지도자로서의 위상을 갖게 됨. |

〈투쟁단계〉　　〈귀향단계〉　　〈인식단계〉

〈다크 엔젤〉의 내러티브 전개 과정에서 주목할 만한 점이 몇 가지 존재하는데, 먼저 드라마가 두 시즌에 걸쳐 이야기가 분산되어 있는 형식을 취하다 보니 맥스가 애초에 세상 밖으로 나오게 된 이유나 그녀가 만나게 되는 대부분의 다른 캐릭터들, 그리고 대다수의 중요한 음모와 싸움 등이 시즌 1에 모두 등장한다는 점이다. 따라서 시즌 2는 맥스의 두 번째 탈출 이후의 영웅과 가짜 영웅의 대결, 즉 맨티코어로 대표되는 유전자 조작 인간과 페네스톨로 대표되는 우성 유전자 유지를 위한 비밀 결사조직 중에서 최종적으로 누가 진짜 영웅으로 살아남을 것인가라는 이야기를 다루게 된다. 결과적으로, 시즌 2의 많은 에피소드들이 귀향과 인식단계에 속하게 된다. 시즌 2의 주된 내용이 영웅과 악당의 대결이라기보다는 영웅과 가짜 영웅들의 대결이라는 사실은 현대 대중문화의 중요한 특징과도 연결된다. 선과 악의 경계가 모호해졌다는 점이 바로 그것인데, 맥스를 둘러싼 주요 등장인물들인 라이데커, 화이트, 알렉, 자크 등은 모두 이중적, 삼중적인 성격과 정체성을 가지고 있다는 점에서 이와 같은 사실이 확인된다.

다음으로, 시즌 1과 2는 유기적인 전체이기에 6단계의 과정이 무리 없이 순서대로 진행되고 있기는 하지만, 얼마간의 시차를 두고 제작되었기에 새로운 시작의 의미로 6단계 과정 중 선행 과정들, 즉 준비 과정, 복잡화 과정, 투쟁 과정 등이 시즌 2의 일부에서 다시금 반복되고 있다는 점이다. [표 10-2]에서 6단계 과정의 괄호 안에 표시된 부분이 바로 그것들인데, 시즌 2 에피소드 1에서의 유전자 조작 인간을 비롯한 유전자 조작 캐릭터들 모두들에게 주어진 금기, 에피소드 3에서의 알렉의 기만적인 동의, 에피소드 7에서의 자크의 기만적인 동의와 자크에게 가해진 위해 및 폭력 등은 준비단계와 복잡화단계에 해당되고, 에피소드 13과 16에서 맥스가 악당들과 대치하여 싸우고 결국 이들을 퇴치하는 부분은 투쟁단계에 해당된다.

[표 10-2] 블라디미르 프롭의 6단계 과정과 31단계 기능, 그리고 〈다크 엔젤〉의 사례

| 에피<br>소드 | 제목 | 내용 | 6단계<br>과정 | 31단계 기능 |
|---|---|---|---|---|
| 1-0 | Pilot | 아버지 샌드맨의 부재. 명령과 복종 | 준비 | 가족 중의 한 명이 부재중이다. 영웅에게 금기가 주어진다. |
| 1-1 | Heat | 강제로 주입된 욕구 | 준비 | 영웅에게 금기가 주어진다. |
| 1-2 | Flushed | 유전자 조작 후유증 | 준비 | 영웅에게 금기가 주어진다. |
| 1-4 | 411 on the DL | 바코드의 존재 | 준비 | 영웅에게 금기가 주어진다. |
| 1-5 | Prodigy | 라이데커의 등장. 도망자들에 대한 정보 수집 | 준비 | 악당이 정보를 수집하려 한다. 악당은 그의 희생자에 대한 정보를 얻는다. |
| 1-6 | Cold Comfort | 라이데커에게 정체가 노출됨. 브린을 둘러싼 음모. 브린 잡혀감. | 준비<br>복잡화 | 악당이 희생자를 속이려 한다. 희생자는 속임수를 당하여 무심결에 악당을 돕게 된다. 악당이 가족 중의 한 명에게 해를 끼치거나 상처를 입힌다. |
| 1-7 | Blah Blah Woof Woof | 라이데커의 음모. 자크 잡혀감. 맥스의 얼굴이 세상에 공개됨. 자크를 구할 결의 | 준비<br>복잡화 | 희생자는 속임수를 당하여 무심결에 악당을 돕게 된다. 악당이 가족 중의 한 명에게 해를 끼치거나 상처를 입힌다. 불운이나 악행, 결여가 알려지게 된다. 영웅은 악당에게 대항하는 행동에 대해 동의하거나 결정한다. |
| 1-10 | Art Attack | 맥스의 정체성에 대한 혼란. 로건과의 관계. 로건의 가족을 방문 | 이주 | 영웅은 시험을 당하고, 심문받고, 공격받는데, 그로 인해서 영웅에게 주술적 작용물이나 조력자를 얻는 방법이 제공된다. 영웅이 증여자의 (미래의) 행동에 반응을 보인다. 영웅이 주술적인 작용물을 사용할 수 있게 된다. 영웅은 추구하는 대상이 있는 곳으로 옮겨지거나 인도된다. |
| 1-11 | Rising | 신디의 세상으로 진입. 추격자들을 물리침. 유전자적 우월성 확인 | 이주<br>투쟁 | 영웅은 추구하는 대상이 있는 곳으로 옮겨지거나 인도된다. 영웅과 악당이 만나 싸움을 벌인다. 영웅은 어떤 증표를 받는다. |
| 1-12 | The Kidz Are Aiight | 추격자들을 물리침. 자크의 탈출 | 투쟁 | 악당이 퇴치된다. 최초의 불행이나 결여가 해소된다. |
| 1-13 | Female Trouble | 유전자적 우월성 확인. 제이스 구조 | 투쟁 | 영웅은 어떤 증표를 받는다. 악당이 퇴치된다. 최초의 불행이나 결여가 해소된다. |

(표 계속)

| | | | | |
|---|---|---|---|---|
| 1-18 | Hit a Sista Back | 브린을 세뇌시킴, 팅가 잡혀감. 가족을 잃을지도 모른다는 불안감. 팅가를 구할 결의. 팅가의 아들 떠남. | 복잡화 이주 | 악당이 가족 중의 한 명에게 해를 끼치거나 상처를 입힌다. 불운이나 악행, 결여가 알려지게 된다. 영웅은 악당에게 대항하는 행동에 대해 동의하거나 결정한다. 영웅과 그의 가족이 집을 떠난다. |
| 1-19 | Meow | 인위적 유전자에 대한 불만, 로건과 자크의 역할 | 이주 | 영웅은 시험을 당하고, 심문받고, 공격받는데, 그로 인해서 영웅에게 주술적 작용물이나 조력자를 얻는 방법이 제공된다. |
| 1-20 | ...and Jesus Brought a Casserole | 로건과 자크의 도움과 희생. 맨티코어로 진입. 맨티코어와의 싸움. 유전자적 우월성 확인. 일시적 승리 | 이주 투쟁 | 영웅이 주술적인 작용물을 사용할 수 있게 된다. 영웅은 추구하는 대상이 있는 곳으로 옮겨지거나 인도된다. 영웅과 악당이 만나 싸움을 벌인다. 영웅은 어떤 증표를 받는다. 악당이 퇴치된다. 최초의 불행이나 결여가 해소된다. |
| 2-1 | Designate This | 맥스 탈출함. | 귀향 (준비) | 영웅이 돌아온다. |
| 2-2 | Bag 'Em | 탈출자들에 대한 추적. 구출 | 귀향 | 영웅이 추적당한다. 영웅이 추적으로부터 구출된다. |
| 2-3 | Proof of Purchase | - | (준비) | - |
| 2-7 | Some Assembly Required | - | (준비 복잡화) | - |
| 2-9 | Medium Is the Message | 화이트의 정체성에 대한 의문 | 귀향 | 가짜 영웅이 나타나 근거 없는 요구를 한다. |
| 2-10 | Brainiac | 맥스와 반군 조직에 대한 추격. 구출 | 귀향 | 영웅이 추적당한다. 영웅이 추적으로부터 구출된다. |
| 2-13 | Harbor Lights | - | (투쟁) | - |
| 2-16 | Exposure | 화이트가 원하는 것이 조금씩 드러남. | 귀향 (투쟁) | 가짜 영웅이 나타나 근거 없는 요구를 한다. |
| 2-17 | Hello, Goodbye | 화이트의 음모. 맥스, 로건, 알렉, 조슈아의 위기 | 귀향 | 가짜 영웅이 나타나 근거 없는 요구를 한다. 영웅에게 어려운 과제가 주어진다. |
| 2-18 | Dawg Day Afternoon | 화이트의 음모와 언론 플레이. 위기 고조됨. | 귀향 | 가짜 영웅이 나타나 근거 없는 요구를 한다. 영웅에게 어려운 과제가 주어진다. |

| 2-19 | She Ain't Heavy | 터미널 시티의 전면화. 화이트의 언론 플레이 계속. 사실상의 전쟁 선포 | 귀향 | 영웅이 아무도 모르게 집이나 다른 나라에 도착한다. 가짜 영웅이 나타나 근거 없는 요구를 한다. 영웅에게 어려운 과제가 주어진다. |
| --- | --- | --- | --- | --- |
| 2-20 | Love Among the Runes | 화이트의 우월성 주장. 페네스톨과의 전쟁. 페네스톨 정체 밝혀짐. 맥스의 정체 밝혀짐. | 귀향 인식 | 가짜 영웅이 나타나 근거 없는 요구를 한다. 영웅에게 어려운 과제가 주어진다. 과제가 해결된다. 영웅이 사람들의 인정을 받는다. 가짜 영웅 혹은 악당의 정체가 폭로된다. |
| 2-21 | Freak Nation | 승리. 화이트 패배. 터미널 시티는 해방 공간. 맥스는 지도자로서의 위상을 갖게 됨. | 인식 | 과제가 해결된다. 영웅이 사람들의 인정을 받는다. 가짜 영웅 혹은 악당의 정체가 폭로된다. 영웅에게 새로운 모습이 주어진다. 가짜 영웅 혹은 악당이 처벌된다. 영웅은 결혼하고 왕좌에 오른다. |

## 요점정리

**1** 영화를 둘러싼 생산자, 수용자, 텍스트 간의 관계의 마지막을 장식할 수 있는 계기는 관객의 입장에서 직접적으로 영화 텍스트에 반응하는 과정이다.

**2** 개별 작가나 작품에 대한 체계적이고 이론적인 비평적 활동이 본격적으로 등장하여 그것을 담당하는 주체로서의 비평가가 자리를 잡기 시작한 것은 근대 이후의 일이다.

**3** 비평의 등장과 발전에는 19세기 중반 이후 급속도로 발달하기 시작한 대중문화가 커다란 영향을 미쳤다.

**4** 비평은 특정 순간에 적합한 특정 대중문화 산물을 선별해서 수용자에게 제시해 주는 역할을 담당한다.

**5** 문화비평 혹은 영화비평은 언제나 텍스트의 생산 과정, 생산된 텍스트, 그리고 텍스트의 수용 과정이라는 대중문화 및 영화상품의 세 가지 층위를 고려해야 한다.

**6** 사회과학적인 입장에서 영화가 가지는 의미와 기능에 대한 연구 또한 필요하다.

**01** 영화나 문화상품에 대한 개인적인 경험을 공동의 경험으로 변화시키는 가장 적극적인 문화실천 행위는 무엇인가?

① 수동적인 영화감상　　　　　② 감정적인 몰입과 동일시
③ 영화에 대한 각종 정보의 수집　④ 영화에 대한 글쓰기

**02** 다음 중 문화비평에 대한 설명으로 옳지 <u>않은</u> 것은 무엇인가?

① 비평의 역사는 오래전 고대로부터 시작되었다.
② 개별 작가나 작품에 대한 체계적이고 이론적인 비평적 활동이 본격적으로 등장하여 그것을 담당하는 주체로서의 비평가가 자리를 잡기 시작한 것 또한 고대이다.
③ 비평의 등장과 발전에는 19세기 중반 이후 급속도로 발달하기 시작한 대중문화가 커다란 영향을 미쳤다.
④ 대중문화의 확산을 기존에 확립되어 가고 있던 예술의 쇠퇴 주장과 연결시켜 예술의 쇠퇴를 우려하고 예술의 순수한 영역을 지키고자 하는 노력들 중 하나는 프랑크푸르트학파의 대중문화론이다.

**03** 다음 중 영화비평의 경향 및 사조로 볼 수 <u>없는</u> 것은 무엇인가?

① 엘리트주의　　　　　② 구조주의
③ 정신분석학　　　　　④ 작가주의

**정답 | 01 ④　02 ②　03 ①**

**01** 전통적인 의미에서의 비평과 현대의 문화비평 및 영화비평이 어떠한 공통점과 차이점을 지니고 있는지 토론해 보시오.

**02** 영화비평의 다양한 경향들에 대해서 정리해 보시오.

**03** 평소에 즐겨 보는 드라마나 인기 있는 영화에 대한 간단한 감상문을 작성해 보시오.

제 **2** 부

영화 밖의 세상

제 **11** 장

# 영화와 인간 I

## 개관

이 장에서는 영화와 인간 주체의 문제를 살펴보고자 한다. 영화는 대중문화의 상상의 영역에 깊이 관여한

다. 그리고 영화적 상상력은 인간 주체의 성적 욕망과 육체의 재현이라는 문제와 긴밀하게 연관되어 있다.

따라서 영화에서 남성성과 여성성은 주로 육체의 이미지를 통해 표현·수용되며 그 의미는 사회적·역사적·

문화적인 관계 속에서 구체적으로 형성되는 것이다. 여기에서는 현대 대중영화들을 중심으로 하여 개인 및

집단의 사회적 주체성의 근본요소로서 욕망, 성, 육체의 문제가 다루어지는 방식을 살펴보고 그 사회문화적

의미를 탐구한다.

1. 영화의 의례적 기능이 우리의 일상과 상상에 미치는 영향을 설명할 수 있다.

2. 대중영화의 남성 중심적인 시선구조를 설명하고 문제점을 비판하며 대안을 제시할 수 있다.

3. 디지털 미디어 환경의 형성에 따른 영화 소비 방식의 변화를 설명할 수 있다.

4. 영화의 섹슈얼리티 재현 방식에 관한 이론적 설명을 이해하고 활용할 수 있다.

의례적 기능 • 상상 • 동일시 작용 • 욕망 • 남성성 • 여성성 • 시선구조 • 쾌락 • 여성주의 영화

# 1

# 영화와 대중적 상상

## 1) 영화와 상상 그리고 욕망

영화와 상상은 긴밀한 연관을 맺고 있다. 이는 영화가 인간의 의식 작용만큼이나 무의식 영역에 깊이 관여하고 있다는 점에서 그러하다. 영화의 즐거움은 현실에 대한 인식에서뿐만 아니라 상상적인 쾌락으로부터 형성된다. 요컨대 인간의 상반된 측면들 — 의식과 무의식, 이성과 상상, 인식과 쾌락 — 이 영화에서 다양한 방식으로 다루어진다는 것이다. 이런 점에서 영화가 인간의 다양한 면모를 이해할 수 있는 중요한 대중문화의 장으로 발전하게 된 것은 결코 놀라운 일이 아니다.

영화에서 작동하는 대중적 상상과 그 효과를 파악하기 위해서는 영화 표면에 드러나는 이야기와 이미지뿐만 아니라 그 속에 내재하는 의미 작용에 주목할 필요가 있다. 영화가 관객들을 상상의 세계를 끌어들이고, 그들의 의식적·무의식적 욕망을 성취시키는 방식은 쉽게 알아챌 수 있는 것이 아니기 때문이다. 특히, 성(sexuality)과 관련된 다양한 유형의 욕망들은 영화가 우리를 사로잡는 매혹의 가장 중요한 부분을 이루고 있지만 그 의미 작용이나 작동 방식은 우리에게 쉽게 드러나지 않는다. 표면상 드러나는 이미지가 의미의 전부가 아니라는 전제 위에서 비로소 영화 '읽기'가 시작된다.

영화에는 숨어 있거나 위장되어 즉각적으로 드러나 보이지 않는 의미들이 존재한다. 영화의 심층적인 의미를 추적하여 해석하는 작업은 인간과 사회의 보이지 않는 진실을 읽어 내려는 노력과 같다. 영화 속에서 펼쳐지는 인간과 사회의 다층적이고 다면적인 모습들을 이해함으로써 현실 속의 인간과 사회에 대한 이해의 폭도 넓힐 수 있을 것이다.

종합예술로서 영화는 문자언어를 도구로 하는 문학, 정적인 이미지를 수단으로 하는 사진, 음향을 통해 전달되는 음악과 구분되는 고유한 특징을 지닌다. 앞서 등장한 미디어의 특성들을 포괄하며 영화가 형성되었다고 이해할 수도 있겠다. 우선 언어 차원에서 음성과 이미지를 통해 서사 내러티브를 구성, 전달한다는 점에서 영화는 문학과 구분된다. 또한 시각 차원에서 영화는 사진과 달리 움직이는 대상의 이미지를 보여 주는 최초의 매스미디어이다. 그리고 음향 차원에서 영화의 음악은 항상 이미지와 함께 흘러나온다는 점에서 축음기나 라디오 같은 단일 음향매체와 구분된다. 이렇듯 영화는 그 표현 방식이 다감각적일 뿐만 아니라 향유의 방식 또한 다수성을 띤다는 점에서 다른 매체와 차별적이다. 극장을 생각해 보면 금방 이해할 수 있듯이, 영화는 기본적으로 집합적으로 즐기는 것이다. 책, 사진, 라디오 등 근대 이후에 발전한 미디어들이 주로 사적으로 수용되는 방식을 취하는 것에 비해 연극, 춤 등 고전적인 공연예술의 집단적인 향유 형태가 영화를 통해 현대에 되살아날 수 있게 된 것이다.

또한 영화는 다(多)감각적이므로 높은 사실감을 지닌다. 사실감이 높다는 것은 보는 이로 하여금 텍스트를 보다 생생하게 실감하고 깊이 관여하도록 이끈다는 것을 뜻한다. 그리고 집합적으로 관람하기 때문에 영화는 대중 집단에게 공동체적인 감정적 효과를 불러일으킬 수 있다. 결과적으로 영화는 현대인으로 하여금 집단적 꿈꾸기에 참여하도록 이끈다. 그리고 하나의 사회·문화적 제도로서, 개인과 세계의 다양한 모습을 경험하고 이해할 수 있는 상상의 공간을 제공해 준다. 영화가 20세기 이후 문화산업의 본격적 발전 과정에 발맞추어, 다양한 대중적 욕망이 모이고

[그림 11-1] 로저 앨러스(Roger Allers)와 롭 민코프(Rob Minkoff)의 1994년 작품, 〈라이온 킹 The Lion King〉
숙부에게 억울하게 죽음을 당한 부친의 원수를 갚고 왕위를 되찾는 영웅 성장의 내러티브를 담고 있다. 디즈니의 CGI와 제레미 아이언스 등 유명배우의 목소리 연기, 엘튼 존의 주제가가 훌륭히 어우러진 애니메이션 명작이다.

[그림 11-2] 조지 루카스(George Lucas)의 〈스타워즈 Star Wars〉 시리즈

조지 루카스 감독이 1977년부터 1983년까지 에피소드 4, 5, 6을 먼저 제작한 후 팬들의 호기심과 인기가 계속되자 1999년부터 2005년 사이에 에피소드 1, 2, 3을 제작했다. 수많은 스타 배우들이 출연했으며, 인간과 사회의 본성을 우주를 배경으로 스펙터클한 비주얼로 표현한 SF영화 역사에 중요한 획을 그은 대작이다.

작동하는 대중문화의 장으로 주목될 수 있었던 것은 이처럼 집단적이고 상상적인 영화의 매체적 특징에 기인한 바 크다.

영화는 주로 인간을 등장시켜 내러티브를 전개하지만 동물이나 인공물이 주인공인 영화도 일부 존재한다. 그러나 이런 특수한 경우에서조차 우리는 인간세계를 이해하는 관점으로 영화를 본다. 예를 들어 동물이 주인공이 되는 다큐멘터리에서 동물들의 관계를 인간의 애정과 가족관계에 비유하여 이해한다. 또한 많은 공상과학영화는 인조 인간이 인간적인 감정을 가지기를 원하거나, 그것을 지니게 됨으로써 겪게 되는 기쁨과 고통을 소재로 한다. 이 영화들은 인간이 아닌 대상을 소재로 하지만 이것에 인간적인 요소들을 투사하여 오히려 보다 적극적으로 인간적 의식과 욕망의 문제를 다루는 것이다. 이처럼 우리는 영화에서 직·간접적인 경로를 통해 궁극적으로는 인간에 대한 나양한 문세세기와 해석을 접하고 즐기는 것이다.

## 2) 영화관람의 의례적 기능

앞에서 살펴본 영화의 상상적 기능이 대중적으로 활용되기 위해 실질적으로 중요한 역할을 하는 요소가 극장이라는 실재 공간이다. 물리적 차원에서 극장은 영화

상영을 위한 기술적 시설을 갖추고 다수의 사람들이 모일 수 있는 공간이다. 그리고 정서적 차원에서 사람들이 현실로부터 영화의 상상세계로 이동해 들어가는 공간적 매개 역할을 한다. 비디오, DVD, 인터넷 등 새로운 매체들이 속속 등장하면서 영화수용의 개인화가 가속화되고 있지만, 극장이 여전히 중요한 의미를 띠고 있음에 주목할 필요가 있다. 영화보다 더 재미있는 극장이라는 광고 슬로건이 있듯이, 최근 세계적으로 나날이 팽창하고 있는 멀티플렉스 극장 체인들을 생각해 본다면 도시의 대중문화 현장에서 극장의 의미가 퇴색되지 않고 오히려 더 중요해졌다는 점을 확인할 수 있다. 그 이유는 극장의 공간성 자체가 영화 텍스트와 더불어 관객에게 영화의 효과를 창출하는 핵심적인 요소이기 때문이다. 그렇다면 이제 극장의 공간적 특성을 살펴보기로 하자.

우리의 일상 속에서 영화관람은 특별한 경험이다. 영화관람은 일상의 단조로움을 벗어나는 신나는 사건일 뿐만 아니라, 정서적 차원에서도 일상적 삶으로부터 일탈하는 특별한 경험을 할 수 있는 기회이다. 영화관람을 통해 마음껏 상상의 세계를 여행하고 나서 다시 현실로 되돌아왔을 때, 우리는 영화를 보기 이전과 조금 달라져 있는 자신을 발견할 수 있다. 이렇듯 특정한 사건이나 계기를 통해 사회적·문화적인 경험을 하고 새로운 정체성을 획득하는 변화의 행위를 의례(ritual)라고 한다. 전통사회에서 종교행사 및 예식이 주로 의례 기능을 담당하였다면 현대사회에서는 사회적 행사는 물론 정치적 사건, 마케팅 이벤트, 문화행사 등 보다 세속화되고 일상적인 형태로 대중적인 의례가 이루어지고 있다. 의례가 본래 집단적이고 조직적인 속성을 지니지만 오늘날 개인적 형태의 의례가 발달하게 된 것은 이처럼 현대 대중사회의 환경과 매스미디어의 발전에 힘입은 바가 크다. 영화관람은 현대 대중사회의 대표적인 의례로서 행해지고 있다. TV 시청이 매우 일상적인 경험으로 인식되는 것에 비해 극장에서의 영화관람은 무언가 '특별한' 의미를 지니고 있는 것으로 생각되고 있지 않은가. 영화의례의 특별함을 이해하기 위해 우선 우리가 영화관람을 위해 행하는 일련의 절차와 과정을 생각해 보자.

혼자든 또는 친구와 약속을 해서 가든, 극장을 가는 것은 평범하지만 동시에 비일상적인 사건이다. 물론 미리 정해서 가는 경우와 갑자기 가게 되는 경우의 정도 차이는 있으나, 극장에서의 영화관람은 스위치만 켜면 화면이 작동하는 TV에 비해 더 많은 심리적·물리적 수고를 요한다. 먼저, 특정 영화에 대한 정보를 습득하고, 그 영화를 보고 싶다는 바람을 가지고 드디어 극장에 보러 가기로 결정을 내리기까지 겪게 되는 심리적 과정이 있다. 그리고 극장에 가기 위한 특정한 날짜와 장소를 정해야 한다. 드디어 당일이 되면 영화티켓을 사고, 갖가지 영화 포스터와 다채로운 조명으로 장식된 화려한 대기 장소에서 영화가 시작되기를 기다린다. 팝콘을 사먹으며 친구들과 대화를 나누고, 복도에 설치된 영상 스크린을 통해 제공되는 영상과 음악을 감상할 수도 있을 것이다. 상영관 출입문이 열리면 티켓을 내고 정해진 자리를 찾아 앉는다. 스크린을 통해 광고와 예고편을 보면서 우리는 차차 영상의 세계로 접근해 간다. 본 영화가 시작되리라는 신호로 극장 안의 불이 꺼지면 사람들은 저절로 대화를 멈추고 스크린을 주목한다. 현실로부터 영화의 세계로 이동해 가는 것이다. 이제 어두운 상영관에서 스크린만이 빛을 발하고 있다.

극장에서 영화를 보는 동안 우리의 몸은 어두운 공간에 고정되고 우리의 눈과 감정은 스크린에 집중된다. 이렇게 몸의 움직임은 정지되는 반면 그럴수록 마음은 영화를 따라 움직이기 시작한다. 영화가 시작되기를 기대하며 준비하는 단계, 영화가 제공하는 허구의 세계로 빠져드는 단계, 그리고 영화가 끝나고 다시 현실로 돌아오는 단계 등 영화관람은 현실과 상상이라는 서로 다른 세계를 여행하는 과정과 같

[그림 11-3] 경계 영역으로서의 멀티플렉스

멀티플렉스 극장은 동시 다발적으로 영화를 상영하는 현대 극장문화의 근간을 이룬다. 도심에 집중되어 있던 고전적인 극장들과는 달리 주요 거주지역마다 프렌차이즈 형태로 배치되어 극장 관객의 대량화 및 분산화의 효과를 낳았다. 대부분 쇼핑몰이나 복합문화 공간과 결합함으로써 가정의 일상적인 TV 문화에 빼앗겼던 수용자들이 다시 극장으로 되돌아오도록 하는 데 크게 기여했다.

다. 이처럼 영화관람이란, 비록 우리가 매우 일상적으로 쉽고 즐겁게 행하고 있기는 해도 상영 장소와 시간으로부터 관람 방식에 이르기까지 사회적 규범과 문화적 가치에 의해 정교하게 조직되는 제도적 산물이며 사회 참여적인 의례 행위인 것이다.

인터넷이 대중화되고 디지털 영화 콘텐츠 산업이 발전함에 따라 영화를 보는 방식에도 유의미한 변화가 일어나고 있다. PC나 모바일 기기 등 개인 미디어를 통해 일상적인 공간 속에서도 언제, 어디서나 영화를 관람하는 것이 가능해졌다. 그러나 이렇게 영화소비 방식이 변화한다고 해서 영화를 관람하는 의례가 사라지는 것은 아니다. 특정한 장르를 보다 큰 비용과 시간을 들여 가며 극장에서 보는지 혹은 인터넷으로 보는지, 인터넷에서 본다면 어떠한 방식으로 콘텐츠를 획득하고 보관하고 (재)유통시키는지, 관람의 구체적인 시·공간적 질서는 어떻게 조직하는지 등에 관해 보다 정교하고 복잡한 영화관람 스타일이 개인적으로 만들어지고 행해지고 있기 때문이다.

## 3) 영화관람의 공간성 : 극장이라는 꿈의 세계

영화가 상영되는 극장은 영사기(projector)와 음향 시설–스크린–관객석의 세 요소로 이루어져 있다. 영사기는 필름에 화학적으로 기록된 정보를 광학 이미지를 변형하여 투사하는 역할을 하며 이때 음향 효과도 함께 곁들여진다. 스크린은 영사기로부터 투사된 이미지를 이차원의 평면 공간에 펼쳐 보인다. 마지막으로 관객석의 관람객들은 스크린에 투영된 이미지를 받아들인다. 이러한 광학 이미지의 생산·전시·소비 작용이 효과적으로 이루어질 수 있도록 영화가 상영되는 극장 안은 항상 어둡다. 다만 스크린만이 이미지로 빛날 뿐이다.

어둠 속에서 영화를 보는 것은 은밀한 매력을 갖는데, 이는 복잡한 현실로부터의 차단과 은폐를 조건으로 하는 것이다. 의례적 공간으로서 극장은 일상으로부터 차단되며, 이미지에 대한 기계적이고 물리적인 작동 과정의 은폐를 조건으로 한다. 현실이 어둠 속에 감추어진다는 점에서 극장의 공간 자체가 상상적이라고 볼 수 있다. 나아가 이러한 극장의 상상적인 공간성은 영화가 진행됨에 따라 우리의 마음이 무의식의 상상 영역으로 이동해 가는 것을 촉진한다.

영화가 상영되는 동안 영사 영역과 스크린 영역과 관객 영역은 어떻게 서로 소통하는 것일까? 관객은 흔히 카메라의 눈으로 비유되는 카메라 워크가 유도하는 방식으로 카메라의 위치, 초점 등의 이미지를 좇아간다. 관객은 카메라와 자신의 눈을 일치시키면서 영화 속의 세계로 접근해 들어간다. 이때 음향의 자극은 관객에게 보다 정확하게 이야기 전개를 알려 주고 생생한 느낌을 전해 준다. 일반적으로 관객이 영화를 보는 행위란 일차적으로 영사 영역의 카메라의 눈과 관객의 시선이 일치되는 과정이다. 이어 관객은 내러티브 구조와 시선 장치(예를 들어, 시점 쇼트(point of view)와 같은 장면 연결방식) 등을 통해 스크린 속의 등장인물 또는 상황과 자신을 동일시함으로써 마치 스스로가 영화 속 세계에 존재하는 것처럼 느끼게 된다. 이처럼 물리적 차원에서 카메라의 눈과의 일치와 의미적 차원에서 등장인물과의 일치, 이 두 차원에서의 동일시는 영화를 감상하기 위한 기본적인 조건이 된다. 영화에 동일시되지 않고 영화를 즐긴다는 것은 거의 불가능하다. 우리가 흔히 어떤 영화를 보고 나서 '이해가 안 된다', '억지스럽다', '말도 안 된다'고 불평을 하게 된다면, 이것은 영화에 동일시되지 못했음을 뜻하는 것이다.

동일시는 관객이 영화의 상상세계 속으로 개입해 들어가기 위한 중요한 계기를 마련한다. 마치 내가 영화 속의 아름다운 여자 주인공이 된 듯 멋진 남자 주인공과 사랑에 빠진 듯한 기분을 맛볼 수 있는 것도, 액션영화의 주인공이 된 듯이 악당을 무찌르는 쾌감을 느낄 수 있는 것도 관객이 카메라를 통해 재현되는 내러티브 속의 인물(들)과 자신을 동일시하기 때문에 가능하다. 역으로 영화에 대한 동일시 작용은 영화의 상상세계를 꿈꾸고 원하는 관객의 욕망이 작동하기 때문에 일어난다고 볼 수도 있다. 영화에 대한 논의에서 욕망의 문제가 자주 등장하고 욕망을 작동시키는 중요한 요소로서 성의 문제가 자주 논의되는 것은, 영화의 의미가 생겨나는 과정에서 영화에 대해 상상적 동일시를 꿈꾸고 적극적으로 개입하는 관객 주체의 욕망이 중요한 작용의 역할을 하기 때문이다.

# 영화와 성적 욕망 : 남성 지배적인 시선구조의 발견

## 1) 영화와 남성 지배적 시선구조

우리는 영화에서 인간 육체 이미지의 표현 방식이 사회적 논란을 일으키는 경우를 적지 않게 경험한다. 이런 논란은 흔히 여성의 육체에 집중되어 일어나는데, 최근에는 여성 이미지의 상업화 정도가 극도로 확장되어 상업적 광고뿐 아니라 이에 대한 비판이 오히려 영화의 광고 효과를 높이는 수단으로 이용될 정도이다. 따라서 육체의 상업화에 대한 비판과 더불어 흥미로운 현상은 아름다운 외모와 육체에 대한 대중적 흠모를 그 비판만큼이나 흔하게 접할 수 있다는 점이다. 이처럼 육체 이미지를 수용하는 우리의 태도는 양면적이며 모순적이다. 즉 사회 규범 및 도덕의 관점에서 육체 이미지란 경계와 비판의 대상이지만 소비문화의 대중심리 속에서 육체 이미지란 향유와 모방 나아가 숭배의 대상으로까지 여겨지고 있다. 어떻게 이러한 양면적이며 모순적인 반응이 가능할까. 이 질문에 답하기 위해 자본주의 체제에서 여성 육체의 이미지화 방식과 산업화된 욕망 구조에 대해 논의해 보도록 하자.

영화에서 여성 육체 이미지의 상업화와 쾌락 창출의 사회적 관계를 체계적으로 설명하기 위한 노력은 여성주의 영화인과 영화이론가들에 의해 주도되었다. 이들의 관점은 가부장적 자본주의 체제에 대한 비판적 대응을 추구하는 진보적 여성주의에 근거한 것이다. 진보적 여성주의 시각에서 볼 때 가부장적 자본주의 체제는 여성의 노동력과 재생산 기능을 착취함으로써 남성의 가부장적 권력 체제의 유지 및 확장을 도모하는 것으로 이해된다. 그리고 가부장적 권력에 의한 여성의 침탈은 물리적인 것으로 제한되지 않는다. 더욱 중요한 사실은 영화를 통해 남성 지배적인 기성 체제를 정당한 것으로 보여 줌으로써, 수혜자인 남성은 물론이고 피해자인 여성으로부터 동의를 획득하고자 하는 권력 작용이 영화산업 전반에 작동하고 있다는 것이다. 따라서 지배적인 영화산업 구조에서 생산되고 유통되는 영화 텍스트란 억압적이고 갈등적인 사회구조를 감추거나 위장하여, 구성원들이 그 모순을 깨닫지

[그림 11-4] 빅터 플레밍(Victor Fleming)의 1939년 작품, 〈바람과 함께 사라지다 Gone with the Wind〉

아카데미 작품상을 받은 최초의 컬러영화이다. 도전적이고 야심적인 미국 개척정신의 정수를 낭만적이고 화려한 영상언어와 스타 이미지를 통해 표현했다. 1989년까지 50년에 걸쳐 관람 총인원 12억 명을 돌파했다. 1940년 아카데미 시상식에서 작품상, 각본상, 감독상, 촬영상, 미술상, 편집상, 특별상, 여우주연상, 그리고 여우조연상을 수상하였다.

못한 채 즐거움을 누릴 수 있도록 유도하는 이데올로기 장치로 비판된다. 특히 미국 할리우드 영화가 상징하는 바, 자본주의 체제에서 제작되고 유통되는 영화란 가부장적 남성 지배 체제를 옹호하고 강화하기 위한 이념적 기능을 수행하는 대표적인 기제로 간주되었다. 자본주의적으로 생산된 영화 속의 허구적 이미지 세계에서 여성은 육체로 치환되고, 그 육체는 또다시 가부장적 구조에서 지배적 위치를 차지하는 남성적 욕망을 만족시키기 위한 시각적 소비의 대상으로 환원된다는 것이다.

진보적 여성주의 영화이론가이자 감독인 로라 멀비(Laura Mulvey)는 1975년, 영국의 영화이론 전문 저널인 『스크린 Screen』에 「시각적 즐거움과 내러티브 영화(Visual Pleasure and Narrative Cinema)」라는 중요한 논문을 발표함으로써 가부장적 자본주의 영화에 대한 비판적 논쟁의 불을 붙였다. 이 글에서 멀비는 주류 영화의 이미지와 시선구조가 관객에게 즐거움을 창출하는 핵심적인 요소라고 주장하였다. 그리고 이러한 영화 텍스트 내 시선구조와 내러티브 전개는 자본주의 체제의 성차별적인 욕망 구조와 관련이 있다는 것이다. 멀비의 주장에 따르면, 우선 영화의 시선의 측면에서 할리우드 영화의 카메라는 남성적이다. 즉 카메라는 여성의 육체 이미지를 하나의 대상으로 삼아 응시하는 남성적 시선을 유지함으로써, 관객으로 하여금 이 시선과 동일시하도록 유도한다는 것이다. 이미 앞에서 설명되었듯 남성적 카메라 시선과의 동일시는 내러티브 차원에서의 동일시로 이어진다. 따라서 카메라의 유도에 의해 남성적 시각에 서게 된 관객은 영화 의미 차원에서도 남성 입장에서 성적 쾌락을 느끼게 된다는 것이다.

극장의 어두운 환경은 남성적 동일시가 발생하는 데에 중요한 역할을 한다. 관객은 스크린을 보는 자신의 행위가 어둠에 가려져 있다고 느끼기 때문에 공개된 밝은 장소에서 대상을 보는 것보다 더 은밀하고 편안한 심리 상태를 가지게 된다. 이러한 엿보기의 구조에 힘입어 관객은 카메라의 움직임에 더 집중적으로 빨려 들어가

[그림 11-5] 데이비드 린치(David Lynch)의 1986년 작품, 〈블루 벨벳 Blue Velvet〉

미국의 보수적 소도시라는 폐쇄적인 공간에서 인간의 광기 어린 본성과 억눌린 성적 욕망이 표출되는 과정을 실험적이고 심미적인 영화언어로 표현하고 있다. 〈블루 벨벳〉은 뒤틀린 미스터리의 분위기로 반어적이고 풍자적인 이야기와 수다스럽고 가벼운 어조가 독특한 방식으로 결합되어 있다. 이와 같이 역겹고 기이한 것과 편안하고 익숙한 것의 결합, 예술적인 것과 무기교적인 것의 결합은 데이비드 린치 감독이 이후에 만든 TV 시리즈 〈트윈 픽스 Twin Peaks〉에서도 그대로 드러나는데, 이는 1990년대 문화 현상의 중요한 한 단면이기도 하다.

고, 지배적인 남성적 위치에 보다 강하게 동일시된다. 멀비는 영화에서 남성적 쾌락을 자극하기 위해 사용되는 심리적 메커니즘으로서 절시증(scopophilia)과 관음주의(voyeurism)를 제시한다. 절시증은 시각적 통제를 통해 작동하는 성적 욕구이다. 영화에서 물리적인 접촉을 하지 않는 대상에 대해 단지 보는 것만으로 성적 쾌락을 느낀다면 이것은 영화의 절시증적인 효과 때문인 것이다. 절시 작용에 의해 이미지를 보는 것은 마치 이미지의 대상을 소유한 듯 한 상상 효과를 낳는다. 관음주의는 자신의 관찰 행위가 타인에게 노출되고 있지 않다고 확신하는 상태에서 얻어지는 엿보기의 즐거움으로서, 특히 성적 쾌락을 얻게 되는 경우를 말한다. 극장의 어두운 환경은 관음주의의 효과를 강화하는데, 공개적일 때보다 비밀스럽게 행해질 때 보는 즐거움은 더욱 커지고 은밀해지기 때문이다.

멀비는 영화의 시각적 구조, 서사적 관습, 관객의 응시 및 쾌락의 구조가 모두 남성 지배적이며, 대중이 이러한 문화소비를 할리우드 영화산업의 지배 구조 속에서 습관적이고 반복적으로 행하고 있음을 우려하였다. 할리우드 영화의 매력과 즐거움에 매료될수록 기존의 가부장적 자본주의 이데올로기 및 권력 작용에 무의식적으로 동의하게 되리라는 것이다. 멀비는 이렇듯 탈정치적인 영화의 소비가 궁극적으로 가부장적 자본주의 체제의 유지 및 강화에 기여한다고 경고하였다.

## 2) 영화의 여성적 즐거움

할리우드 영화의 텍스트 구조와 관객과의 소통 방식이 모두 남성적 쾌락에 종속된 것이라면 과연 여성 관객은 어떤 즐거움을 위해 영화를 보는 것일까? 이 질문에 대해 멀비는 여성 관객 역시 남성적 카메라의 눈을 취하게 된다고 다소 비관적으로 설명한다. 그렇다면 여성은 여성으로서의 주체적인 시각을 상실한다는 것이다. 또한 여성 관객이 느끼는 즐거움 역시 단지 여성 육체를 대상화하는 남성적 시각을 마치 자기 것인 양 취하는 것에 불과한 것이 되고 만다. 이러한 주장은 진정한 의미에서의 '여성적' 관객의 시선이나 즐거움이 대부분의 상업적인 영화문화에서 소외되어 있음을 시사하는 것이다. 이처럼 멀비의 이론은 할리우드 영화의 텍스트 및 산업 구조에 내재되어 있는 성차별적인 질서를 비판적으로 해석했다는 점에서 중요한 의의를 갖지만, 동시에 여성의 주체적이고 자율적인 영화수용의 가능성을 부정한다는 점에서 한계를 지닌다. 그리고 영화문화에서 여성적 시선과 쾌락의 가능성

[그림 11-6] 로라 멀비와 피터 울렌(Peter Wollen)의 1977년 작품, 〈스핑크스의 수수께끼 Riddles of the Sphinx〉

지극히 정치적이면서 쾌락적 요소를 철저히 부인함으로써 관객으로부터 외면을 받았던 불운한 영화이다. 〈스핑크스의 수수께끼〉는 다른 영화들에 비해 보다 급진적으로 남성의 쾌락 원칙을 비판하면서 대안적 형식에 대한 실험을 행한 여성영화이다.

을 찾는 작업은 이후 학자들의 중요한 과업으로 남겨지게 된다.

멀비 이후 다수의 여성주의 영화이론가들은 남성 지배적인 성적 질서가 영화 텍스트를 통해 지지·강화되는 방식을 밝혀내는 한편, 여성 독자적인 영화문화의 가능성을 모색하였다. 멀비를 비롯한 여성 감독들이 남성적 즐거움을 배제한 진보적 여성주의 영화를 제작했던 것이 그 좋은 예이다.

그러나 엘리트 여성 영화인들이 여성주의의 계몽을 위해 전개한 이 프로젝트는 정치적으로는 옳았으나 지극히 재미가 없었으므로 결국 여성 관객들의 호응을 얻는 것에 실패하였다. 성 정치와 영화의 즐거움이라는 문제가 난관에 빠져 있을 무렵 영화의 동일시의 방식을 설명할 수 있는 대안적 시각이 제시되었다. 이 새로운 시각에서는 영화 한 편의 텍스트라 하더라도 동일시와 의미 해석의 방식이 성적 질서에 의해 획일적으로 결정되지 않는다고 주장한다. 물론 주류 영화의 지배적인 경향이 남성적 시각에 종속되어 있음은 부인할 수 없지만 이러한 지배적인 의미와 더불어 다양한, 때로는 대립적인 의미 작용이 이루어질 수 있다는 것이다. 즉 텍스트에는 다수의 의미들이 포함되어 있고, 관객은 각자 주관적 관심·가치관·경험에 따라

그중 특정한 의미들에 깊숙이 관여하게 된다는 것이다. 이렇게 본다면 관객은 자신의 생물학적 성으로부터 상대적으로 독립적이며, 다양한 동일시의 과정을 겪는 것이 가능해진다.

그리하여 영화 텍스트가 반드시 남성의 지배적인 위치를 공고히 하기 위한 단일한 이데올로기적 기능을 수행하는 것은 아니라는 주장과 함께 텍스트 해석의 다양성을 강조하는 시각이 대두된다. 현실이 남성 중심적인 성의 질서에 종속되어 있을지라도 이를 이탈하거나 전복하는 영화 재현과 수용이 실천되고 있다는 것이다. 예를 들어 여성은 과잉된 여성성 재현 이미지를 보면서 여성으로서의 쾌락을 느낄 수 있다는 것이다. 그리고 남성이 가진 여성 육체 이미지에 대한 응시 욕망은 남성의 완벽한 지배력을 실현하기 위한 것이라기보다는, 남성성의 분열과 위기 감정으로부터 비롯한 불안 심리의 표출이라는 해석도 제기된다. 따라서 영화와 성적 욕망, 그리고 동일시와 쾌락이라는 문제가 생물학적인 성적 정체성에 의해 결정되는 것으로 생각하는 것은 옳지 않다. 이러한 필요에 입각하여 여성 이미지에 대한 남성 시선의 관계뿐 아니라 여성 이미지에 대한 여성 관객의 관계, 남성 이미지에 대한 남성의 관계, 어린이와 성인 남녀의 관계 등 이분법적 대립구조를 극복하고, 영화의 재현과 쾌락의 다양성 및 욕망 작용의 역동성을 설명하려는 시도들이 활발히 진행되고 있다.

요점정리

**1** 영화는 사회의 현실과 상상을 반영하는 대중문화의 주요한 장이다.

**2** 영화는 현대사회의 의례적 기능을 수행한다.

**3** 현대의 지배적인 상업영화는 남성 중심적인 시각과 쾌락의 구조에 의존하는 경향이 강하다.

**01** 영화가 일상적인 대중의 삶에서 비일상적인 경험을 집단적으로 향유할 수 있도록 기회를 제공하는 기능을 무엇이라고 하는가?

① 일탈 기능　　② 소비 기능　　③ 의례적 기능　　④ 습관 효과

**02** 할리우드 영화가 남성 중심적 쾌락 구조에 종속되어 있음을 비판하며 대안적인 성질서를 주장했던 여성 영화인들의 운동을 지칭하는 용어는 무엇인가?

① 반남성주의 영화　　　　　　② 해체영화
③ 대중영화　　　　　　　　　④ 여성주의 영화

**03** 영화의 극장 관람에서 경험되는 엿보기의 즐거움을 가리키는 학술적 용어는 무엇인가?

① 절시주의　　② 관음주의　　③ 퇴폐주의　　④ 상업주의

정답 | 01 ③　02 ④　03 ②

**01** 영화의 의례적 기능에 대한 설명을 참조하여 자신이 영화를 어떻게 보았으며 영화 보기는 자신에게 어떤 의미가 있었는지 기술해 보시오.

**02** 여성주의 영화를 보고 그 영화가 일반적인 대중영화와 어떻게 다른 방식으로 여성상을 구현하는지 설명해 보시오.

제 **12** 장

# 영화와 인간 II

## 개관

본 장에서는 실제 우리가 접하는 다양한 대중영화의 사례들을 폭넓게 살펴보고, 그 안에 담긴 인간의 모습

들을 학습한다. 국내외 현대영화들에서 젠더와 섹슈얼리티가 재현되는 방식에 주목하고, 이들이 지닌 특성

이 당대 사회에 관해 알려 주는 의미가 무엇인지를 탐구한다. 영화에서 전통적인 젠더 질서가 해체되고 새

로운 젠더 역할이 형성되는 경향과, 섹슈얼리티와 욕망이 다양하고 복잡하게 펼쳐지는 양상을 통해 우리가

살아가는 사회의 변화와 문화 변동의 실제를 이해한다.

1. 현대영화들에서 전통적인 젠더 재현이 변화하는 양상을 이해한다.

2. 상이한 사회에서 표현되는 인간의 모습의 특성을 파악함으로써 영화의 사회문화적 맥락의 중요성을 인식한다.

3. 현대 성 문화와 영화미학 간의 상호관련성을 학습한다.

여성주의 영화 · 남성성 · 여성성 · 젠더 · 섹슈얼리티 · 여성상 · 남성상 · 동성애

<br>

# 1

# 다양한 성(sexuality)의 영화적 재현

## 1) 여성주의 영화

　남성 중심적인 영화 질서에 도전하는 대표적인 영화 장르로 여성주의 영화를 들수 있다. 남성적 시각의 소비 대상으로 여성의 육체를 다루는 경향이 강한 주류 상업영화와 달리, 여성주의 영화는 가부장적 질서 속에서 벌어지는 여성들의 삶의 이야기에 관심을 보인다. 여성주의 영화(feminist cinema)란 여성의 심리적·사회적 문제를 여성의 관점에서 그려 낸 영화로 이해할 수 있다. 여성주의 영화는 주로 여성 관객을 대상으로 하지만, 최근 성 정치에 대한 사회적 인식이 성장함에 따라 다양한 층위의 관객들로부터 관심을 받고 있다. 더불어 여성주의 영화의 폭은 매우 넓고 다양하므로 어떤 영화가 여성주의적인지를 가름하는 기준은 보는 사람의 입장에 따라 판이하게 달라질 수 있다.

　예를 들어 제인 캠피온(Jane Campion) 감독의 〈피아노 Piano〉는 폭력적인 남편으

[그림 12-1] 제인 캠피온의 1993년 작품, 〈피아노 Piano〉

뉴질랜드 출신 여성 감독인 제인 캠피온의 작품으로, 뉴질랜드의 장엄하고 거친 해안 풍경과 여성의 섬세한 욕망이 대조적 미학을 창출한다.

로부터 심리적·육체적인 고통을 당하는 여성의 정신세계를 섬세하게 그려 낸다. 세상을 향해 말하기를 거부하는 여성에게 피아노는 그녀의 억압된 삶과 사랑에 대한 욕망을 표현하는 매개체이다. 그녀가 건반을 누르는 연주 행위는 육체적인 사랑 행위에 상응하는 것이다. 이런 점에서 〈피아노〉는 여성 문제를 사회적으로 접근하여 정치적인 투쟁을 주장하기보다는, 오히려 모순과 억압관계 속에서 형성된 여성성의 미학과 대안적 표현 가능성을 제시한다.

한편 여성주의 영화라고 해서 반드시 여성의 육체성을 고집하는 것만은 아니다. 마치 불변의 것인 양 주어진 것으로 당연시되는 여성의 육체 자체에 대한 대담한 질문을 던지는 여성주의 영화들도 존재한다. 샐리 포터(Sally Potter) 감독의 〈올란도 Orlando〉(1992)는 오히려 서로 다른 시대를 넘나들며 육체적인 이탈과 변형의 자유로움을 모험하는 신화적 여성 올란도의 삶의 이야기를 실험적으로 다루고 있다.

또한 여성주의 영화가 반드시 여성 감독에 의해서만 제작되는 것은 아니다. 남성 감독이 제작하였지만 여성주의 영화로서 자주 인용되는 대표적인 영화로서 리들리 스콧(Ridley Scott) 감독의 〈텔마와 루이스 Thelma & Louise〉를 들 수 있다. 할리우드의 거장 리들리 스콧 감독은 여성성을 탐구하는 여타 여성주의 영화와 달리, 여

[그림 12-2] 샐리 포터의 1992년 작품, 〈올란도 Orlando〉
샐리 포터 감독의 대표적인 여성주의 영화이다. 400년 동안 다양한 시대와 장소를 거쳐 가며 양성적인 삶을 살아가는 올란도는 남성 중심적인 기존의 지배적인 성 질서를 넘어선 자유로운 인간을 상징한다.

성의 고통과 즐거움의 이야기를 중심축으로 하되 어드벤처 장르와 범죄 장르의 요소들을 적절히 혼합시켜 영화의 오락적 재미를 높였다. 이 영화는 여성들 간의 애정과 우정의 관계를 발랄하게 그려 낸다. 소극적인 가정주부인 델마와 독립적인 여성 루이스가 함께 자동차 여행을 떠나면서 겪게 되는 사고와 모험의 과정에서 미국사회의 어두운 측면이 남성의 폭력적인 사건의 형태로 표출된다. 실수로 살인을 저지르고 난 후 이들의 여행은 경찰의 추적을 벗어나기 위한 범법 도주로 변해 버리고 만다. 이들의 도주는 곧 기존의 가부장적 폭력이 난무하는 사회의 한계를 뛰어넘으려는 필사의 질주 과정을 상징하는 것이다. 목숨을 건 탈주 과정에서 델마와 루이스의 서로 간의 애정과 우정은 더욱 돈독해진다.

　남성 깡패와 경찰이 상징하는 바, 기존의 남성적인 권력과 맞서 싸우면서 '범죄자'가 되어 버린 델마와 루이스가 선택하는 마지막 목적지는 지평선이다. 자동차가 하늘로 날아올라 지평선 너머에서 폭발하며 불꽃과 구름이 화려하게 피어오르는 마지막 장면은 보는 이들로부터 다양한 해석을 낳기도 하였다. 이 장면을 델마와 루이스의 동반자살로 본다면 이 영화는 여성의 자멸로 결론 내려지는 비관적 영화로 이해된다. 더불어 델마와 루이스가 살인과 폭력 등 남성적 권력의 부정적 측면을

[그림 12-3] 리들리 스콧의 1991년 작품, 〈델마와 루이스 Thelma & Louise〉
미국 중년 여성들의 삶을 경쾌하면서도 날카롭게 표현한 작품이다. 대조적인 성격을 지닌 평범한 두 여성이 자동차 여행을 하며 남성 중심적인 질서를 경험하면서 점차 대담해져 가는 과정을 로드무비의 내러티브를 통해 표현했다.

그대로 모방한다는 점에서, 기존 사회 질서에 대한 진정한 대안을 제시하지 못했다고 비판할 수도 있을 것이다. 반면 델마와 루이스가 사회와 가정의 울타리 안으로 되돌아가지 않았다는 점을 강조한다면, 이들의 죽음을 여성주의의 새로운 지평을 지향하기 위한 도전으로 이해할 수 있다. 이런 시각에서 본다면 자동차 사고에서 피어오른 불꽃이란 마치 새로운 세상을 꿈꾸는 여성들의 축제에서 울려 퍼지는 축포와 같은 것이다.

## 2) 한국의 여성주의 영화

한국 영화 지형에서 여성주의 영화는 블록버스터의 대열에 포함되지 않지만, 독립적인 발전의 행보를 계속하고 있다. 변영주 감독은 〈아시아에서 여성으로 산다는 것은〉(1993)에서 아시아의 성매매의 문제를, 〈낮은 목소리 1~3〉(1995~1999)에서 종군위안부 문제를, 그리고 〈밀애〉(2002)에서 여성의 일상과 욕망의 문제를 논한다. 그녀의 영화에서 여성 문제란 정치, 역사, 경제, 사회적 현실로부터 결코 분리될 수 없는 것으로 이해된다. 이런 까닭에 모순적인 역사와 사회의 질서가 여성 개

[그림 12-4] 변영주의 1995년 작품, 〈낮은 목소리〉
변영주 감독의 여성주의 다큐멘터리 영화이다. 1995년에서 1999년부터 모두 세 편을 시리즈로 제작했다. 영화에 실린 식민시대 종군위안부 할머니들의 낮은 목소리는 소외된 역사의 숭고함을 전해 준다.

인의 삶의 현실로 조건화되고 체화(體化)되는 방식이 중요한 주제로 다루어진다. 이 영화들에 다큐멘터리의 기법이 종종 사용되며, 배우가 아닌 일반 여성들이 자신이 살아온 삶의 이야기를 자신의 목소리로 고백하는 방식이 취해지는 것도 그와 동일한 맥락에서 이해될 수 있을 것이다. 역사의 희생자였던 여성이 마침내 발언의 주체가 되는 것이다.

한편 여성주의 영화라고 해서 항상 무거운 정치적 짐을 짊어지려 하는 것은 아니다. 정재은 감독의 〈고양이를 부탁해〉(2001)는 수도권 주변의 상업고등학교를 졸업하는 소녀들의 풋풋한 시선으로 이야기를 담아낸다. 이 영화는 단조롭지만 불안한 삶의 현실 속에서 정해지지 않은 미래를 향해 나아가는 소녀들의 기대와 갈등의 양면을 그려 냈다. 〈써니〉(2011)는 여학교 동창생들이 성인이 된 뒤 다시 만난 후 서로 다른 인생들의 결을 서로 포용하고 공감하는 이야기를 담아냄으로써, 여성들의 우정의 아름다운 모습을 보여 준다. 이처럼 여성의 시각에서 여성의 문제를 다루되 경직된 정치성의 틀에서 벗어나 역사·세대·계급에 관련된 문제들을 폭넓게 다루고 소통하려는 여성주의 영화 문화의 성장은 한국 영화의 다양화에 크게 기여하고 있다.

[그림 12-5] 정재은의 2001년 작품, 〈고양이를 부탁해〉

중·하층 출신의 소녀들이 자신의 삶에 얽혀 있는 희망과 절망을 겪어 내며 성장해 가는 과정을 섬세하게 묘사한 청춘영화의 수작이다. 〈고양이를 부탁해〉는 이제까지 여성을 주인공으로 내세운 다른 영화들과는 달리 여성을 성적인 대상으로서가 아니라 삶의 주체로 재현했다는 이유로, 여성 영화인 모임으로부터 '올해 최고의 한국 영화'에 선정되기도 했다.

## 3) 영화와 남성성의 재현

영화에서 성과 육체의 담론은 여성성의 영화적 재현에 편중되어 왔으나 최근 들어 남성성 및 남성 동성애에 대한 관심이 점차 확장하고 있다. 특정 시대 영화에 나타나는 주류적인 남성상은 당대 사회적 상황과 긴밀한 연관성을 지니는 것으로 이해된다. 예를 들어 미국이 서방국가들의 패권을 장악하고 있을 1980년대를 생각해 보자. 이 시기에 미국의 레이건 정부와 영국의 대처 정부를 중심으로 한 서방 정치는 신보수주의 경향을 강하게 띠었다. 이때 할리우드 영화시장에서는 영웅적 남성상이 폭발적인 인기를 누리고 있었다. 테드 코체프(Ted Kotcheff) 감독의 〈람보 1~3 Rambo 1~3〉(1982~1988), 마크 레스터(Mark Lester) 감독의 〈코만도 Commando〉(1985) 등 세계 평화를 위협하는 악의 무리를 응징하는 미국 영웅들을 그린 블록버스터 영화들이 그러한 사례다. 람보 역의 실베스터 스탤론과 코만도 역의 아놀드 슈워제네거는 강인한 체력과 전투력을 지녔지만 개인적으로는 그늘지고 고립된 삶을 살아가는 영웅의 신화적 아이콘이 되었다.

이 두 배우의 훌륭하게 단련된 육체는 당시 세계적으로 확산되고 있던 헬스클럽 문화와 더불어 남성의 육체가 여성의 육체 못지않게 훌륭한 이미지 상품이 될 수 있음을 증명하였다. 동시에 그들이 재현하는 영웅 이미지와 활동상은 미국 중심의 세계 정치 질서를 미화하고 정당화하는 효과를 낳았다. 이들 영화에서는 하나같이 영웅의 조국으로서 미국이 세계 시민을 보호하는 전지전능한 지도자로 제시되기 때문이다. 반면 제3세계는 세계 평화를 위협하는 폭력과 범죄의 근원지로서 독재정권의 폭력적 정치에 시달림을 당하지만 미국으로부터 온 영웅에 의해 해방되는, 억압적이며 미개한 공간으로 표현되었다.

영웅의 정의로운 정신과 강한 체력은 이상적 남성상을 구현한다. 반면 제3세계 지역 주민은 악하고 옹졸한 폭력배 아니면 종속적이고 왜소한 육체를 지니고 영웅을 도와 주는 역할을 한다. 이처럼 영화를 통해 다양한 방식으로 재현되는 남성상은 사회적이고 정치적인 권력관계의 복합성을 재현하는 이미지인 것이다.

대체로 주류 영화에서 전형적인 영웅적 남성상이 두드러진다면, 비주류 영화에서는 이렇듯 지배적인 남성 이미지를 벗어난 비교적 다양한 남성상들이 등장한다. 후자의 경우에는 승리자보다는 패배자에, 영웅보다는 보통 사람들에 대한 열린 시각이 제공되곤 한다. 예컨대 앞서 언급하였듯이 1980년대는 신보수주의 권력이 주

[그림 12-6] 테드 코체프의 1982년 작품, 〈람보 Rambo: First Blood〉

그린베레 출신의 월남전 참전용사 존 람보가 어느 한적한 시골마을에 도착하면서 시작하는 이 영화는 이방인에 대한 육체적·정신적 폭력을 적절하게 묘사한 수작으로 평가된다. 하지만 이후 제작된 속편들, 〈람보 2 Rambo II: First Blood Part II〉(1985)와 〈람보 3 Rambo III〉(1988)는 주연배우 실베스터 스탤론의 근육질 이미지에 미국식 군국주의를 더해서 잘 포장된 액션영화에 불과하다고 평가받고 있다.

[그림 12-7] 마크 레스터의 1985년 작품, 〈코만도 Commando〉

이 영화 역시 1980년대 미국의 패권이 남성 영웅의 육체적인 힘과 정의감으로 재현된 블록버스터 액션영화의 전형이다. 미국 캘리포니아 주 주지사를 지내기도 했던 아놀드 슈워제네거는 이 영화를 통해 국제적인 스타덤에 오를 수 있었다.

도권을 장악한 시기였다. 미국의 레이건 정부와 함께 서방 우파 통치력의 양강을 구성했던 영국의 대처 정부는 개인 능력에 의존하는 자유경쟁 체제를 강화하는 신자유주의 정책을 추진하며 사회적 평등과 공공성의 가치를 억압하였다. 그러나 이렇듯 보수적인 사회 체제는 역설적으로 진보적인 문화를 낳았다. 이 사실은 당시 영국의 사실주의 영화문화에서 확인할 수 있다. 정부의 극우적 보수주의에 반대하며 사회 주변부의 소수자—하층민, 유색인종, 동성애자 등—관점에서 당시 억압적인 사회상을 고발하려는 진보적 영화들이 등장하였던 것이다. 스티븐 프리어스(Stephen Frears) 감독의 〈나의 아름다운 세탁소 My Beautiful Laundrette〉(1996)는 인종, 계급, 종교, 정치적 이념의 경계를 넘어 맺어지는 영국 백인 청년과 아랍 청년 사이의 우정과 사랑을 그린 영화이다. 이 영화에서 상이한 사회적 위치에 있는 청년들은 억압적인 정치 체제를 갈등적으로 살아가며 동성애의 욕망을 추구하는 도전적이고 대안적인 남성상을 표현하였다.

실업과 빈곤이라는 사회적 상황이 낳은 이탈적인 남성상이 두드러지는 영화로서 피터 카타네오(Peter Cattaneo) 감독의 〈풀 몬티 Full Monty〉(1997)를 들 수 있다. 풀 몬티는 스트립쇼를 가리키는 속어로서, 실업자가 된 전직 제철공장 남성 노동자들

[그림 12-8] 스티븐 프리어스의 1996년 작품, 〈나의 아름다운 세탁소〉

영국 작가인 하니프 쿠레이시의 동명소설을 원작으로 한 영화로 인종, 이데올로기, 성, 세대 간의 갈등 등 현대 다민족, 다문화 사회에 현존하는 문제점들을 아름다운 영상언어로 표현했다.

이 생계를 꾸려 나가기 위해 지역 클럽에서 스트립쇼를 공연하는 이야기를 소재로 삼고 있다. 영화 속 백인 남성 노동자 집단은 서구 자본주의 체제의 육체 노동력 제공자이면서 가부장적 가족 구조의 핵심에 위치하지만 사회의 계급관계에서는 소외된 존재이다. 따라서 남성 백인 노동자는 전통적으로 보수적인 남성성의 상징처럼 인식되어 왔다. 〈풀 몬티〉는 노동자의 남성적 권위가 붕괴되고 난 후 주변부적 남성의 정체성을 추구해 가는 과정을 그려 내고 있다. 스트립쇼에 등장하는 남성들의 맨몸은 가부장적 사회에서 지배적인 권력을 지녔으며, 지구적 차원에서 볼 때 타인종성에 비해 보다 우월한 위치를 점유하는 것으로 여겨졌던 백인 남성의 위치가 와해되면서 사회의 밑바닥으로 내동댕이쳐진 백인 남성 정체성의 실상을 적나라하면서도 코믹하게 고발한다.

물론 사회의 시대적 변화에 따라 영웅의 모습도 변한다. 래리·앤디 워쇼스키 형제가 감독한 〈매트릭스 1~3 Matrix 1~3〉(1999 외)의 주인공 토마스 앤더스는 낮에는 평범한 사무직 노동자이지만 밤에는 뛰어난 해커 네오로 변신한다. 영화에서 네오는 철저한 통제 구조에서 마비적인 삶을 기계적으로 살아가는 인류를 구원할 수 있는 잠재적 운명을 지니고 있지만 늘 자신이 짊어진 선택과 수행의 갈림길에서 고민하는 인물로 나타난다. 그의 인간적 성찰성은 고민이나 갈등 없이 몸으로 문제를 해결하는 람보나 코만도와 뚜렷한 대비를 이룬다. 네오는 영웅이되, 진정성과 절대성이 해체된 현대사회의 불운아로서의 영웅인 것이다. 한편 네오 역을 맡은 키아누 리브스(Keanu Reeves)는 섬세하고 다국적인 모습을 지녔을 뿐 아니라, 비서구적이며 탈기독교적인 하위문화를 지향하는 남성상을 재현함으로써, 역시 기존의 미국 패권을 체화하던 영웅들과 차별적인 모습을 드러낸다.

## 4) 한국 영화에 나타난 남성성

한국 영화의 지형에서도 현대 한국 남성성에 대한 탐색 작업이 조심스럽게 행해지고 있다. 김대승 감독의 〈번지점프를 하다〉(2001)는 남자 아이로 환생한 옛 여인에 대한 사랑과 집착으로 고민하는 남성을 주인공으로 삼고 있다. 죽음을 넘어선 절대적 사랑이라는 전통적인 낭만적 사랑의 가치를 주제로 하지만, 이것이 세대를 달리 하는 남성들 간의 동성애로 표출된다는 점에서 참신한 시도로 읽혀진다. 김인식 감독의 〈로드무비〉(2002)는 외환위기 이후 경제적 위기에 봉착한 한국의 상황에

[그림 12-9] 김대승의 2001년 작품, 〈번지점프를 하다〉

이병헌·이은주 등 남녀 스타 배우가 출연하고 순수한 남녀 간의 사랑이라는 주제가 서정적으로 그려진 영화이다. 한편 절대적인 사랑이라는 고전적인 주제를 강조해서 표현하기 위해 동성애의 코드가 사용되었다는 점에서 흥미롭다.

서 휘청거리는 한국의 남성상을 동성애의 맥락에서 제시하였다. 이 영화에서는 기존의 사회적 인간관계 및 생활 조건으로부터 소외된 두 남성들이 정처 없이 떠돌아다니며 동료적인 결합관계에 다다르는 과정이 그려지고 있다. 두 영화 모두 전통적, 즉 가부장적 사회 체제의 중심으로서의 남성의 위치가 변화하고 있는 사회적 상황을 반영하는 것으로 이해할 수 있다. 〈왕의 남자〉(2005)는 동성애적 욕망을 사극의 형태로 표현했다. 현실 질서로부터 상대적으로 자유로운 역사적 공간에, 현대인이 상상하는 새로운 유형의 남성상과 애정관계를 투사한 것으로 이해할 수 있다.

2000년대 후반에 나타난 현상들 중 하나는 아름다운 외모와 섬세한 내면을 지닌 남성 스타들이 한국 영화를 꽃피웠다는 점이다. 〈우리들의 행복한 시간〉(2006)에서 강동원은 죽음을 앞둔 사형수로, 〈아저씨〉(2010)에서는 원빈이 아동폭력을 저지르는 범죄조직을 소탕하는 전직 특수요원으로, 〈악마를 보았다〉(2010)에서 이병헌은 애인의 죽음에 복수하는 국정원 요원으로 등장했다. 이 영화들은 육체적·감성적 매력을 멋지게 갖춘 한국의 남성성을 제시하며 대중적인 인기를 얻었다. 그러나 때로는 폭력의 과잉 및 보수적인 이데올로기를 내포한다는 비판도 받았다. 이런 점에서

[그림 12-10] 김인식의 2002년 작품, 〈로드무비〉

동성애를 본격적으로 다룬 한국 영화의 대표작이다. 해석적 차원에서는 전면적인
진보성을 드러내지 못했으나, 당시까지 터부시되었던 동성애의 문제를 정면에서
다루었다는 점에서 주목할 만하다.

나날이 새로운 남성성이 계발되고 표현되는 영화문화의 장에서, 이러한 다면적인
남성성들이 함축하는 미학적·문화적·정치적 의미에 관해 보다 진지한 통찰이 필요
할 것이다.

## 5) 현대 성 이미지의 변화

앞에서 동성애의 관점에서 가부장적 남성다움의 가치가 서서히 변화하고 있음
을 지적하였다. 그렇다면 전통적인 남성상이 약화되면서 어떠한 새로운 모습들이
한국 영화를 통해 표현되고 있을까? 대표적인 경향으로 남성의 여성화(feminization)
경향을 들 수 있을 것이다. 1990년대 이후 소비문화가 세계적으로 확산하면서 상품
화된 미의 가치가 인간과 사물의 가치를 판단하는 지배적 기준으로 자리 잡아 가고
있다. 즉 어떤 사람의 성격이나 자질 못지않게 이미지의 상징적 가치가 강조되는
것이다. 이러한 변화는 영화의 남성성 재현 방식에서도 발견된다. 단순화의 위험은
있지만, 과거 영화의 남자 주인공은 전쟁이나 재난 같은 위급 상황에서 초자아적인

자기 통제력과 초인적인 지도력을 발휘하여 위기를 극복하는 영웅으로 표현되곤 했다. 이에 비해 오늘날 부상하고 있는 남성상은 세련된 전문직 종사자이며 도시의 풍요로운 소비문화를 향유하는, 부드럽고 세련된 남성의 이미지이다. 이들의 차이를 이해하기 위해, 1980년대 발생한 화성 연쇄살인사건을 소재로 하는 봉준호 감독의 〈살인의 추억〉(2003)과 2000년대 세련된 도시에서 벌어지는 죽음의 사건을 배경으로 하는 변혁 감독의 〈주홍글씨〉(2004)를 함께 살펴보기로 하자.

〈살인의 추억〉에서는 진실에 대한 순진한 열정과 책임감에 충실한 농촌 지역의 형사 박두만과 서울에서 출장수사를 나온 서태윤 형사가 대비된다. 뚝심 있는 시골 출신 박 형사와 서울의 날카로운 서 형사는 서로 대비적이지만, 크게 보아 양자 모두 1980년대 한국 사회의 맥락을 벗어나지 않는다. 즉 농촌 지역의 전통적인 생활 방식 및 경찰의 비합리적이고 암묵적인 위계질서로부터 자유롭지 않은 조직의 일원이자, 가족과 지역공동체의 지적·신체적 보호자로서 존재하는 것이다. 〈살인의 추억〉에서 형사가 재현하는 남성상은 사회정의 실현의 주체이자 동시에 이를 위해 자기 안위를 희생하는 존재이다. 반면 〈주홍글씨〉의 기훈은 기존의 형사 이미지와 뚜렷하게 다른 모습을 보여 준다. 그는 출세가도를 달리는 강력계 형사로 자신의 현실적인 이익 및 신분의 상승 추구 욕구를 적나라하게 표출한다. 그러면서도 그의

[그림 12-11] 변혁의 2004년 작품, 〈주홍글씨〉

한국의 대표적인 젊은 소설가인 김영하의 세 편의 단편소설을 결합하여 〈주홍글씨〉의 시나리오가 구성되었다. 세련된 도시인들의 욕망, 불륜, 죽음의 문제들을 담담한 시선으로 담아내며 인간 본성의 문제에 진지하게 접근하고 있다. 촉망받던 영화배우 이은주의 유작이기도 하다.

개인적인 삶은 사회적 윤리로부터 이탈되어 있다. 가정과 애인 사이를 오가면서 불륜의 행복을 즐길 따름이다. 한편 그는 세련된 문화 취향을 지녔으며 전통적인 윤리나 사회적 가치에 대해 냉소적인 태도를 보인다.

이처럼 두 영화에서 나타나는 형사들의 대비적인 모습이 시사하듯이, 남성성은 불변의 것이라기보다는 특정한 역사적·사회적 맥락과의 구체적 관계 속에서 다양한 방식으로 형성되는 것이다. 따라서 영화에 나타난 남성의 이미지 역시 그 영화가 제작되고 수용되는 사회적 상황에 따라 다양한 모습으로 표현된다.

# 2
# 성적 재현에 대한 사회적 규제 : 이탈적 욕망의 영화적 표출

사회 질서로부터 이탈적이거나 그에 도전적인 인간의 욕망에 관심을 보일 경우에 영화는 사회의 지배적인 규범과 충돌할 수 있다. 일반적으로 성인 남녀 간 이성애(heterosexuality)가 '정상적'인 애정의 관계로 공인된 반면, 이러한 정상성의 틀을 벗어난 사랑관계는 위험한 것으로 인식되는 경향이 강하다. 이런 점에서 아동의 재현 방식이 종종 문제시된다. 성적으로 조숙한 아동 혹은 아동에 대해 성적 욕망을 품게 되는 성인 등, 아동의 성애 욕구와 육체적 표현과 관련된 문제들은 비교적 개방적인 서구사회에서도 조심스럽게 다루어지는 사안들이다. 동성애의 문제가 점차 열린 시선으로 다루어지고 있는 것에 비해 아동의 성애 문제는 여전히 터부시되는 경향이 강하다. 성애적인 욕망에 일찍이 눈뜬 아동은 적절한 교육 및 심리적인 치유를 받아 정상적인 어린이의 위치로 복귀할 것이 유도되는 한편, 아동의 성욕을 자극하는 성인은 사회적 비난과 처벌의 대상이 되는 것이 일반적이다.

아동의 성애 문제가 여전히 민감한 주제임에도 불구하고 일부 영화는 성적인 아동을 주제로 삼아 사회적 논란을 일으키곤 한다. 아드리안 라인(Adrian Lyne)의 〈롤리타 Lolita〉(1997)는 블라디미르 나보코프의 동명소설을 각색한 영화로서, 47세 불문학자 험버트가 10대 소녀 롤리타와 사랑에 빠지는 이야기를 다루고 있다. 한편 〈은교〉(2012)는 한국 영상문화에서 터부시되는 노인의 성적 욕망과 미성년 소녀의 은

[그림 12-12] 아드리안 라인의 1997년 작품, 〈롤리타 Lolita〉

아동 성애의 문제는 대중 영상문화에서 늘 민감하게 다루어지는 주제이다. 반(反) 윤리적인 행위이지만 어쩔 수 없는 호기심을 자아내기 때문이다. 2012년 우리나라에서도 영화 〈은교〉가 한국 영상문화에서 터부시되는 노인의 성적 욕망과 미성년 소녀의 은밀한 사랑을 다루었다는 점에서 주목을 끌었다.

밀한 사랑을 다루었다는 점에서 주목을 끌었다. 사회적으로 금기시되는 성적 욕망과 사랑을 다루기 위한 일종의 문화적 타협으로서, 그들의 사랑이 시와 소설을 통해 간접적으로 표현되도록 하는 장치가 취해졌다.

이처럼 성애의 표현 가능성과 그에 대한 미학적·윤리적 평가는 절대불변의 원칙에 따르는 것이라기보다는 당대의 사회적 규범 및 문화 환경 속에서 구성되는 것이다. 대체로 문화적 개방성과 표현의 민주성이 상대적으로 보장된 서구사회에서 허용의 폭이 넓은 반면 종교적 전통이나 정치적 규제력이 강한 사회에서는 성과 육체의 표현에 대한 통제가 엄격하게 이루어지는 경향이 강하다.

**1** 영화를 통해 다양한 남성성과 여성성이 표현되고 있다.

**2** 한국 영화에서 성 정치학 및 성적 욕망의 문제들에 대해 진지하게 접근하려는 영화적 욕구가 성장하고 있다.

**3** 영화는 사회적으로 금기시되는 욕망의 문제를 다루기도 한다. 영화 표현에 대한 사회적 금지와 허용의 기준은 사회·문화적으로 변화하는 것이다.

**4** 영화는 성과 연령 등에 관한 사회적 규범을 반영하기도 하지만 그것을 일탈하는 욕망의 모습을 보여 주기도 한다.

**01** 영화를 통해 재현되는 남성상과 여성상의 사회문화적 특징은 어떠한가?

① 절대적 미의 원칙에 따른다.
② 사회적 규범에 종속적이다.
③ 당대의 사회적 · 문화적 관계 속에서 형성된다.
④ 영화의 표현은 사회와 전혀 무관하다.

**02** 영화의 성적 이미지를 해석하는 방식은 어떠한 사회적 형태로 나타나는가?

① 영화 이미지 해석의 방식은 보는 이의 생물학적 구분과 반드시 일치한다.
② 영화 이미지의 의미는 보는 이의 입장에 따라 다양한 방식으로 해석될 수 있다.
③ 영화 이미지는 만드는 이의 의도에 항상 일치하는 방식으로 해석된다.
④ 영화는 보고 즐기는 것일 뿐 그 의미는 중요하지 않다.

정답 | 01 ③  02 ②

**01** 최근에 자신이 가장 재미있게 본 영화를 생각해 보고 이 영화가 재현하는 남성성 또는 여성성의 특징을 설명해 보시오. 그리고 그러한 성적 이미지가 오늘날 우리 사회 · 문화적 환경과 지니는 관계를 논의해 보시오.

**02** 오늘날 한국 영화에서 정상적 · 비정상적 성적 구분이 어떻게 표현되는지 알아보고, 이 문제에 대한 자신의 견해를 다른 사람들과 토론해 보시오.

**03** 현대영화에서 새롭게 등장하는 남성상과 여성상의 특성을 생각해 보고, 그것이 현재 사회에 대해 알려 주는 의미가 무엇인지 설명해 보시오.

제 **13** 장

## 영화와 사회 I

### 개관

영화는 사회적 산물이며 동시에 사회는 영화를 통해 재현되고 구성된다. 영화는 사회의 과거에 대한 기억, 현재의 경험, 미래적 상상에 민감하게 반응하고 표현한다. 현대 대중영화는 인간관계 및 사회질서 변화의 양상을 다양한 방식으로 표출하고 있다. 특히 주요하게 드러나는 특징들은 가부장적 질서의 변화 및 친밀성 구조의 재편성, 탈전통화, 소비문화 확장의 측면들이다. 이러한 변화는 사회적 필요뿐만 아니라 대중적 욕망에 의해 움직이는 것이다. 이 장에서는 영화를 통해 나타난 현대사회의 모습을 해석하고 그 문화적 함의를 도출한다.

1. 가정은 인간의 사회적 삶의 기본 형태이
   다. 다양한 장르의 영화에서 재현되는 가
   정의 형태를 나열하고 그 특징을 분석할
   수 있다.

2. 각 시대마다 다양한 사회의 모습이 영화
   로 재현된다. 사회적 현실과 상상이 영화
   에 나타나는 방식들을 알아보고, 그 사회
   문화적 함의에 대해 설명할 수 있다.

3. 2000년대 이후 한국 영화에 나타나는 친
   밀성 관계의 특징을 기술할 수 있다.

오이디푸스 콤플렉스 • 멜로드라마 • 멜로
영화 • 로드무비 • 친밀성

# 1
# 멜로드라마와 가정의 재현

가족은 인간관계의 기본 단위라고 할 수 있다. 가족은 인간 상호 간의 애정관계 및 친족관계, 즉 친밀성(intimacy)을 근거로 하여 이루어지는 가장 기본적인 사회 단위이다. 따라서 영화에서 가족, 또는 가족의 공동생활 공간인 가정이 자주 등장하는 것은 놀라운 일이 아니다. 명시적으로 드러나는 경우는 물론이고, 어떤 경우에는 비유적인 방식으로 가족 이야기가 암시되는 경우도 많다.

영화에서 가정이라는 공간을 중심으로 하고 있는 대표적인 장르는 멜로영화이다. 멜로영화는 멜로드라마를 원형으로 한다. 멜로드라마는 역사적으로 근대 유럽 사회의 부르주아 계급의 성장 과정과 맞물려 발전하였다. 18세기를 전후하여 급성장한 신흥 부르주아 계급은 정치·경제·사회의 전 영역에서 구(舊)귀족 계급에 도전하고 그들을 타파하고자 하였는데, 특히 문학과 예술은 새로운 계급의 정당성을 윤리적으로나 미학적으로 정립해 나가기 위한 주요 영역이 되었다. 이런 배경 속에서 새로운 인간관계와 도덕관을 형성하고 재현할 수 있는 문화적 형태로 멜로드라마가 형성되었다.

멜로드라마의 특성은 가정이라는 한정된 공간과 가족이라는 집약된 인간관계에 집중한다는 점에 있다. 제한된 공간과 인간관계를 배경으로 하므로 거대한 서사 구조보다는 미시적인 사건이나 인간의 내밀한 감정 작용이 중요시된다. 멜로드라마가 감정의 과잉과 복잡성을 띠게 되는 이유도 여기에 있다. 사회적인 문제가 개입된다고 하더라도 사회적 차원의 이야기로 광범하게 표출되기보다는 개인의 주관적 해석과 경험을 통해 표현된다. 예를 들어 전쟁이라는 사건을 소재로 할 때, 전장을 배경으로 한 전투장면을 그리기보다는 참전 군인과 그의 애인이 겪어야 하는 슬픔과 고통을 확대하여 보여 주는 것이다. 멜로드라마의 주요한 목적은 역사적 사실성 여부나 정치적 시시비비를 따지는 것에 있지 않다. 멜로드라마는 보는 이로 하여금 등장인물들이 재연하는 상황과 감정에 공감하고 카타르시스를 느끼도록 이끈다.

멜로영화는 멜로드라마의 전통을 이어받아 가정 또는 가정을 중심으로 한 인간관계에 주된 관심을 둔다. 인간관계에서 빚어지는 사랑과 갈등, 복잡한 감정들을

[그림 13-1] 스티븐 달드리(Stephen Daldry)의 2002년 작품, 〈디 아워스 The Hours〉

여류 소설가 버지니아 울프의 작품 〈댈러웨이 부인〉을 매개로 하여 서로 다른 세 공간을 살아가는 여성들의 삶이 다채롭게 펼쳐진다. 〈빌리 엘리엇〉으로 작품성을 인정받은 스티븐 달드리 감독의 영화언어와 니콜 키드먼, 줄리언 무어, 메릴 스트립 등여성 스타 배우들의 심층적이고 화려한 연기가 조화롭게 어울린 수작이다.

정교하고 풍부하게 그려 낸다는 점에서 멜로영화는 때로 과잉의 미학(the aesthetics of excess)으로 특징지어지기도 한다. 우리가 흔히 여성 관객을 위한 영화라고 부르는 영화들이 멜로 장르에 속하는 경우가 많은데, 이것은 사회적으로나 문화적으로 가정은 여성적 공간으로, 가정의 외부세계는 남성적 공간으로 인식되기 때문이다.

멜로영화의 주된 무대인 가정은 여성 중심적인 공간이다. 가부장적인 사회 질서에 의해 통제되고 억압받지만 여성적 감정과 욕망이 표출되는 계기들을 멜로영화는 그려 낸다. 연인과 함께 새로운 가정을 꾸미기 위한 여성의 노력, 또는 새로운 삶을 찾아 가정으로부터 탈출하고자 하는 여성의 위험한 욕망 등이 흔히 사용되는 멜로영화의 모티프이다. 혹은 일상의 미묘한 갈등이 부각되어 나타나기도 한다. 가령 겉으로는 가부장 질서를 따르지만 심리적으로 반발하는 여성의 자기억압적인 욕망 작용을 예로 들 수 있다.

영화는 이렇게 복잡한 감정을 가시화하기 위해 다양한 표현 방식을 동원한다. 방과 문으로 표현되는 폐쇄와 개방 구조, 조명과 그림자로 나타나는 명암 구조, 계단이나 난간으로 드러나는 경사와 굴곡 구조, 덜컹거리는 창문에서 들리는 음향 등

[그림 13-2] 변영주의 2002년 작품, 〈밀애〉

전경린의 소설 〈내 생애 꼭 하루뿐일 특별한 날〉을 원작으로 한 영화이다. 극단적인 상황에서 벌어지는 전복적인 사랑을 추구한다는 점에서, 기존의 정통 멜로영화와는 구별된다. '격정 멜로영화'라는 장르로 소개되기도 하였다.

가정의 미장센은 여성의 심리를 표현하는 중요한 역할을 한다.

# 2
# 가족관계와 사회화

## 1) 가정으로부터 사회로

가정의 관계는 사회적으로 확장될 수 있다. 특히 그리스의 오이디푸스 신화가 원용되어 아들의 입장에서 보는 아버지와 어머니의 관계가 자주 사용되곤 한다. 이때 아들이 느끼는 복합적인 감정을 오이디푸스 콤플렉스(oedipus complex)라고 한다. 오이디푸스 콤플렉스 속에서 아버지는 아들에게 사회 질서를 가르치고 금기와 처벌의 원칙으로 강제하는 존재로 표상된다. 어머니는 아들에게 사랑과 욕망의 영원한 대상이다. 아들은 아버지의 권위와 갈등하며 어머니를 그리워하지만, 사회화의 과정을 거치면서 어머니에 대한 유아적 사랑을 포기하고 아버지의 원칙에 따르게 된다는 것이다. 아버지에 대해 반격을 저지른 아들은 종종 아버지에 의해 빼앗겼던 어머니를 되찾으려 시도한다.

영화 속에 나타나는 오이디푸스 신화에 대해 다양한 논의가 이루어질 수 있겠으나 크게 보면 남자 아이가 아버지의 길을 따르는 방향과 그로부터 이탈하는 방향에 대한 것으로 나누어 볼 수 있을 것이다. 전자에서 남자 아이는 온갖 굴곡과 고난을 이기고 아버지의 위치를 계승하는 청년으로 성장한다. 사회적으로 긍정적인 평가를 받으며 성취의 과정을 걷게 되는 것이다. 반면 후자에서는 아버지의 권위에 반발하는 아들의 모습이 제시된다. 아버지에 대한 아들의 반항은 아버지의 배우자인 어머니를 욕망하는 것이다. 아버지와 아들은 경쟁자가 된다. 이 해석을 사회적인 차원으로 확장하면, 아버지를 계승하는 아들은 사회의 가치와 권위에 순종하여 성공하는 남성으로 표상된다. 그는 위기에 처한 사회적 질서를 구하기 위해 투쟁하며 결국 문제를 해결함으로써 기존의 권위를 이어받아 영웅이 된다. 반면 아버지에 반항하는 아들은 주어진 규범 체제에 적응하지 못하고 방황하는 남성의 이미지로 나타난다. 이렇게 반항적인 청년은 사회 질서로부터 억압을 받으며 동시에 그에 위협적인 존재로 나타난다. 그리고 새로운 질서를 건설하는 영웅이 되거나 반기를 들었던 것에 대해 처벌을 받는 비극적인 인물이 된다.

아버지의 권위에 반항하는 젊은이의 이야기는 현대영화의 중요한 주제로 다루어져 왔다. 냉전 시기 미국의 패권 획득을 위한 보수주의 질서로부터 오늘날 신자유주의적 정치 질서에 이르기까지, 지배적인 권력 체제는 젊은이들에게 권위와 억압을 동시에 행사하는 '아버지'와 같은 의미를 지닌다. 혈기왕성한 청년이 국가조직, 혹은 조직을 대표하는 인물의 신뢰와 지도 속에서 온갖 갈등과 고난을 헤쳐 가며 어려운 임무를 수행하고, 결국 위기에 빠진 국가를 구하는 영웅이 된다는 이야기가 대표적이다.

토니 스콧(Tony Scott) 감독의 〈스파이게임 Spy Game〉(2001)은 고난에 빠진 아들을 지도하고 구함으로써 결국 영웅으로 만드는 아버지와 아들의 관계를 잘 그려 내고 있다.

1980년대 이후 아랍 지역과 아시아 지역에 개입해 들어간 미국 강경주의 정책의 틀 안에서, 지배적 권력 체제와 젊은 영웅의 관계는 CIA와 혈기왕성한 스파이라는 관계로 표현된다. 뮤어는 베트남 전쟁 중에 비숍을 우연히 만나 그의 훌륭한 자질

[그림 13-3] 토니 스콧의 2001년 작품, 〈스파이 게임 Spy Game〉
전 세계를 무대로 펼쳐지는 스파이들의 위기와 탈출의 내러티브가 뛰어난 긴장감
을 자아내는 작품이다. 특히 로버트 레드퍼드와 브래드 피트는 마치 부자간 같은
신뢰관계 속에서 상호 성장하는 남성 정체성을 보여 준다.

을 발견한 후 최고의 스파이로 키운, 비숍에게는 아버지와 같은 존재이다. 미국은
두 사람의 성장과 발전을 지원해 준 조국으로서 존재한다. 그리고 이 두 사람은 조
국을 위해 목숨을 걸고 각종 전쟁에 참전하며 혁혁한 업적을 세워 왔다. 그러나 비
숍이 사랑하는 여인을 구하고자 홍콩 감옥에 불법 침입하여 홍콩 정부에 의해 체포
되었을 때 미국 정부가 양국 간 외교 문제로 비화하지 않도록 이 사건을 은폐하려
하면서 국가와 두 명의 스파이 간에 갈등이 생긴다. 뮤어는 자신이 처한 불리한 입
장에도 불구하고 비숍의 진정성을 끝까지 믿는 유일한 인물이 된다. 그리고 마침내
비숍을 극적으로 구출하는 데에 성공하고 진정한 정의를 실현하는 것이다. 이 두
영웅은 일시적으로 국가의 기성 체제와 갈등하는 위치에 놓이지만 결국 자신들의
진실을 입증함으로써 사회 전체의 도덕성을 회복하는 데에 성공한다. 그리고 외교
적인 문제와 사고를 일으킨 비숍과 뮤어를 미국 정부가 받아들임으로써 미국이라는
국가 체제의 진정성과 도덕성은 궁극적으로 보다 강화된다. 개인적으로 본다면 뮤
어는 비숍에게 아버지 같은 존재이다. 더불어 사회적 차원에서 본다면 미국은 뮤어
와 비숍 같은 개인들의 궁극적인 아버지이다.

## 2) 사회화와 정체성 형성

### (1) 이탈과 모험

절대적 존재로서의 아버지가 부재하는 상황 역시 영화에 자주 등장한다. 아버지의 존재가 사회의 규칙과 금지를 상징하므로 아버지의 부재는 그러한 규범 체계의 (일시적) 부재 상황을 의미하게 된다. 이런 위기 상황은 구성원들에게 일탈의 욕구를 자극하며 공황의 위기에까지 몰고 간다. 한편 그동안 아버지의 통제에 의해 억제되어 있던 젊은이가 자유와 해방을 경험하고 새로운 모험을 감행할 수 있는 기회가 되기도 한다. 이처럼 영화 속 아버지 부재의 상황은 비일상적인 위기를 유발한다. 이 비일상성의 계기로부터 기존의 질서를 회복하기 위한 투쟁의 내러티브가 펼쳐지거나 반대로 새로운 질서를 형성하기 위한 모험의 내러티브가 전개된다.

아버지 권위의 와해 혹은 부재의 내러티브는 영화가 만들어지고 보여지는 현실적 상황과 밀접한 관계를 맺고 있다. 이런 점에서 베트남 전쟁에 대한 반전시위가 전 세계를 휩쓸던 시기에 방황하는 젊은이들의 이탈을 그린 영화들이 다수 등장했던 것은 우연이 아니다. 이는 비인간적인 전쟁을 강행하며 폭력적인 지배 체제를 확장하려 했던 미국 중심의 냉전 체제 질서에 대한 부정과 반발의 정서가 영화

[그림 13-4] 마이클 치미노의 1979년 작품, 〈디어 헌터 The Deer Hunter〉
베트남 전쟁을 배경으로 젊은 남녀들의 개인적 고뇌와 냉전시대 미국 사회의 모순을 표현한 청년문화의 영화적 고전이다. 1979년 아카데미 시상식에서 작품상, 감독상, 남우조연상, 음향상, 그리고 편집상을 수상하였다.

문화를 통해 표출되었던 것으로 이해할 수 있다. 예를 들어 마이클 치미노(Michael Cimino) 감독의 〈디어 헌터 The Deer Hunter〉(1979)는 베트남 전쟁에 참전했던 방황하는 남녀 젊은이들의 비극적 삶의 이야기를 담고 있다.

집을 떠나는 것으로 시작되는 로드무비(road movie)는 기성 질서에 반발하거나, 적어도 그로부터 벗어나려는 청년들의 욕구를 소재로 하는 대표적인 장르로서 주목된다. 로드무비에서 집은 권위와 질서의 공간으로 표현된다. 반면 여행은 기존의 억압적인 환경에서 벗어나 새로운 삶의 과정과 전망을 스스로 탐색하고 모험하는 도전의 과정으로 정의된다. 로드무비가 가족 대신 친구와 동행하게 되는 구조를 갖추게 되는 것도 비슷한 맥락에서 이해할 수 있다. 친구란 친족관계처럼 태어나기 이전에 미리 주어지는 것이 아니라 주체적인 만남과 선택을 통해 만들어지는 것이기 때문이다. 따라서 자율적이고 독자적이며 진실한 인간관계가 형성될 수 있는 가능성의 조건으로서 우정이 강조된다.

구스 반 산트(Gus Van Sant) 감독의 〈아이다호 My Own Private Idaho〉는 마이크와 스콧 두 청년의 성장기를 다루고 있다. 이들은 가정에서 뛰쳐나와 부랑자로 살아가는데, 이들의 삶은 아버지가 현존하는 가정과 부재하는 어머니를 찾기 위한 여행으로 제시된다. 이들의 남성적 정체성은 다양한 하위문화적 행위 속에서 점차 해체되는 과정을 겪는다. 결국 마이크는 방황을 계속하지만 스콧은 결혼과 함께 재산을 물려받음으로써 가정에 복귀한다. 이들의 대립적인 삶의 양태는 남성 주체가 밟아 나가는 사회화 과정의 다양한 측면을 보여 준다.

### (2) 성장과 질서의 재건

아버지의 부재 상황은 와해된 사회적 권위를 되세우려는 욕망으로 표출되기도 한다. 토니 스콧(Tony Scott) 감독의 〈탑건 Top Gun〉(1986)이 대표적인 예가 될 수 있다. 〈탑건〉의 주인공 매버릭 대위는 베트남 전쟁 당시 훌륭한 조종사였던 부친의 뒤를 이어 조종사가 된다. 매버릭은 입대하고 얼마 되지 않아 조종사로서 훌륭한 능력을 인정받게 되는 행운아였지만, 사고에서 실수로 동료를 잃고 자책과 번민으로 고통을 겪는 시련기에 빠져든다. 그러던 중 여성 교관 찰리의 지도와 사랑을 함께 받으며 자기 갈등을 넘어서기 위해 노력하게 된다. 결국 매버릭은 위기에 빠진 동료를 구하고 사회의 승인을 받으면서 영웅의 자리로 복귀하는 데에 성공한다. 여기서 찰리는 아들의 성장을 돕는 어머니와도 같다. 그리고 강력하고 장엄한 공군기와 무기들은 아버지가 남겨 둔 유산과 같다. 요컨대 〈탑건〉은 젊은이가 한때 방황하지만, 결국 어머니가 부여하는 애정 어린 지원과 아버지가 남겨 준 물질적 자원 및 뛰어난 능력에 힘입어 '아버지의 이름'을 구현하는, 가장 모범적인 사회화의 과정을 재현하는 것이다.

아버지의 부재라는 점에서 1980년대 전 세계 어린이들의 가슴을 설레게 했던 스티븐 스필버그(Steven Spielberg) 감독의 〈ET〉(1982)를 떠올려 보자. 2002년 〈ET〉 탄생 20주년 기념으로 디지털 버전으로 변형, 재상영될 정도로 〈ET〉가 전 세계의 영화문화에 외계적 상상을 불어넣은 의미는 매우 크다. 외계로부터 온 과학자임에도 불구하고 어린이와 비슷한 자그마한 키에 귀여운 얼굴을 지닌 ET의 모습은 당시 어린이들 사이에서 획기적인 인기를 얻었다. ET는 지구의 침입자로서 위험스러운 존재 또는 야만적인 괴물로 나타났던 기존의 외계인 이미지를 완전히 탈피하고, 순하고 지혜로우며 친밀한 인상으로 등장하였다. 그래서 ET는 비교적 거부감 없이 어린이의 친구이자 보호자이며 정신적인 지주로 자리 잡을 수 있었다.

〈ET〉의 대략적인 줄거리를 살펴보면, 외계인 ET는 우주 식물을 조사하기 위해

[그림 13-5] 스티븐 스필버그의 1982년 작품, 〈ET〉
1980년대에 아동기를 거친 사람이라면 대부분 영화 〈ET〉에 대한 아름다운 기억을 가지고 있을 정도로, 〈ET〉는 현대 어린이들로 하여금 우주와 외계인에 대한 상상세계를 공유하도록 기여한 바가 크다.

외계를 탐사 중이었다. 그러던 중 사고가 발생하여 홀로 지구에 남게 된다. 낯선 지구를 헤매 다니던 ET가 머무르게 되는 곳은 엘리엇이라는 미국 소년의 집이다. 엘리엇은 어머니와 형, 여동생과 살고 있고 그들의 아버지는 멕시코에 있다. 외계인 과학자 ET와 지구의 아이들이 우정을 엮어 나가는 과정이 아름답게 펼쳐진다. 결국 아이들은 이별의 슬픔을 딛고 ET를 고향으로 보내기로 결심한다. 이들을 추적하는 정부 군사 집단을 가까스로 물리치며 아이들은 ET를 원래의 행성으로 보내는 것에 성공한다. 여기서 ET는 아이의 친구로 등장하지만 조금 더 깊이 생각해 보면 당시 미국 사회의 정서적 정황을 대변하는 것으로 이해할 수 있다. 산업사회에서 아침 일찍 출근하고 밤늦게 퇴근하는 아버지는 아이들에게 항상 부재중인 존재이다. 또한 미국 사회의 높은 이혼율이 암시하듯이 가족애의 근본적인 구조가 흔들리는 상황에서 아이들은 자신에게 애정과 보호를 베풀어 줄 수 있는 존재를 갈망하는 것이다. 이때 ET는 본래 아버지가 상징하는 바, 아이들에게 아낌없는 사랑을 베풀고 항상 같이 있어 주는 상상적 존재로서 환영받았던 것이다.

한편 아버지의 부재 상황은 어머니와 아들이 서로 사랑에 빠지게 되는 낭만의

[그림 13-6] 로버트 제멕키스의 1985년 작품, 〈백 투 더 퓨처 Back to the Future〉
이 영화는 타임머신을 타고 여행하며 겪게 되는 사건을 소재로 한다. 공상과학 장르에 속하면서도 뛰어난 오락성을 겸비히여 블록버스터의 빈열에 오를 수 있었나. 텔레비전의 인기 스타였던 마이클 J. 폭스는 이 시간여행 코미디 모험영화로 영화배우로서도 완전한 입지를 다졌다.

내러티브로 변형되기도 한다. 우리가 흔히 보는 오락영화에서도 이 주제는 로맨틱한 코미디의 요소로서 자주 사용된다. 예를 들어 1980년대 이후 공상과학 영화의 오락적 대중화에 큰 기여를 했던 로버트 제멕키스(Robert Zemeckis)의 〈백 투 더 퓨처 1~3 Back to the Future 1~3〉(1985~1990)는 시간 여행이라는 상상적 내러티브를 통해 어머니와 연인의 관계로 새로이 만나는 아들의 모험담을 다룬다. 우연히 기이한 과학자의 실수이자 도움으로 마티는 타임머신을 타고 과거로 여행하고 당시 여고생인 자신의 어머니와 사랑에 빠지게 되는 것이다. 여기서 시간 여행과 같은 상상의 맥락은, 자칫 터부시될 수 있는 근친상간이라는 위협적 요소가 안전하게 즐길 만한 오락의 대상으로 조율될 수 있도록 기여한다.

## 요점정리

**1** 멜로드라마는 여성적 공간인 가정을 중심으로, 그 공간에서 전개되는 친밀성의 관계와 그에 내재된 사랑 및 갈등의 관계를 함축한다.

**2** 멜로영화는 가정 공간을 중심으로 전개되는 성 역할과 심리관계에 주목한 장르이다.

**3** 할리우드 영화에 등장하는 남성성은 당대 가부장적 질서와 긴밀한 상호연관성을 지닌다.

**4** 가족관계 모델은 통합 또는 이탈 등 개인 및 집단의 사회적 정체성을 다룬 영화를 이해하기에 유용한 틀을 제공한다.

**01** 다음 중 가정이라는 공간에 주목하고, 그 안에서 벌어지는 성 역할 및 욕망관계에 관심을 보이는 영화 장르는 무엇인가?

① 독립영화 ② 무술영화
③ 멜로영화 ④ 애정영화

**02** 다음 중 애정영화를 감상하면서 그 안에 나타난 인간관계를 이해하고자 할 때 유용한 사회학적 개념은 무엇인가?

① 친밀성 ② 객관성
③ 타당성 ④ 교육성

**03** 여성적 공간을 중심으로 펼쳐지는 친밀성의 관계를 주로 다루는 영화 장르는 무엇인가?

① 희극 ② 비극
③ 코미디 ④ 멜로드라마

**04** 여행과 방랑을 소재로 하며, 주로 남성들 간의 우정과 사랑을 그려 내는 영화 장르는 무엇인가?

① 스트릿무비 ② 로드무비
③ 트래블무비 ④ 배틀무비

정답 | 01 ③  02 ①  03 ④  04 ②

## 연구과제

**01** 오이디푸스 신화에 대해 알아보고, 현대문화에서 적용되는 사례들을 조사해 보시오.

**02** 한국 멜로드라마의 역사적 변천 과정을 살펴보고 각 시대의 영화에서 표현된 당대의 친밀성 구조의 특징에 대해 탐구해 보시오.

**03** 최근 할리우드 액션영화에 나타난 세계상을 분석하고, 이에 대한 대중적 심리 및 재현 방식의 특징을 설명해 보시오.

제 **14**장

영화와 사회 Ⅱ

## 개관

영화는 당대의 중요한 사회적 문제를 스크린에 담아내기도 한다. 가족관계, 노령화, 도시화와 탈전통화 등
당대인들이 짊어지고 있는 문제점들을 건드리고, 관객으로 하여금 그에 대해 성찰할 것을 요구한다. 이런
점에서 대중영화는 때로는 어떤 역사책보다 특정 시대의 모습을 사실적으로 그려 낸다. 이 장에서는 영화가
사회에 대해 발언하는 사례들을 살펴보고, 그것이 사회에 미치는 영향에 대해 탐구한다.

1. 영화를 사회정치적 관점에서 보고 비평하는 능력을 기른다.

2. 영화를 통해 사회와 역사를 이해할 수 있다.

3. 영화가 사회적으로 지니는 영향력을 인식하고, 바람직한 영화의 역할에 대한 이해의 폭을 넓힌다.

다양성 · 친밀성 · 탈전통화 · 노령화

# 문화적·역사적 다양성

앞의 장에서 가족관계를 사회적으로 확대 적용함으로써 영화 텍스트의 사회적 의미에 대한 해석의 폭을 넓힐 수 있음을 확인했다. 그러나 가정과 사회가 반드시 부모와 남자 아이로 구성된 삼각관계 속에서 작동하는 욕망과 갈등이라는 심리적 틀 안에서 해석되어야 하는 것은 아니다. 현실적인 사회문화적 맥락에 따라, 그리고 구체적인 관계와 사건의 성격에 따라 보다 다양한 관점과 이해가 가능할 것이다. 예를 들어 이란의 압바스 키아로스타미(Abbas Kiarostami) 감독의 〈내 친구의 집은 어디인가 Where Is the Friend's Home?〉에서 초등학생인 아마드가 경험하는 세계는 지금까지 살펴본 서구 도시 중산층 가정 중심의 인간관계와 전혀 다르다. 선진 도시 대신 후진국의 빈곤한 농촌 지역에 사는 어린 아마드에게, 그의 인간관계는 가족적인 구조에 묶여 있다기보다는 친구, 이웃, 또는 우연히 만나게 되는 낯선 사람들에 대한 관심과 애정에 의존하고 있다. 친밀한 가족 간의 보호와 애정 대신 타

[그림 14-1] 압바스 키아로스타미의 1987년 작품, 〈내 친구의 집은 어디인가? Where Is the Friend's Home?〉

이란 영화의 존재를 세계적으로 알리는 데 크게 기여한 작품이다. 이란 농촌의 빈곤한 생활환경 속에서도 씩씩하게 자라나는 어린이들의 모습에 초점을 맞추었다.

인과 맺어지는 우정과 신뢰의 가치가 중시된다. 〈내 친구의 집은 어디인가?〉에 등장하는 사람들은 여느 서구영화처럼 성적 매력과 욕망에 집착하지 않는다. 대신 열린 감성과 지혜를 지닌 보통 사람들로서 의미를 지니는 것이다. 이처럼 영화를 통해 재현되는 인간관계를 이해하기 위해서는 그 영화 속 세계를 구성하는 사회문화적인 특수성을 이해하고 그 각각의 고유한 가치들을 포용하는 열린 자세가 선행되어야 한다.

영화의 사회 재현 방식을 파악하는 데 문화적 다양성에 대한 인식 못지않게 중요한 요소가 바로 역사적 다양성에 대한 이해이다. 특히 현대사회에서 진행되고 있는 성 질서와 가족관계의 변화는 대중영화의 가정 및 사회 재현 방식에 중대한 영향을 미치고 있다. 기존의 영화에서 당연시되던 성 역할에도 적잖은 변화가 생겨났다. 이런 점에서 최근 들어 돌발 사고에 직면한 가족을 구해 내고, 사고뭉치 남편의 반성과 회귀를 유도하는 주부의 모험담을 그린 영화들이 상당수 나오고 있는 현상은 자못 흥미롭다. 특히 그 돌발 사고가 남편의 부도덕이나 실수에 의해 야기되었을 때 위기를 해결하는 여성의 역량이 더욱 강조되고 정당성을 부여받게 된다. 이렇듯 대중영화를 통한 여성의 능력 신장에 대한 인식과 긍정적인 재현은 현대사회에서 여권이 신장되고 남녀평등 경향이 확대되면서 더욱 부각되고 있다.

예를 들어 1990년대 할리우드 영화에서 여성을 주인공으로 하는 엽기 공포물이 지배적인 장르들 중의 하나로 등장하였다. 이 성격의 영화들은 사랑에 대한 과도한 집착이 야기하는 비극적인 사건들을 스릴과 서스펜스의 요소와 적절히 조합함으로써 공포와 감동을 함께 제공하였고 커다란 인기를 끌 수 있었다. 한 걸음 더 깊은 해석을 해 보면 이 영화들이 가족관계 및 성 역할의 사회적 변화와 이에 대한 대중적 인식의 변화를 반영하고 있음을 발견할 수 있다. 엽기적인 여성이 중산층 가정을 위협하는 내러티브는 그간 안정적인 것으로 여겨졌던 부르주아 계급 중심의 가족 모델이 점차적으로 변화되고 있는 현실을 영화적으로 반영하는 현상으로 이해된다.

〈나인 하프 위크 Nine Half Week〉(1986), 〈플래시 댄스 Flash Dance〉(1983) 등 열정적인 여성성과 불안정한 사랑의 역동을 주제로 한 영화들을 만들어 온 아드리안 라인(Adrian Lyne) 감독은 〈위험한 정사 Fatal Attraction〉(1987)에서 과잉된 여성성과 욕망이 사회적으로 용인될 수 있는 가능성과 범위를 탐색한다. 이 영화에서 가정의 위험은 부주의하고 불성실한 가장의 실수에서 비롯된다. 행복한 가정을 일구고 살던 변호사 댄이 알렉스와 우연한 기회에 만나게 되고 점차 외도의 길로 빠지게 되기 때문이다. 그는 알렉스와의 불륜을 일시적인 실수로 생겼던 문제라 여기고 정리하려 했지만 알렉스는 광적으로 그에게 집착하며 점차 그의 가정을 공격해 들어온다. 그가 자신의 잘못을 깨닫고 가정으로 돌아오려 할 때 이미 여인의 욕망이 위험 수위를 넘어서 남성과 그의 가족에게 처참한 복수를 가하기 시작한다. 알렉스의 침입으로 위기에 빠진 가정을 지키는 역할을 담당하는 이는 아내 베스이다. 단지 물리적 방어뿐 아니라 악과 부도덕으로부터 가정의 가치를 지키는 정신적 주체이자 어머니로서 여성의 활약이 펼쳐진다.

이처럼 〈위험한 정사〉에는 현대사회의 가정 와해 현상에 대한 불안한 인식과 그것을 지키려는 사회적인 욕구가 혼재되어 있다. 더불어 문제의 발단과 해결의 주체가 서로 다른 위치에 있는 여성의 관계 및 작용으로 설정되어 있다는 점에서 여성의 사회적 역할에 대한 대립적인 시각이 공존하고 있음을 알 수 있다.

# 2
# 새로운 가족 구조의 영화적 모색

어머니의 역할 강화에 대한 인식은 어머니와 딸의 동맹관계로 구성된 가족의 모습으로 표현되기도 한다. 데이비드 핀처(David Fincher) 감독의 〈패닉 룸 Panic Room〉(2002)에서는 전문직에 종사하는 어머니와 딸이 단결하여 위기를 모면하는 2인 가족의 모습이 잘 나타난다. 멕은 남편과 이혼한 후 딸 사라를 데리고 뉴욕 맨해튼의 고급 주택으로 이사한다. 이들은 부모와 자녀로 구성된 전형적인 핵가족 모델을 취하지 않음에도 불구하고, 안정되고 강인한 모녀관계를 이루고 있다. 위기는 이들이 새로 이사한 주택의 패닉 룸에 비밀스럽게 숨겨진 돈을 훔치려는 남성 강도들의 침입으로 시작된다. 여기서 멕은 초인적인 모성애를 발휘하고 사라와 눈부신 협동 작동으로 결국 위기에 빠진 가정을 지켜 낸다.

우리는 〈패닉 룸〉 내러티브가 남성의 공격적 힘에 대해 이것을 극복하기 위한 여성적 방어력의 대립구조로 구성되어 있음을 알 수 있다. 이 영화에 등장하는 모녀

[그림 14-2] 데이비드 핀처의 2002년 작품, 〈패닉 룸 Panic Room〉
제한된 공간에서의 추격과 탈출이라는 고전적인 스릴러 내러티브를 근간으로 하
되 현대적인 재미 요소를 풍부하게 가미했다. 외부에서 닥친 위험에 대해 모녀가
상호 간의 강한 신뢰와 의지로 난관을 극복하는 과정이 잔잔한 감동을 준다.

관계는 마치 친구의 그것과 같다. 지적이고 능동적인 어머니 멕과 육체적으로 취약
하지만 지혜롭고 사랑스러운 딸 사라는 신뢰와 우정에 근거한 일종의 굳은 동료애
로 묶여 있다. 이 같은 여성적 가정 공간에 대해 무자비하고 야만적인 남성 강도 집
단의 침입 행위가 대비된다. 이들이 새로 이사한 뉴욕의 고급 주택은 거의 모든 시
스템이 첨단 자동기술로 제어되는 일종의 스마트 홈이다. 그러나 과도한 과학기술
로 장착된 편의 및 안전시설은 오히려 그 집의 거주자를 억압하게 된다. 이사 온 첫
날 밤 멕은 집안 장치들을 다루는 법을 익히기 위해 엄청난 시간과 노력을 투자하지
만, 이 기계적 공간은 인간의 능력과 감성을 압도하고 멕은 탈진하고 만다. 가족이
집 안에서 안온하게 살 수 있는 것이 아니라 집의 공간 구조에 전적으로 의존하고
훈련되어야 하는 역전된 상황이 벌어지는 것이다.

　가족을 억압하는 이 집의 공간성은 패닉 룸으로 상징된다. '패닉 룸' 자체가 억압
적인 가부장적 체제를 공간적으로 표상하는 것이다. 패닉 룸은 원래 어떤 외부로부
터의 물리적 공격도 견뎌 낼 수 있는 완벽한 보안 및 방어 장치를 갖춘 방을 의미한
다. 사적 재산의 가장 안전한 금고 역할을 하기도 한다. 따라서 패닉 룸은 사적 소
유 질서에 근거한 부르주아 가정의 상징인 것이다. 그러나 〈패닉 룸〉에서는 자기
재산의 독점적 소유를 보호하기 위한 이 공간이 오히려 가족을 유폐시키는 공포적

인 공간으로 변모한다. 이 집에 침입한 강도는 바로 패닉 룸을 설치한 기계공을 비롯한 범죄 집단으로, 이들은 이전 거주자가 패닉 룸에 숨겨 놓았던 재물을 노리는 것이었다. 결국 패닉 룸은 외부로부터 위험을 불러들이는 요인이 되는 것이다. 한 번 들어가면 외부에서 도저히 열 수 없는 패닉 룸에 강도를 피해 숨어들어 간 모녀는 패닉 룸의 시스템과 강도의 공격 사이에서 빠져나올 수 없는 곤경에 마주친다. 이는 배타적인 사적 가족 공간이 오히려 인간 주체를 억압하고 왜곡된 사회관계를 유발하는 기제로 변질되고 있음을 시사하는 것이다. 결국 영화는 멕이 천신만고 끝에 패닉 룸의 문을 열고 딸을 살리기 위한 응급조치를 수행하고 강도들을 물리침으로써 어머니와 딸이 승리를 거두는 것으로 종결된다. 이 고난과 승리의 내러티브는 패닉 룸이라는 공간적 은유를 통해 억압적 가족 구조로부터 독립적인 두 여성이 고난을 이기고 자립에 들어서는 과정을 보여 준다.

# 3
# 친밀성 구조의 탈전통화 양상

현대영화에서 비전통적인 가족관계에 대한 관심이 높아지는 것은, 20세기 후반 후기자본주의 질서가 가속화되면서 근대 이후 정립되었던 사적 인간관계의 형식이 급속하게 변화하는 현실에 대한 당연한 반응으로 이해할 수 있다. 가족, 친구, 연인 등 1차적 집단을 묶는 감정적 틀은 친밀성이다. 현대사회를 살아가는 사람들이 친밀성을 경험하는 방식과 실현하는 형태가 전통적인 그것과 동일할 수 없다. 근대사회에서 합리적인 선택과 결정에 따른 혼인, 그리고 온전한 양육이 가능할 수 있는 두세 명의 자녀, 평생 한 배우자와 사는 것 등을 기본으로 하는 핵가족의 질서가 정립되었다. 이러한 가족 형태가 오늘날까지도 '정상적인' 가족관계의 원형을 이루고 있다. 그러나 오늘날 이러한 기준이 상당 부분 와해·변형되고 있으며, 전통적인 가족 형태와 다른 다양한 형태의 공동체를 위한 모색이 사회적으로 점차 진행되고 있다.

한국 사회에서도 전통적인 관점에서 보면 '결손가정'이라고 간주될 수 있는 가족들이 편부모와 자녀, 미혼모, 입양가족, 재혼가족 등 다양한 형태로 발생하고 있다. 뿐만 아니라 반드시 결혼이라는 법적 절차를 거치지 않더라도 함께 살아가는 동거 커플이 조금씩 늘어 가는 경향이다. 영화는 이러한 사회적 변화를 민감하게 반영하며, 그에 관련된 대중적 불안, 호기심, 욕망을 동시에 표출하고 있다.

## 1) 노령화 사회와 욕망의 재발견

전통적인 가족 형태에 대한 사회적 고민은 세대적 경험의 변화와 밀접한 관계를 맺고 있다. 노령화가 진행되면서 인간의 수명이 상대적으로 짧았던 시대에는 미처 예기되지 못했던 문제들이 돌출하고 있다. 국내 어느 광고 카피가 압축적으로 선언하듯, '나이의 숫자는 중요하지 않다'라는 믿음이 현실적으로 나타나고 있는 것이다. 특히 인간관계에 대한 욕망이라는 문제에 연관지어 볼 때, 인생의 쇠퇴기로서의 노년기가 아닌 인생의 전환기로서의 노년기가 자리매김하는 변화가 눈에 띈다. 이런 시각에서 본다면 노년기가 소극적이며 자기억제의 시기이기보다는 새로운 삶

[그림 14-3] 로저 미첼의 2003년 작품, 〈어머니 The Mother〉

아버지의 죽음으로 새롭게 형성되는 어머니의 성적 욕망과 그에 대한 가족들의 감정이 적나라하게 표현된다. 단지 회상 속에서 죽음을 맞이하는 '여생'으로서의 노년기가 아닌 새로운 인생을 꾸려 나갈 수 있는 시기로서의 노년기가 재조명되고 있다.

의 방식을 시도해 볼 수 있는 여유와 변화의 시간으로 재정의될 수 있는 것이다.

자녀가 성장하고 직장에서 은퇴를 맞게 되면서 장·노년기에 확보하게 되는 시간적·경제적 여유는 그간 숨가쁘게 살아오는 동안 억제하거나 미처 깨닫지 못하고 지냈던 개인적 욕망을 재발견하는 시기로 재인식되기도 한다. 이런 점에서 로저 미첼(Roger Michell) 감독의 〈어머니 The Mother〉(2003)는 노년기 여성의 욕망의 문제를 친밀성 구조의 재편성이라는 관점에서 사실적으로 그려 낸 영화로서 주목된다.

주인공 메이는 영국의 안정된 중산가정의 주부로, 남편을 위한 내조와 자녀의 양육을 위해 평생을 보낸 60대 여성이다. 적어도 겉으로는 평온한 노년의 일상을 살아가던 그녀에게 남편의 갑작스런 발작에 의한 죽음은 충격과 극도의 외로움을 안겨 준다. 그러나 이 변화는 동시에 메이에게 새로운 삶의 기회를 제공한다. 새로운 만남과 배움의 경험을 시도하며 혼자 살아가기 위한 방법을 모색하던 그녀는 자신의 딸 폴라의 애인이자 목수인 대런과 갑작스런 사랑에 빠진다. 평생 지켜 오던 도덕적 규범과 모성애의 원칙이 걷잡을 수 없이 무너진 것이다. 그리고 그녀는 죄의식과 수치심에도 불구하고 통제할 수 없는 성적 욕망을 추구하는 자신을 발견한다. 뒤늦게 노출된 노년기 어머니로서의 메이의 여성성은 자녀들로부터 당황과 혐오의 대상이 된다. 대런 역시 메이의 돈 때문에 그녀를 희롱한 것임이 드러나면서 그녀는 더욱 절망하게 된다. 결국 메이가 자기 갈등을 극복하고 평생 실천해 보지 못했던 혼자만의 여행길을 떠나는 것으로 영화는 종결된다. 그녀가 '혼자 서기'에 성공할지 여부는 여전히 열린 가능성으로 남겨지는 것이다.

## 2) 새로운 아버지상의 등장

남성적인 권위가 약화되는 현실 상황을 반영하듯, 연약함과 무기력의 주체로서 장년기의 남성이 영화의 주인공으로 등장하고 있다. 이것은 전형적인 남성 주인공 이미지인 가부장적 남성이나 영웅의 모습과는 대별되는 현상이다. 감성적인 노동자, 중성적이거나 여성적인 청년, 무기력한 가장 등, 다양한 이미지의 남성상의 등장은 기존의 권위주의적이고 공격적인 남성상을 대체, 보완하는 경향을 보인다.

수오 마사유키(周防正行) 감독의 〈쉘 위 댄스 Shall We Dance?〉(1996)는 원래 일본에서 제작된 후 피터 첼섬(Peter Chelsom) 감독에 의해 같은 제목으로 할리우드에서 2004년에 리메이크되었다. 급격한 현대화의 역사를 걸어온 일본(아시아)의 장년기 남성상을 그려 냈다는 점, 그리고 아시아의 지역적인 영화가 미국화를 통해 세계적으로 보급된 점, 그리고 이러한 지역성이 미국화와 세계화를 거치면서 변모하게 되는 점 등 이 영화는 여러 면에서 흥미로운 요소들을 지녔다. 성실한 노동과 가족의 부양이라는 가치만을 위해 평생을 살아온 소시민 스기야마는 외면적으로는 근면하고 모범적인 일상을 살아가지만 현실에 대한 무료함을 느낀다. 그러던 중 충동적으로 출퇴근길에 늘 보아 오던 댄스 교습소에 등록을 하고 댄스를 배우기 시작한다. 그가 댄스를 배우기 시작하게 된 것은 매력적인 강사 마이에 이끌렸기 때문이기도 하다. 그에게 춤 배우기란 결코 치명적인 불륜이 아니고 이렇다 할 사건을 일으키지도 못하는, 그저 즐겁게 기다려지는 약간의 모험에 불과한 것이다. 그러나 평생을 모범적으로 살아온 그에게 댄스 강습은 묘한 흥분을 불러일으키고 한동안 잊고 지냈던 삶의 활기를 되살려 준다. 스기야마는 근대화 프로젝트에 탈진한 아시아 남성의 일상적인 이탈과 희망 찾기의 모험을 보여 준다.

이러한 새로운 성격의 영화 등장은 일상의 가족 및 인간관계 맺기 방식이 사회

[그림 14-4] 수오 마사유키의 1996년 작품, 〈쉘 위 댄스 Shall We Dance?〉
일본 소시민 남성이 춤을 배우기 시작하면서 벌어지는 사건들을 잔잔한 유머와 함께 표현하고 있다. 일본에서 220여 만 명의 관객을 동원하고, 사교댄스 붐을 일으킨 작품이다. 1996년 일본 아카데미상 13개 부문을 석권하였으며, 미국 선댄스 영화제를 비롯한 세계 유명 영화제에 초청되어 호평을 받았다. 2004년 미국에서 리메이크되기도 했다.

적으로 변화하고 있는 현실을 보여 준다. 이 경향이 단지 낯선 나라의 이야기인 것만은 아니다. 탈근대화의 변화를 급격하게 겪고 있는 한국 사회에서 이러한 영화적 모색 작업이 활발히 진행되고 있다는 사실은 놀라운 일이 아니다. 한국 영화의 맥락에서 우리들이 일상 속에서 경험하는 바, 전통적인 인간관계와 새로운 인간관계 맺기 사이에 현존하는 긴장과 상상의 내러티브들을 탐색해 보자.

# 4

# 한국 영화와 한국 사회

## 1) 한국 영화에 나타난 사회와 역사의 단편들

우선 한국 영화에서 가정과 사회가 다루어져 왔던 방식을 간략하게 살펴보도록 하자. 그 긴 역사를 종합적으로 보는 것은 매우 방대한 작업이므로 중요한 의미를 지니는 일부 계기들에 주목하기로 한다. 영화는 직설적으로 발언될 수 없는 대중적 욕망과 사회적 모순을 은유적이거나 암시적인 이미지로 표현한다. 이렇게 볼 때 현대 한국 사회에서 가정이란 그리 매력적인 주제로 보이지 않았을 수 있다. 정부 주도의 근대화 프로젝트가 맹렬히 진행되고 이에 대한 갈등이 악화되던 사회적 상황에서 개인과 가정에 대해 섬세한 영화적 관심이 충분히 발휘되기란 쉬운 일이 아니었을 것이다.

한편 주목할 만한 예로 한국 사회의 근대화가 본격적으로 진행되던 1960년대에 가정의 의미가 김기영 감독에 의해 탐구되었다. 그의 영화에서 가정은 성과 계급적 갈등과 욕망이 투쟁하는 공간으로 그려진다. 김기영 감독의 〈하녀〉(1960)는 빈민 계급 여성의 질투와 광기어린 욕망으로 단란한 중산가정이 파괴되는 과정을 처절하게 표현한다. 가정부 명자는 집주인 명식을 유혹하고 그의 가족에게 해를 끼친다. 그녀는 명식의 아내와 필사적으로 싸우면서 그 아들을 죽이고 결국 자살하고 만다. 명자의 의미는 여러 의미에서 해석할 수 있다. 개인 차원에서는 위험하고 공격적인 여성상을 표상한다. 그러나 사회적 차원에서 볼 때 명자의 악행은 경제적 발전이 급진전하고 빈부차가 확대되면서 돌출된 계급 간의 갈등을 표상하는 것이다. 그녀는 억압적인 사회 체제 내에서 분출되는 상승욕구와 현실적인 제약 속에서 고통을 겪는 당대의 사회적 심리를 체현한다.

〈하녀〉에서 가정은 안온한 삶의 보금자리이기보다는, 계급적·성적 갈등과 모순을 억압적으로 함축한 공간으로 나타난다. 부르주아 가정의 행복이란 외부인의 유혹에 쉽게 무너질 수 있을 정도로 피상적이며 취약한 것이다.

이후 1970년대와 1980년대 한국 영화계는 흔히 '호스티스영화'와 '청춘영화'라고 불리는 장르들에 의해 주도된다. 퇴폐적인 무기력증이 사회에 팽배한 가운데 가정은 여전히 도피하고 싶은 장소로 그려진다. 영화 속 주인공은 가정의 일상에 만족하지 못하거나 심지어 가정을 벗어나고 싶어 한다. 이때 도시는 집을 나선 사람들이 일시적이나마 해방의 즐거움을 만끽할 수 있는 열린 공간으로 주어진다. 낯선 사람과의 만남, 여행, 유흥과 쾌락은 반가정적인, 따라서 도시적인 즐거움으로 표상된다. 사회 체제는 억압적이고 가정 질서는 폐쇄적인 것으로서 부정된다. 대신 도시로의 이탈과 방황이 영화의 상상공간을 채우게 된다.

한국 영화에서 가정이 부정까지는 아니라도 매력적이지 않은 곳으로 여겨지는 경향은 1990년대에도 별로 다르지 않다. 적어도 1990년대 후반 경제위기를 거치며 영화산업의 구조적인 변화를 겪기 이전까지 1990년대 한국 영화는 직배망을 통해 수입 상영되는 외국 영화, 특히 미국 영화의 막강한 영향력에 의해 불황기를 겪고 있었다. 이런 상황에서 현재적 일상성은 관객을 끌어들일 수 있는 매력적인 소재가 아니다. 대신 역사와 정치를 주제로 삼은 영화들이 주된 관심을 받았다. 이는 부분적으로 과거의 역사가 하나의 화려한 스펙터클을 구성할 수 있기 때문이다. 전통문화가 강조된 〈서편제〉(임권택, 1993), 전통 불교에 주목한 〈아제아제 바라아제〉(임권택, 1989), 〈달마가 동쪽으로 간 까닭은〉(배용균, 1991), 근대 한국 미학을 재조명한 〈사의 찬미〉(김호선, 1991) 등의 역사 장르 영화들을 예로 들 수 있다. 한편 역사적 사건을 극적으로 재조명하려는 시도도 활발히 진행되었다. 이 영화들은 사회적이고 남성적인 어조를 강하게 띠었다. 일본 제국주의에 대한 시대의 반항의 상징으로서 〈장군의 아들〉(임권택, 1990), 노동 운동가 전태일을 영화화한 〈그들도 우리처럼〉(박광수, 1990), 한국전쟁 및 남북관계에 집중한 〈남부군〉(정지영, 1990) 등의 영화는 현대사의 일면을 영화화한 대표적 영화들이다. 요컨대 과거로 회귀하거나 역사의 거대한 스펙터클을 상상하는 영화가 대중적인 오락의 주요 채널이 되었다.

이처럼 극적 서사가 1990년대 주요 장르로 부상하는 한편 사적인 영역에 초점을 맞춘 일부 영화들이 젊은 관객들을 대상으로 제작되었다. 예를 들어 〈겨울여자〉(김호선, 1977)를 통해 본격적으로 등장한 청춘영화는 젊은이들의 허무주의적이고 이탈적인 삶의 모습을 그려 냈다. 이런 영화는 〈깊고 푸른 밤〉(배창호, 1984), 〈젊은 날의 초상〉(곽지균, 1991), 〈추락하는 것은 날개가 있다〉(장길수, 1990)로 이어지며, 통제적인 사회 체제에서 도피적이고 때로는 퇴폐적이라고 탄압받을 수 있을 청년문화의 현상과 의미에 주목하고자 하였다.

## 2) 가정과 고향의 재발견

1990년대 후반의 경제위기를 거치며 한국 영화에서 가정에 대한 관심이 대폭 증가하는 것을 볼 수 있다. 경제난에 의한 가장의 몰락과 가족관계의 해체를 겪으면서, 그간 당연시되었던 가정의 의미가 새삼스레 크게 느껴지게 된 사회적 배경이 주요 원인이 되었을 것이다. 가정이란 늘 있어 왔던 것이고 앞으로도 그러할 것이라고 당연시해 왔던 믿음이 흔들리면서, 지키기 위해 노력해야 하는 대상으로서 가

[그림 14-5] 이정향의 2002년 작품, 〈집으로〉

〈미술관 옆 동물원〉을 연출하였던 이정향 감독의 2002년 작품이다. 7세 소년과 77세 외할머니의 사랑 이야기를 담은 가족영화 〈집으로〉는 2002년 여름, 월드컵과 함께 한국 대중문화를 설명하는 화두가 되기도 했다. 2002년 제39회 대종상 영화제에서 최우수작품상, 각본상, 그리고 기획상을 수상했다.

정의 중요성이 부각된 것이다.

〈집으로〉(이정향, 2002)는 한국 가족 영화사에 중요한 획을 그은 작품이라 할 수 있다. 이 영화는 2002년 당시 서울 관객 최다 동원 기록을 수립하며 온 국민이 즐길 수 있는 영화로 손꼽혔다. 7세 소년 승호와 77세 외할머니의 동거 이야기를 다룬 이 영화가 대중적인 인기를 확보할 수 있었던 것은 여러 가지 맥락에서 유추해 볼 수 있다. 대도시에서 살아가는 성인들에게는 고향과 가족에 대한 향수를 되살리고, 신세대들에게는 경험하지 못한 상상적 고향에 대한 흥미와 관심을 자극했을 것이다. 예를 들어 승호와 동일시하기 쉬운 어린이들은 시골과 고향이라는, 미처 경험하지 못했지만 사회적인 기억 속에 살아 있는 고향의 세계를 간접적으로 경험하는 재미를 느꼈을 것이고, 성인 관객들은 자신의 아동기를 상기하며 향수에 젖었을 것이다.

〈집으로〉는 삶의 근간이 흔들리는 국가적 위기를 거친 후 근원적인 그 무엇인가를 그리워하는 대중적 감정에 적절하게 호응하며 대대적인 인기를 획득하게 된다. 승호는 가족이 해체된 후 보육이 가능한 유일한 장소로서 외할머니의 집에 보내진다. 처음에 승호는 여태껏 겪어 보지 못한 재래식 생활양식과 현대적 생활양식에 무지한 외할머니에 대해 노골적인 불만을 나타낸다. 그러나 점차 외할머니의 사랑과 정에 교화되는 모습을 보인다. 승호의 어머니가 그를 데리러 왔을 때 외할머니와의 이별에 슬퍼하는 승호는 이미 그전의 승호와는 전혀 다른 아이가 되어 있다. 현대 도시문명에 오염되지 않은 인간적이고 따스한 가족애의 소중함을 깨닫게 된 것이다.

〈효자동 이발사〉(임찬상, 2004)는 〈집으로〉에 비해 보다 확장된 지평에서 가족 이데올로기를 강화한다. 〈효자동 이발사〉는 박정희 정권 시대 청와대 전용 이발사 성한모와 그의 가족 이야기를 소재로 다루고 있다. 이 영화에는 두 개의 가족 이야기가 맞물려 진행된다. 하나는 성한모의 가족사이다. 성한모는 정치적 이념의 강고함 때문이 아니라 현실사회에 대한 무지 때문에 당대의 권위, 즉 군부독재 정권의 권력 체제에 순종적인 인물로 나타난다. 그는 참한 아내와 아들로 구성된 가족을 이끌어 가는 가부장이다. 한편 또 다른 하나의 가족 구조는 성한모가 아버지같이 모시는 박정희 대통령, 그리고 박정희 대통령이 상징하는 가부장적 권력의 총체로서 국가권력과 국민의 관계로 설정된다. 이 두 개의 이야기는 성한모의 아들 낙안의 출생과 4·19 혁명 이래 발생한 역사적인 사건들이 동시간적으로 맞물리며 상호작용적으로 전개된다.

[그림 14-6] 임찬상의 2004년 작품, 〈효자동 이발사〉

2000년대 이후, 식민시대부터 한국전쟁, 군사독재 시절 등 과거에 재접근하려는
움직임이 활발해졌다. 〈효자동 이발사〉는 휴머니즘적인 시각에서 박정희 정권을
재현하고 있다는 평가를 받는다.

성한모는 대통령의 머리를 이발한다는 영광에 기뻐하며 부정 선거 요원으로 활
동하는 것조차 마다하지 않았지만, 자신의 어린 아들 낙안이 간첩사건에 연루되어
정보부에 잡혀가 고문을 당하고 장애를 얻게 되자 비로소 현존하는 권력 체제의 부
당성을 느끼게 된다. 그러나 궁극적으로 그는 주어진 아버지이자 아들의 역할을 성
실히 지키는 것으로 나타난다. 즉 아들을 고치기 위해 온갖 고난을 마다하지 않던
그가 결국 박정희 대통령의 추모 초상화의 색료를 긁어 내어 아들의 병을 고치는 데
성공하는 것이다. 결국 성한모라는 인물을 통해 아들을 보호하는 아버지의 권능이
확인되는 한편, 궁극적으로는 국민의 상처를 회생시켜 주는 국가권력의 도덕적 정
당성이 증명된다. 이렇게 하여 개인 차원의 가부장적 가족사가 사회 치원의 통합적
국가 체제로 연결된다. 요컨대 〈효자동 이발사〉는 가족과 사회의 통합적 상징으로
서 아버지의 의미가 재확인된 영화라 할 수 있다.

## 3) 새로운 친밀성 구조의 재현

인간관계 및 사회구조의 근간으로 가정과 가족애를 강조하는 영화가 대중적인 성공을 거두는 한편, 친밀성의 관계가 변화하는 사회적 현실을 반영하는 영화들이 주로 젊은 연령층을 대상으로 확산되고 있다.

예를 들어 유하 감독의 〈결혼은 미친 짓이다〉(2002)는 결혼이라는 제도로부터 이탈된, 사랑의 현대적 형태에 대한 관심을 보여 준다. 결혼을 부정하는 사랑관계는 불륜인 것으로 간주하였던 이전 영화들의 일반적 시선과 달리 〈결혼은 미친 짓이다〉는 이를 지적이고 감성적인 남녀의 사랑관계로 표현하고 있다. 〈싱글즈〉(권칠인, 2003) 역시 독신으로 사는 '싱글족'의 이야기를 발랄하게 그려 내고 있다. 〈싱글즈〉는 현실적인 삶의 문제와 고민들을 공유하고 함께 풀어 나가는 친구들의 관계에 주목하면서, 때로는 미혼모로서 그리고 때로는 독신여성으로서 자신의 삶의 방식을 만들어 나가는 20대 여성들의 모습을 긍정적으로 보여 주고 있다. '비정상적인' 가족 형태는 10대 부부 모습으로 구체화되기도 한다. 〈제니, 주노〉(김호준, 2005)는 예쁘고 똑똑하며 모범적인 중학생 재인과 준호의 사랑 이야기를 깜찍하게 담아낸다. 미성년 혼인 및 임신이 불량한 십대의 퇴폐적 하위문화의 일종으로 인식되는 것이 일반적이지만 이 영화에서는 긍정적이고 건강한 십대 문화의 한 가능성으로서 제시되고 있다.

[그림 14-7] 김호준의 2005년 작품, 〈제니, 주노〉
10대 청소년들의 애정, 결혼, 출산 등 매우 심각해질 수 있는 주제들을 깔끔하게 표현했지만, 한편으로는 사회적으로 고민해야 할 문제들을 낭만화했다는 지적을 받기도 한다.

그러나 이러한 긍정적인 측면에도 불구하고 새로운 방식의 애정관계를 다루는 영화들에서 실제 현실사회에서 뿌리 깊게 작동하는 경제적 문제, 도덕적 편견, 기존 가족 구조와의 갈등 등의 요인들이 간과되고 있음을 부정하기 힘들다. 탈전통적인 친밀성의 양태가 중요한 사회적인 문제로서 진지하게 성찰되기보다는 단지 하나의 구경거리로 환원되기 때문이다. 따라서 이들 영화 속에서는 현실의 복잡성이 단순해지고, 현존하는 모순과 갈등은 간과된다.

한편 〈바람난 가족〉(임상수, 2003)은 친밀관계의 재편성을 일부 젊은 세대에게만 해당되는 특정 문화로 한정짓지 않고 보다 넓은 사회적 집단에 포괄적으로 적용하려는 열린 시각을 보여 준다. 이 영화에서는 서로 다른 삶의 위치에서 다양한 방식으로 표출될 수 있는 사랑과 가족 맺기 방식이 솔직하게 그려진다. 따라서 이 영화는 남편의 외도, 입양한 아들과 새엄마의 밀착관계, 젊은 유부녀와 고등학생과의 사랑, 시어머니의 새로운 인생 출발 등 우리가 흔히 '바람났다'고 일상적으로 말하는 삶의 양태들에 대한 우리의 이해의 폭을 넓혀 준다. 즉 이러한 행위들을 단지 비도덕적인 이탈이라기보다는 고통어린 삶의 선택이며 생활방식이라고 공감할 수 있는 것이다.

[그림 14-8] 임상수의 2003년 작품, 〈바람난 가족〉
임상수 감독은 1998년 작품 〈처녀들의 저녁식사〉에서 이미 현대 여성들의 탈(脫)가족주의적인 애정문제를 대담하게 다룬 바 있는데, 〈바람난 가족〉에서는 각기 다른 위치에 있는 가족 구성원들이 발현하는 일탈적 애정 욕구를 더욱 솔직한 시선으로 표출했다.

[그림 14-9] 박진표의 2002년 작품, 〈죽어도 좋아〉

결코 흔하지 않은 소재인 노인들의 연애와 결혼을 다룬 이 영화는 실제 인물들이 직접 출연했다는 점에서 더욱 화제가 되기도 했다. 대담하고 파격적인 노인들의 성행위 장면에 큰 비중을 두어 거부감을 주었다는 평과 노인문제에 대한 새로운 접근이 돋보이는 작품이라는 평을 동시에 받았다. 그러나 결국, 영화는 제한상영관 상영 판정을 받았다.

아마도 가장 급진적인 대안가족 형태는 〈죽어도 좋아〉(박진표, 2002)에서 찾아볼 수 있을 것이다. 70대 노인들의 성애적 삶의 이야기를 표현한 이 영화는 상영제한 심의 등급을 받아 표현의 자유와 관련된 사회적 논쟁을 일으키기도 하였다. 사랑은 젊은 사람들의 전유물이라는 상식적 가치관에 질문을 던지며, 이 영화는 노인의 사랑과 노인의 육체의 의미에 대해 당당하게 적시한다. 노인을 무성적 존재로 간주하는 사회적 통념 및 영화화될 만한 아름다운 육체에 대한 미적 전제에 도전한 영화로서 평가할 수 있을 것이다.

이처럼 사랑과 친밀성의 경험 방식이 사회적으로 변화하면서, 과거에는 금기시되던 소재와 주제들이 영화적 접근을 통해 다양하게 표현되고 있다. 동시에 전통적인 낭만적 사랑의 내러티브가 회귀하기도 한다. 〈건축학 개론〉(이용주, 2012)은 풋풋한 첫사랑의 기억을 되살리며, 건조하고 빡빡한 일상을 살아가는 도시인들의 감성을 자극했다. 요컨대 지극히 진부하고 일상적인 영역으로 간주되는 멜로와 사랑 이야기는 실상 우리의 지극히 역동적이고 실험적인 삶 속에서도 여전히 중요한 위치를 차지하고 있는 것이다.

요점정리

**1**    현대 사회의 친밀성의 구조가 변화하면서 새로운 가족관계를 모색하는 영화들이 증가하고 있다.

**2**    한국 영화는 가족에 대한 도덕적인 시각에서 벗어나 실험적인 친밀관계에 대한 확대된 관심과 공감을 나타내고 있다.

**3**    사회의 탈전통화는 영화문화가 변화하도록 중요한 영향을 미친다.

**4**    영화는 탈일상적인 관계의 표출을 통해 당대의 사회적 무의식과 상상적 기억을 표상한다.

**01** 다음 중 현대영화에서 추론해 낼 수 있는 청년문화에 대한 해석으로 적합하지 <u>않은</u> 것은 무엇인가?

① 이탈과 방황　　　　　　　② 사회질서의 해체 및 재건

③ 권선징악 교훈의 절대적 타당성　④ 윗세대에 대한 반항

**02** 새로운 가족문화를 보여 주는 최근의 한국 영화에 대한 설명으로 옳지 <u>않은</u> 것은 무엇인가?

① 변화하는 사회상을 반영한다.

② 사회적 변화 요인 및 결과에 대한 심층적인 해석이 부족하다.

③ 새로운 인간관계에 대한 대중적 욕구에 상응하는 바가 있다.

④ 한갓 무용한 오락거리이다.

**03** 현재 한국 영화의 특성으로 옳지 <u>않은</u> 설명은 무엇인가?

① 노인과 청소년 등 애정의 주체의 폭이 넓어졌다.

② 점차 다양해지는 가족문화에 대한 관심이 커지고 있다.

③ 사회의 정치, 경제, 문화적 상황은 당대의 영화문화와 밀접한 관련을 맺는다.

④ 거대 서사에 주목한 나머지 미시적인 내러티브에 대한 관심은 전혀 보이지 않는다.

**04** 사회가 전통적인 규범으로부터 벗어난 애정관계를 보여 주는 경향이 강해지고 있다. 이러한 경향을 문화적으로 이해하기 위한 바람직한 태도는 무엇인가?

① 영화는 그릇된 방식으로 대중을 선동하므로, 그런 영화는 보지 않는다.

② 사회의 잠재적 변화가 영화문화에 반영되었다고 보고, 그 의미에 대해 생각해 본다

③ 전통과 상식을 벗어난 성 규범이 보이는 것은 무조건 용납될 수 없다.

④ 영화는 항상 도덕적 지표로 간주되어야 한다.

**05** 영화를 통해 사회적으로 소외된 소수자의 모습을 종종 접할 수 있다. 이러한 소재를 이해하는 데 바람직한 접근 태도는 무엇인가?

① 영화는 어차피 오락의 대상이므로 무엇이든 보고 즐길 수 있으면 좋다.

② 중요한 사회적 문제가 상업적으로 희화화되지는 않았는지 검토한다.

③ 영화는 주류적인 삶의 방식을 벗어난 소재는 다루지 않는 편이 상책이다.

④ 영화는 무릇 계몽주의적인 교육의 도구로서만 유효하다.

**정답 | 01 ③  02 ④  03 ④  04 ②  05 ②**

연구과제

**01** 현대 가족관계를 그린 외국 영화와 한국 영화를 각각 한 편씩 보고 그 느낌을 비교해 보시오. 그리고 각 영화의 현실적 적응, 실현 가능성에 대해 논의해 보시오.

**02** 청소년과 장년층을 주인공으로 하는 영화를 각각 한 편씩 보고 각 영화에서 나타난 세대문화 간의 공통점과 차이점을 비교해 보시오.

**03** 최근 한국 영화에서 나타나는 라이프스타일의 다양성을 찾아보고 그 사회적 의미를 도출해 보시오.

**04** 주류 영화와 인디영화에서 성과 연령질서를 재현하는 특징들을 찾아보고, 그들 간의 공통점과 차이점을 알아보시오.

제 **15** 장

# 영화와 정치

## 개관

영화와 정치는 상호작용적이다. 영화의 내러티브를 통해 정치적 이념이 전파되기도 하고 특정 영화에 의해
대중의 의식에 변화가 생기기도 한다. 영화는 정치와 사회현실이 문화적으로 접합되는 교차점이다. 오늘날
한국 영화를 통해 대중의 정치적 경험이 활발하게 표출되고 있다. 이 장에서는 한국 영화와 정치의 관계를
역사·정치·일상의 범주로 구분하고, 역사적 측면에서 기억의 정치, 정치적 측면에서 오락과 정치의 결합,
일상의 측면에서 미학적 감수성의 추구의 경향에 대해 살펴본다.

1. 똑같은 영화를 보고 관객에 따라 다르게 해석하는 이유를 설명할 수 있다.

2. 영화의 재현과 수용 과정 속에서 나타나는 차이의 정치학에 대해 설명할 수 있다.

3. 주인공과 주인공에 대립하는 타자의 관계가 이중적이거나 모호하게 그려진 영화를 파악하고 의미를 해석할 수 있다.

4. 역사 · 정치 · 일상의 문제를 다루거나 고발하는 현대 한국 영화의 사례들을 제시하고 그들의 정치적 성격을 설명할 수 있다.

5. 조폭영화가 정치적인 영화라고 볼 수 있는 까닭을 설명할 수 있다.

이데올로기 효과 • 해석의 다양성 • 타자 • 차이의 정치학 • 기억의 정치 • 정치의 오락화 • 일상의 미학화

# 1

# 영화와 권력의 재현 :
# 영화와 이데올로기 효과

국가의 정치 상황은 영화를 통해 표현되고 대중문화에 직·간접적인 영향을 미친다. 영화는 사회의 권력관계와 밀접한 관계를 맺게 되며 그 관계는 다양한 방식으로 나타난다. 사회가 억압적일 때 영화는 지배적인 권력이 요구하는 의미와 가치를 강하게 표출하는 경향을 보이기도 하지만, 때로는 정치적 압력이 거셀수록 강압적인 권력 체제에 저항하는 모습을 보이기도 한다. 사회적 금기와 처벌의 힘이 강력할수록 영화는 역설·풍자·중의적인 표현 양식을 띠며 암시적으로 의미를 전달한다. 이렇게 간접적인 표현 양식과 암시적인 의미를 지닌 영화는 모호성을 띤다. 겉으로는 지배적인 권력 질서에 순응적이지만 동시에 이탈적이거나 대립적인 의미를 담고 있기도 한다. 국가권력에 직접적으로 도전하는 영화에 비해 모호한 영화가 오히려 국가권력에 도전적일 수 있는 이유가 여기에 있다.

영화가 단지 현실의 '반영'인 것만은 아니다. 대부분 영화는 집단적이고 직접적인 관람을 통해 관객들에게 정서적인 영향을 미친다. 특정한 이념을 지지하는 영화가 관객에게 영향을 주는 정도가 강하기 때문에 정치적 맥락에서 영화의 이념적 효과는 늘 사회적 논쟁의 대상이 된다. 그러나 어떠한 영화도 오직 하나의 이념만을 일방적으로 전달하는 것은 아니다. 한 편의 영화 안에는 다양한, 그리고 때로는 모순적인 태도와 주장이 섞여 있다. 다만 이 다양한 의미들이 표출되는 정도와 방식에 차이가 나는 것이다. 예를 들어 지배적인 이념은 명시적으로 드러나며 영화의 중심을 이루지만 이와 다른 여러 수변적인 의미들은 영화 곳곳에 숨어 있는 편이다. 그래서 보는 사람의 입장에 따라 영화의 어느 부분에 관심을 가지고 접하느냐에 따라 영화의 선택적 포착, 이해, 해석의 방식이 달라질 수 있다.

또한 영화의 이념적 효과는 영화가 유도하는 방향대로 결정되는 것이 아니다. 영화가 전달하고자 하는 이념을 관객이 그냥 받아들이는 경우도 있지만, 그에 반발하여 오히려 영화와 대립되는 자신의 입장을 강화하는 관객도 존재하기 때문이다. 이처럼 관객은 영화의 내용을 주어지는 대로 그저 수동적으로 받아들이지 않는다. 자신의 신념·가치관·사회적 경험·지식을 근거로 하여, 제공되는 영화의 의미를 적극적으로 평가하고 받아들이는 것이다. 스튜어트 홀(Stuart Hall)은 수용자가 매스미디어를 해석할 수 있는 방식으로서 지배적·교섭적·대립적 해석 등을 제시하였는데, 그의 이론은 영화에도 적용될 수 있을 것이다. 영화의 이념적 효과는 관객이 영화를 해석하고 평가하는 위치에 따라 다양하게 나타나기 때문이다.

데이비드 그리피스(David Griffith) 감독의 〈국가의 탄생 The Birth of a Nation〉(1915)은 장편 서사영화의 서막을 연 작품이다. 동시에 인종차별주의의 관점에서 이념성이 강한 영화로 알려져 있다. 〈국가의 탄생〉은 미국이라는 국가의 형성을 남북전쟁으로부터 기인한 것으로 제시한다. 이런 점에서 남북전쟁은 흑인 노예 집단으로부터 미국을 지키기 위한 백인들의 투쟁으로 해석되는 것이다. 이 영화는 백인우월주의를 믿는 관객에게는 순조롭게 받아들여지고 그들의 믿음을 더욱 강화할 수 있지만, 인종차별주의에 반대하는 관객이라면 심한 거부감을 느끼게 될 것이다. 그런데 이와 같은 입장의 차이가 반드시 생물학적 인종에 의해 구분되지 않는다는 점에 유의할 필요가 있다. 물론 당시 백인 중심주의가 지배적인 사회적 현실에서 백인이 백인우월주의를 믿는 반면 흑인이 인종차별주의에 반대하는 경향을 띠게 될 가능성은 높다. 그러나 백인 관객이라고 할지라도 인종차별을 반대하는 사람이라면 〈국가의 탄생〉 같은 노골적인 인종차별주의 영화에 반감을 가질 것이고, 흑인 관객일지라도 백인사회에 동질화되었다면 백인우월주의적 영화에 공감할 수 있을 것이다. 이처럼 영화에 대한 해석의 입장은 보는 이의 타고난 생물학적인 요인에 의해 절대적으로 결정되기보다는, 후천적으로 획득한 사회적 가치관·경험·태도에 의해 복합적으로 구성되는 것으로 이해할 수 있다.

1976년 제1편이 나온 이래 5편까지 속편이 제작될 정도로 세계적인 인기를 끌었던 영화 존 아빌드슨(John Avildsen) 감독의 〈로키 Rocky〉(1976, 제1편)는 미국 노동자 계급 출신 권투선수의 인간 승리 드라마이다. 이 영화에서 로키는 강인한 정신력과 체력, 따뜻한 인간애를 체화하여 미국적 정체성을 상징하는 인물로 그려진다. 가난하지만 초인적인 정신력으로 강한 신체적 힘을 닦아 현실적인 장애를 극복하며 인간적 승리를 획득하는 로키의 모습에서 우리는 아메리칸 드림의 전형을 찾아볼 수 있다. 이것은 로키가 상징하는 미국적 정체성이 긍정적으로 표현되는 반면 그에 대립적인 요소들은 부정적으로 그려지는 방식에서 드러난다. 예를 들어 로키가 맞서 싸우는 상대 선수의 속성을 보자. 처음에는 흑인 선수가 등장하여 로키의 백인 정

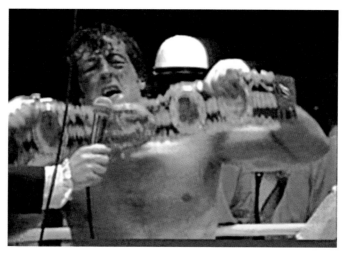

[그림 15-1] 존 아빌드슨의 1976년 작품, 〈로키 Rocky〉

권투선수 로키는 집념과 투지로 집약되는 미국적 정신을 체현하는 인물의 전형이 되었다. 1976년 1편이 나온 이후 속편이 5편까지 제작될 정도로 세계적으로 선풍적인 인기를 끌었다.

체성이 강조되고, 소련과의 대결 구도 속에서 미국의 패권 장악 욕구가 강렬했던 시기에는 로키가 소련 선수와 맞서 싸움으로써 냉전 체제 속에서 미국을 승리로 이끄는 강력한 미국 전사의 영웅적 모습이 두드러지는 것이다.

# 2
# 영화와 차이의 정치

## 1) 정체성의 형성 : 동일성과 차이의 질서

한 개인이나 집단이 자신의 정체성을 갖기 위해서는 타자(the other)가 존재해야 한다. 즉 '나'라는 인식은 '남'과의 차이를 인식함으로써 구성되는 것이다. 우리가 보통 때는 자기가 한국인이라는 것을 특별히 느끼지 않지만 외국과의 축구경기에서 한국 팀을 응원하면서 새삼스럽게 한국인임을 느끼는 것처럼 타국과의 관계 속에서 국민 정체성이 규정되고 강화되는 것이다. 이처럼 정체성은 독자적으로 형성된다기보다는 타자와의 관계 속에서 끊임없이 재형성된다. 이러한 타자와의 관계는 상호 이해와 인정과 같이 긍정적인 방식으로 맺어질 수도 있지만 때로는 경쟁과 대립 같은 적대적인 형태일 수도 있다. 앞에서 논의된 바와 같이 영화는 관객의 사회적 정체성 형성 과정에서 중요한 역할을 한다. 영화의 내러티브에서 제시되는 주인공과 주변 인물들 간의 관계는 관객들이 그에 상응하는 집단적 정체성을 형성하도록 명시적이거나 암묵적인 영향을 미친다.

영화에서 관객들은 주인공의 시각에서 '우리'와 '그들'이라는 구분을 받아들이기 쉽다. 이는 관객 개인마다 자아 정체성과 타자에 대한 의식이 영화의 영향을 받아 특정한 방식으로 유도될 수 있음을 뜻한다. 여기에 주인공의 관점에서 그려지는 선악의 대립구도는 더욱 중요한 영향을 미친다. 타자는 주인공의 눈을 통해 제시되고 상상된다. 주인공과 '나'는 동일시되지만 타자는 '나'와 다른 대상으로 인식된다. 이러한 동일성과 차이의 인식은 나아가 선악의 대립관계로 확장된다. 예를 들어 지구를 습격하는 외계인에 맞서는 지구인의 모험담을 담은 공상과학 영화는, 지구를 대

[그림 15-2] 테일러 핵포드의 1985년 작품, 〈백야 White Nights〉
납치와 탈출이라는 긴장구도와는 대조적인 미하일 바리시니코프의 발레 연기에 관객은 더욱 매혹되었다. 그러나 이러한 시각적 아름다움에도 불구하고 주로 미국적 시각에서 본 흑백논리로 냉전구도를 바라보는 한계를 지니기도 한다.

표하는 보호자의 역할로서 주인공의 정당성을 확보하고 악한 타자로서 외계인을 대립시킨다. 또 전쟁영화에서 주인공을 중심으로 하는 자국부대와 적대국가가 선과 악을 대변하는 것이 일반적이다. 중요한 사실은 우리와 그들, 선과 악과 같은 이분법적 대립 의식이 단지 허구세계에 머물지 않고 실제 현실에도 영향을 미친다는 것이다. 영화를 통한 허구적 경험은 현실의 특정한 국가나 통치 권력에 대한 대중심리에 밀접히 연계된다.

예를 들어, 할리우드 영화에서 미국 군인이 인류의 수호자로서 정의로운 영웅으로 자리매김되는 경우를 우리는 무수히 접한다. 또 냉전시대를 배경으로 한 영화에서 서구 유럽은 선한 자유민주주의 진영을, 동구는 악한 사회주의 체제를 대변한다. 예를 들어 테일러 핵포드(Talyor Hackford) 감독의 〈백야 White Nights〉(1985)에서 소련은 발레리노 니콜라이가 하루빨리 탈출하고자 하는 억압의 공간으로, 반면 미국은 해방의 공간으로 제시된다.

나와 타자의 관계는 시대를 거슬러 올라가 적용되기도 한다. 2003년, 우리나라의 삼국시대를 배경으로 한 이준익의 역사코미디 〈황산벌〉(2003)은 현대 한국 사회의 지역감정과 맞물려 묘한 재미와 갈등을 동시에 낳았다. 백제와 신라로 양분된 지역적 정체성은 사투리를 통해 표출되었고, 각 나라의 흥망과 장수들의 캐릭터는

[그림 15-3] 이준익의 2003년 작품, 〈황산벌〉

사극도 흥행에 성공할 수 있음을 입증한 영화이다. 사극을 재구성하려는 이준익 감독의 시도는 이어 〈왕의 남자〉(2005)에서 더욱 큰 성공을 거두게 된다.

오늘날 지역적 정체성에 관련된 자부심과 타 지역에 대한 경쟁심을 코믹한 코드로 자극하였다. 역시 이준익 감독의 역사극인 〈왕의 남자〉(2005)는 2006년 초 획기적인 인기를 얻었는데, 그러한 대중적 인기를 구성한 요인들 중의 하나로서 나와 타자의 관계에서 획득된 풍자적 즐거움의 요인을 들 수 있을 것이다. 관객은 멋진 줄타기의 장면을 보면서 당시 천민이라 여겨지던 줄타기 광대들의 입장에 공감하고 그들의 관점에서 조선사회를 바라보게 된다. 그래서 '나'는 광대와 같은 입장에 있다고 생각하는 반면, 권위적인 양반 계급은 억압적인 타자로 인식한다. 즉 사회로부터 소외된 이의 입장에 대한 동감을 통해 지배적인 신분 질서를 거스르는 동일시가 이루어진 것이다. 따라서 관객 대중은 기존의 권위 질서라는 억압적인 '타자'를 풍자하는 도전적 즐거움을 얻을 수 있었다.

이처럼 관객들이 영화를 보는 과정에서 형성되는 자아 정체성 및 타자에 대한 인식은 사회를 이해하는 방식에까지 영향을 미칠 수 있다. 영화의 이념적 효과가 지나칠 경우 자칫 잘못하면 자기중심적인 정체성이 과도하게 성장하여 타자에 대해 폐쇄적이고 배타적인 입장을 고집하게 될 우려가 있다. 그러나 나와 타자의 구분이 절대적이거나 본질적인 것은 아니다. 타자는 애초부터 존재하는 것이라기보다는 사회적 관계 속에서 구성되는 것이기 때문이다. 따라서 타자라는 대상 그 자체보다

[그림 15-4] 이준익의 2005년 작품, 〈왕의 남자〉
'폐인' 현상을 낳을 정도로 한국 영화 흥행 신기록을 세운 작품이다. 신분 질서의 역전 및 남성적 이미지의 양성화 등 매우 도전적인 소재들이 대중적인 영화 코드에 조화롭게 적용되어 성공한 사례이다.

타자화라는 사회적 작용에 대해 비판적으로 이해할 필요가 있다. 타자화는 피부색·국적·연령·계급·성·젠더 등 본질적이라고 여겨지는 기준을 근거로 하여 특정 개인이나 집단을, 나와 다른 타자로 구분짓고 그에 대해 대립적인 태도를 취하는 것을 뜻한다. 외국인·이탈자·주변인을 타자로 배척하는 자민족주의가 타자화의 대표적 경우라고 할 수 있다. 그간 한국 사회에서 혼혈인은 '진정한' 한국인이 아닌 타자로 여겨졌다. 그렇지만 특정 혼혈 배우나 혼혈 운동선수가 매스미디어에서 인기를 얻게 되면 혼혈에 대한 사회적 인식이 변화하는 경우를 종종 경험한다. 이런 현실을 감안할 때 우리는 타자화의 기준이 구체적인 사회적 맥락에서 늘 유동적으로 변화하는 것임을 알 수 있다.

## 2) 영화의 타자화 작용

### (1) 타자성의 영화적 재현

타자는 어차피 내가 될 수 없다. 그래서 타자에 대한 이해는 본질적으로 상상의 산물이다. 나와 타자의 관계에서 절대적인 진리란 존재하지 않는다. 타자는 나의 눈을 통해 보이고 해석되고 이해되는 대상이다. 이렇게 형성된 타자에 대한 의식은 다시 나의 정체성 형성에 중요한 영향을 미치게 된다. 요컨대 나와 타자는 상호관계 속에서 인식되고, 끊임없이 변화하고 새롭게 형성되는 것이다.

차이에 대한 의식은 나와 타자를 구분하는 출발점이다. 이로부터 타자에 대한 나의 태도가 형성된다. 앞의 절에서는 대중영화에서 명시적으로 드러나는 나와 타자의 대립 구조가 개인의 사회적 정체성 형성에 중요한 영향을 미친다는 점을 논의하였다. 그러나 실제로 영화에서 나타나는 타자와의 관계는 한마디로 정의내릴 수 없을 정도로 모호하고 복잡한 것이 일반적이다. 나와 타자의 관계는 적대적인 만큼이나 욕망과 두려움을 수반한다. 나는 외부인을 싫어한다고 믿으면서도 동시에 호기심과 관심을 가지고 그에 끌리게 된다는 것이다. 이러한 감정의 복합성은 종종 사회의 지배적인 이념 구조와 충돌적인 욕망과 갈등을 유발한다. 그래서 많은 영화들이 개인적 혹은 집단적 차원에서 나와 타자의 모순적 관계에 주목하고, 그것을 영화언어를 통해 표현하고자 한다.

예컨대 장 자크 아노(Jean-Jacques Annaud) 감독의 〈연인 The Lover〉(1992)은 프랑스 소녀가 부유하고 지적인 중국인 남성과 사랑에 빠지는 이야기를 담고 있다. 서구 백인 소녀와 아시아 속국 엘리트 남성의 사랑 이야기는 낭만적 사랑이라는 단어 하나로는 압축될 수 없을 정도로 복잡한 심리적·사회적 문제를 동시에 포함한다. 우선 이 관계는 서구 중심적인 인종차별주의나 동서양의 불평등한 국제질서를 맥락으로 한다는 점에서 사회적이다. 동시에 정치적 용어만으로는 설명할 수 없는, 사랑에 혼재하는 욕망과 두려움의 복잡다단한 심리적 문제들을 가지고 있다. 이 영화를 통해 프랑스와 베트남의 식민역사, 남성의 여성에 대한 지배관계, 성인의 미성년에 대한 통제 등 국가·젠더·세대 등의 여러 측면에서 '정치적'으로 옳고 그름을 판정내릴 수 없는 문제들이 표현되었다. 그리고 마침내 우리는 나와 타자의 관계를 정치적 옳고 그름이나 도덕적 선악과 같은 객관적 기준으로 구별하는 것이 불가능함을 알게 된다.

예를 들어 한국의 젊은 여성이 〈연인〉을 볼 경우에, 그녀는 아시아인으로서 중국인 남성에 동일시하면서 동시에 여성으로서 프랑스 소녀에 동질감을 느낄 수 있다. 인종적으로는 열등하지만 신체적·정서적으로 훨씬 우월한 위치에서 어린 서양 소녀를 유혹하는 중국인 남성에 반감을 가지면서 동시에 매력을 느낄 수 있을 것이

[그림 15-5] 장 자크 아노의 1992년 작품, 〈연인 The Lover〉
마르그리트 뒤라스의 자전적 소설을 영화화했다. 식민역사라는 거시 내러티브와 사랑이라는 미시 내러티브가 섬세하게 어우러져 있다.

다. 또한 사춘기 소녀의 성적 이탈을 우려하면서 동시에 자신도 그런 모험을 할 수 있을까 꿈꾸어 볼 수 있을 것이다. 영화를 보는 주체인 '나'는 중국인 남자와 프랑스 소녀에게서 동시에 동일성과 차이를 느끼는 것이다.

이처럼 영화에서는 동일성과 차이의 구조가 중첩적, 때로는 모순적으로 나타난다. 결국 개인의 사회적 정체성이란 다수의 타자들과 무수한 관계들의 그물망 속에서 형성되고 재형성되는 것이다. 나와 타자의 관계는 복합적이고 가변적이며 역동적이다. 대중영화는 이성적 논리와 주장이 설명할 수 없을 정도로 복잡한 타자성을 욕망과 두려움이라는 모순적 모티프로 시각화하고 관객들로 하여금 간접 체험할 수 있는 기회를 제공한다는 점에서 매우 중요하다.

### (2) 타자의 모호성

나와 타자의 배타적 관계 역시 절대적으로 지속되는 것이 아니다. 나를 중심으로 하고 타자를 주변에 두는 구조는 언제든지 뒤바뀔 수 있는, 본질적으로 취약한 것이다. 개인과 집단은 현재 지배적인 정체성 구조를 중심으로 구성되어 있다. 그리고 새롭거나 낯선 요소의 영향을 받으면서 정체성의 변화를 겪게 된다. 앞에서 보았듯이 타자로부터의 자극은 위협이 될 수도 있지만 유혹으로 다가올 수도 있다. 따라서 지배자는 종속적 위치에 있는 타자를 이성적으로는 정복하려 하지만 동시에 무의식적으로 욕망하게 된다. 그래서 타자는 사회 구조적으로는 종속적이지만 정서적으로는 지배 구조를 뒤엎을 수 있는 잠재적 가능성을 지닌다. 이때 타자는 — 정치적으로든, 정서적으로든 — 지배자의 정체성을 흔드는 위협적인 존재로 등장하고 재현된다.

리들리 스콧(Ridley Scott) 감독의 〈블레이드 러너 Blade Runner〉(1982)는 인간과 복제인간(레플리카) 간에 작동하는 지배 욕구의 투쟁 과정을 제시하는 영화로서, 공상과학 영화의 고전으로 알려져 있다. 흔히 테크놀로지 발전에 대한 낙관적 전망이 공상과학 영화의 주류를 이루는 것에 비해 〈블레이드 러너〉는 미래사회에 대한 비판적 해석과 사회학적인 상상력을 발휘한 수작으로 평가를 받아 왔다. 〈블레이드 러너〉에서 레플리카는 수명이 프로그램화된 복제 인간군이다. 인간은 일정 기간 이들의 노동력을 활용한 뒤 이용가치가 떨어지면 제거시키는 것이다. 레플리카의 삶과 죽음의 문제를 인간이 완전 통제하고 있었던 것이다. 인간에게 레플리카는 경멸적인 타자이며, 레플리카에게 인간은 억압적인 타자이다. 이 상황에서 프로그램화되지 않은 삶과 기억의 경험을 획득한 레플리카들이 돌연변이처럼 생겨나 마침내 자신에게 프로그램화된 죽음을 극복하기 위해 인간의 통치 체제에 도전하기 위한 전쟁을 시도한다. 영화의 주인공 데커드는 반항적인 레플리카를 제거하는 일을 담당하는 일종의 냉혈 형사이다. 그는 레플리카를 제거하는 임무 수행 도중 아름다운 레플리컨트(replicant) 레이첼과 사랑에 빠지고 만다. 마침내 자신도 레플리컨트일지도 모른다는 갈등에 빠진 데커드가 레이첼과 함께 어디론가 떠나는 것으로 영화는 끝난다.

〈블레이드 러너〉에서 나와 타자, 동일성과 차이 구조는 모호하다. 레플리카라는 타자를 처벌해야 하는 데커드는 결국 자신이 제거해야 하는 대상인 레이첼과 사랑에 빠진다. 인간과 복제 인간, 즉 인간 중심적인 나와 인간에 저항하는 타자의 대립 구조가 흐려지는 것이다. 나아가 데커드조차 자신의 인간으로서의 정체성을 의심하게 됨으로써 그의 정체성은 완전한 혼란에 빠진다. 나와 타자의 경계 자체가 무너지는 것이다. 이 영화에서 나와 타자의 경계, 배타성, 중심-주변 관계는 모두 모

[그림 15-6] 리들리 스콧의 1982년 작품, 〈블레이드 러너 Blade Runner〉

가히 SF영화의 명작이라고 할 수 있다. 특히 대중영화에서 일반적으로 발견되는 미래에 대한 유토피아적 시선 대신 인간과 복제 인간의 공존 사회에 대해 디스토피아적 해석을 보였다는 점에서 주목된다. 이 영화에 전체적으로 흐르는 검푸르고 어두운 조명의 미장센은 리들리 스콧 감독에게 색채의 거장이라는 명성을 안겨 주기에 부족함이 없다.

호해진다. 인간의 첨단기술문명이, 그 문명의 산물인 복제 인간에 의해 위협을 받는 것이다.

지배자와 타자의 경계가 가변적이라는 인식은 오늘날 다양화된 현대사회를 이해하는 데 매우 중요하다. 이러한 인식에 근거할 때 단편적인 이분법적 기준에 따라 결정짓는 한계로부터 벗어나, 역사적인 맥락과 문화적인 정서 속에서 사회 현상을 이해할 수 있기 때문이다. 한편 대중영화는 이렇듯 복합적인 현상을 대중미학적인 영상언어를 통해 탐색하고 해석하고 재현하는 역할을 한다는 점에서 유의미하다.

# 3
# 한국 영화와 정체성

## 1) 기억의 정치

### (1) 역사의 재구성

역사는 국가와 민족적 정체성의 중요한 부분을 구성한다. 정체성은 현재적인 경험을 통해서 끊임없이 형성되지만, 이 경험세계 자체가 과거의 체험에 대한 기억을 전제로 하기 때문이다. 이 기억은 개인적일 수도, 집단적일 수도 있다. 역사란 집단적인 기억을 개인화하고 개인적인 기억을 집단화하는 과정이라 할 수 있다. 한국의 젊은이들은 식민지 시기나 전쟁을 직접 겪어 보지 못했지만 윗세대와의 대화를 통해서나 교육을 통해서 그 사실을 이해하고 나름대로의 의미를 부여한다. 이는 자신이 체험하지 않은 민족적 역사를 자신의 기억으로 수용하는 행위이다. 추상적인 집단적 역사가 나의 개인적인 의미세계로 들어오며 주관화되는 것이다. 한편 역으로 한 개인의 이야기가 사회적으로 알려지면서 많은 사람들이 그에 대한 의미를 공유하게 된다. 예컨대 위안부 할머니들의 비참한 삶에 대해서 최근까지 알려진 바가 거의 없었는데 이는 위안부 할머니들이 자신의 쓰라린 기억을 되새겨 말하고 싶어 하지 않는다는 개인적인 이유와 함께 사회적인 발언의 통로가 폐쇄되어 있었다는 구조적인 요인이 작용했기 때문이다. 그러나 일부 위안부 할머니들이 자신의 기억을 이야기하면서 이들의 개인적 기억이 비로소 사회적인 논의로 확장될 수 있었다. 그리고 현대 한국의 역사라는 틀 안에서 그 의미가 재해석되고 있는 것이다. 이것은 침묵했던 개인적 기억이 집단의 기억으로 확장되는 경우라고 할 수 있다.

기억을 공유하는 것은 집단적 정체성의 유지 및 확장에 근본적인 역할을 한다. 이처럼 기억의 기록, 대화, 표현에 대한 사회적 관계와 작용을 우리는 '기억의 정치'라 한다. 기억이 정치적인 이유는 수많은 과거의 사실들 중 어느 것은 기억되는 반면 어느 것은 잊히는 등, 선택과 은폐의 문제가 연관되기 때문이다. 현재의 지배 질서에 이롭지 않다고 생각되는 과거는 기억되거나 말해지지 않도록 강제되기도 한다. 심지어 어떤 과거는 마치 존재하지 않았던 것처럼 부인되기도 한다. 그 이유는 기억과 망각은 결코 과거로부터 순조롭게 물려받는 것이 아니기 때문이다. 과거에 대해 생각하고 말하는 방식과 범위는 현재의 사회적·정치적 관계 속에서 형성되는 것이다. 어떤 기억이 말해질 수 있고, 말해져야 하는가라는 문제는 오늘날 문화정치의 장에서 끊임없이 논의되고 있다. 이처럼 기억은 자연적으로 남겨지는 것이 아니라 현재 사회 권력 관계 속에서 경쟁적이며 투쟁적으로 형성되는 정치적 문제인 것이다.

기억의 정치는 역사를 관통하며 현재적인 사회·정치적 효과를 발생시킨다. 영화 〈그때 그 사람들〉(임상수 감독, 2005)은 그간 한국 사회에서 금기시되었던 박정희 대통령 피살 사건을 소재로 하였다는 것 자체만으로도 화제가 되었다. 이는 그것에 대해 말하기조차 억압되었던 정치적 사건을 환기시키고 그에 대한 발언을 시도함으로써 영화를 통한 기억의 정치의 일면을 보여 준다.

기억의 정치에서 '무엇이' 말하여지는가라는 질문 못지않게 중요한 문제는 '어떻게' 말하여지는가라는 문제이다. 이것은 영화에서도 마찬가지이다. 얼핏 정치와 무관한 영화 같지만 꼼꼼히 살펴보면 심도 깊은 정치성을 포함하고 있는 영화들이 있다. 예를 들어 우리는 TV에서 사극을, 그리고 극장에서 역사 장르 영화를 일상적인 재미로 보고 즐긴다. 그러나 이러한 문화적 경험들은 한낱 재미를 얻는 것으로 끝나는 것이 아니라 실제로 과거에 대한 우리의 사고방식을 형성하는 데 중요한 영향을 미친다. 이처럼 기억의 정치는 제도권 정치 영역뿐만 아니라 일상의 무의식적인 습관을 통해 이루어진다. 기억의 정치는 우리가 의도했든 의도하지 않았든 간에 대중문화의 영역에서 지속적으로 진행되고 있다. 특히 영화는 특정한 역사적 사건이나 현상을 두 시간 내외의 내러티브로 재구성하여 시각화한다. 그런 점에서 영화는 기억의 정치가 매우 효과적인 방식으로 이루어질 수 있는 텍스트이다.

### (2) 한국 역사영화와 기억 정치의 실제

　최근 한국 영화에서 한국사에 대한 관심이 증대하고 있다. 영화의 극화를 통해 과거는 화려한 스펙터클로 변모되고 기억은 상상적 현재로 구성된다. 역사영화는 과거 실화를 바탕으로 한 허구의 세계이다. 따라서 역사영화가 단지 과거 역사에 대한 정보와 지식을 전달해 주는 것을 의도하는 것만은 아니다. 그 배경과 소재는 과거의 것이지만, 영화가 표현하는 사건과 정서는 현재 경험의 그것과 호응해야 한다. 우리가 과거시대의 특정한 이야기에 관심을 가지게 되는 것은 그 이야기가 현재 우리가 경험하는 현실과 연결되어 어떠한 의미를 전해 주기 때문이다.

　역사영화는 우리의 지극히 현재적인 경험을 자극하고 그에 상응하는 정서적 효과를 유발한다. 예를 들어 〈태극기 휘날리며〉(강제규, 2004)는 우애가 돈독했던 두 형제가 한국전쟁을 겪으면서 이념적으로 대립하게 되는 비극적 과정을 소재로 하고 있다. 여기서 개인사, 가족사, 민족사는 전쟁이라는 비극적 스펙터클과 뒤섞여 극적으로 표출된다. 남과 북으로 갈린 이데올로기 갈등이 전체적인 맥락을 이루는 것

[그림 15-7] 강제규의 2004년 작품, 〈태극기 휘날리며〉
한류 열풍의 배경 속에서 거대한 제작 규모, 거장 감독의 지휘, 스타 배우들의 영입, 대대적인 마케팅과 배급망 등의 요소를 적극적으로 활용하여 한국전쟁이라는 역사적 비극을 스펙터클화하는 데 성공할 수 있었다.

은 사실이지만 이에 못지않게 〈태극기 휘날리며〉에서 강조되는 가치는 가족과 국가에 대한 영원한 사랑이다. 이런 점에서 〈태극기 휘날리며〉는 개인주의가 팽배해 가는 한국 사회에 국가적 정체성을 확고히 하고 가족애를 돈독히 하는 효과를 불러일으켰다. 이렇듯 역사영화는 때로 인간애, 애국심 등 인간 사회의 본연적인 가치에 해당하는 주제를 부각시키기 때문에 교육적인 효과가 크게 나타난다.

〈태풍〉(곽경택 감독, 2005)은 탈북자 가족의 비극적 삶을 통해 아시아 각 지역에 흩어져 있는 냉전의 유산을 추적한다. 어린 시절 가족이 탈북을 시도했다 실패한 후 천신만고 끝에 목숨을 부지하게 된 씬은, 성장하여 동남아시아 지역의 암흑계를 지배하는 해적이 된다. 원한과 증오에 사무친 씬은 마침내 자신과 자신의 가족을 버린 남한을 핵쓰레기를 이용한 폭탄으로 폭파시키려는 음모를 꾸민다. 하지만 젊어서 나라를 위해 목숨을 바친 부친의 뜻을 이어 해군이 된 남한의 해군장교 강세중의 반격을 받게 된다. 강세중은 젊고 용감하며 애국심 강한 군인 이미지의 전형이다. 씬과 강세중은 시대가 부여한 이데올로기적 갈등 때문에 대적해야 하는 위치에 서게 되지만, 서로 인간적인 호감과 신뢰를 지니게 된다. 그리고 다음 세상에 다시

[그림 15-8] 곽경택의 2005년 작품, 〈태풍〉
150억 원의 제작비를 투입하여 아시아 역사의 맥락 속에 한반도의 냉전 역사를 접합시켰다. 거대한 제작 규모와 스타 제작진, 첨단 특수효과, 한류 스타가 영입되었다는 점에서 한류 효과를 극대화하기 위한 한국형 블록버스터 영화로 볼 수 있다.

태어나면 친구가 되자고 다짐한다. 결국 격렬한 전투 끝에 강세중은 씬을 물리치고 위기에 빠진 한반도를 구하는 데 성공한다. 해군복을 날렵하게 갈아입은 강세중이 씬을 추모하는 것으로 영화는 종결된다.

〈태풍〉은 국제정치의 모순과 전쟁이라는 역사적 사실을 배경으로 취하는 역사영화의 일종이지만, 스타 배우를 기용하고 첨단기술을 이용해 특수효과를 극대화하여 화려한 스펙터클을 창출함으로써, 현대 대형 오락영화 감각에 부응하려는 면모를 보인다. 동시에 우정, 애국심과 같은 본연적인 도덕적 가치를 자연스럽게 되새기도록 하는 이념적 성격이 강하다. 역사영화의 형식을 띠지만 대중의 영화감각에 상응하기 위한 표현적·이념적 장치가 곁들여진 것이다.

## 2) 정치의 오락화

교육과 사법제도 같은 공공의 권위가 영화에서는 고발과 도전의 대상으로 다루어지기도 한다. 〈도가니〉(황동혁, 2011)는 장애인 학교에서 벌어지는 부정과 폭력의 문제를 정면으로 다룸으로써 문제적인 장애인 교육 시설이 사회적으로 반성되고 개

[그림 15-9] 정지영의 2011년 작품, 〈부러진 화살〉

〈하얀 전쟁〉(1992), 〈헐리우드 키드의 생애〉(1994), 〈까〉(1998) 등을 연출했던 정지영 감독의 작품으로, 2007년에 실제로 일어났던 석궁사건을 토대로 만들어진 영화이다. 〈도가니〉나 〈부러진 화살〉 같은 영화들은 공공의 권위가 고발과 도전의 대상으로 다루어지고 있다는 점에서 특히 주목할 만하다.

선되는 계기를 낳았다. 〈부러진 화살〉(정지영, 2011)은 사법부의 잘못된 권위를 고발하며, 법원이라는 신성시되는 공간이 사회적인 검토와 성찰을 거치게 되는 기회가 되었다.

현존하는 폭력의 위험을 오락화하는 영화는 종종 사회적 경험을 탈정치화하고자 하는 시도와 연결된다. 흔히 '조폭영화'라 불리는 영화, 즉 조직 폭력배의 이야기를 소재로 하는 일군의 한국 영화들이 그러한 경향을 보여 준다. 1990년대 후반 이후 한국 영화의 주요 장르로 성장한 조폭영화에서 폭력은 사회적 폭력으로 문제시되기보다는 남성의 하위문화의 일종으로 나타난다. 범죄 폭력물과 코미디 폭력물 모두 폭력 집단을 중심으로 하여 당대 사회문화적 현실을 풍자하는 성격이 크다. 아마도 이 점이 한국의 조폭영화가 암울한 도시공간과 비극적인 인간 속성을 적나라하게 파헤치는 정통 누아르 영화와 구별되는 점일 것이다. 특히 한국 사회에서 코믹한 조폭영화가 대중적 인기를 끄는 이유는 정치적·사회적 현실이 만족스럽지 않은 상황에서 건달들의 유머러스한 폭력이 관객들의 불만을 대리만족시켜 주기 때문일 것이다. 그래서 한국 조폭영화의 주인공들은 혐오스럽지 않으며 서민적인 영웅성을 지니고 있는 경우가 많다.

또한 조폭영화에서 두드러지는 깡패와 엘리트 인물의 공존관계는 한국 사회의

[그림 15-10] 곽경택의 2001년 작품, 〈친구〉
820만 관객을 동원함으로써 한국 영화산업의 '대박'을 예고한 영화이다. 이 영화의 배경이 된 부산은 한국 조폭영화의 정서적 고향으로 자리 잡았다.

현실을 풍자하는 것으로 볼 수 있다. 〈넘버 3〉(송능한, 1997)에서 국가 질서에 따라 범죄를 처벌해야 할 임무를 지니지만 실제 조폭과 다를 바 없는 마동팔 검사와 조폭의 일원이지만 서민과 다를 바 없이 일상의 기쁨과 갈등 속에서 허덕이며 살아가는 태주는 일종의 역설적인 공모관계를 이룬다. 엘리트와 일반 서민과 깡패의 구분이 흐려지는 과정에서 관객은 웃음과 공감을 느끼게 된다.

한편 〈친구〉(곽경택, 2001)에서는 비록 사회적 위치는 적대적이지만 서로 진정한 우정을 공유하는 준석과 동수의 관계가 돋보인다. 선과 악의 구분이 흐려진 한국 사회를 비판적으로 풍자하면서, 웃음과 감동을 통해 그러한 모순을 극복해 보고자 하는 대중적 욕구와 적절히 호응하고 있다.

## 3) 일상의 발견

우리는 1990년대 중반 이후 한국 영화가 급성장하였다는 이야기를 종종 듣곤 한다. 이것은 한국 영화의 양적 확대 및 산업적 합리화 같은 경제적 측면만을 의미하는 것은 아니다. 이에 못지않게 영화의 미학적 감수성 역시 세련되어진 것이다. 영화의 미학적 감수성은 대상을 영화화함으로써 형식적 아름다움을 표현하고 창출하는 능력이라 이해할 수 있다.

일상의 미학화(the aesthetics of everyday life)는 영화의 새로운 감수성을 발견할 수 있는 중요한 영역이다. 얼핏 일상은 아무런 의미 없는, 무료하고 진부한 세계인 것 같다. 그러나 사실 우리 삶의 모든 일은 일상에서 벌어진다. 사랑, 기억, 망각, 다툼, 죽음, 질병 등 우리의 사적인 일상의 이야기들은 역사를 엮는 날실과 씨실인 것이다. 일상을 영화로 담아내려는 노력은 이탈리아의 네오리얼리즘 영화인들에 의해 크게 발전하였었다. 비토리오 데 시카(Vittorio De Sika) 감독의 〈자전거 도둑 Ladri Di Biciclette〉(1948), 로베르토 로셀리니(Roberto Rossellini) 감독의 〈무방비 도시 Roma Citta Aperta〉(1946) 등의 영화가 대변하듯이, 이 영화들은 스튜디오, 직업 배우, 해피엔딩 시나리오의 인위성을 탈피하여 전쟁 전후의 궁핍하고 처절한 삶의 현실을 있는 그대로 보여 주고자 하였다.

그런데 일상의 세계는 한국 영화에서 오랫동안 관심을 받지 못했다. 과거에는 지루한 현실보다는 그것을 깨기 위한 극적 사건이 영화의 주된 소재로 사용되었기 때문이다. 극적 사건은 즉시적이고 과장된 쾌락을 유발한다. 한편 일상성의 의미에 천착하는 영화는 즉각적인 재미보다는 사실적이고 자연적인 서사구조를 만들어 낸다.

1990년대 중반 이후 등장한 한국의 젊은 감독들은 일상을 직접적인 영화의 대상으로 취하는 전략을 통해 일상의 미학과 일상에 내재한 정치성을 드러내 보여 주고자 하였다. 홍상수 감독의 〈강원도의 힘〉(1998)은 일상의 지속과 탈출의 긴장을 마치 실제 시간이 흘러가는 듯한 느낌의 리듬으로 담아낸다. 현실의 부조리가 사회적인 맥락에서 추적되기보다는 등장인물의 일상 속 긴장어린 침묵과 냉소적인 좌절로 표출되며, 이마저도 등장인물과 적당한 거리를 둔 위치에서 담담하게 표현된다. 이는 아무것도 말할 것 없는 일상이란 사회적 모순과 갈등의 중첩지대임을 의미한다. 이처럼 일상을 재현하는 영화는 가장 비정치적이면서도 동시에 가장 정치적인 의미를 내포할 수 있다.

**1** 영화가 담고 있는 사회적 이념과 가치의 효과는 관객이 영화를 해석하고 평가하는 위치에 따라 다양하게 나타난다.

**2** 정체성은 나와 타인의 관계를 이해하는 방식이다. 대중영화에서 빈번히 등장하는 타자는 대립적일 뿐 아니라 욕망과 두려움을 유발하는 중의적 존재이다.

**3** 역사영화는 기억의 정치의 주요 매개체이다. 기억의 영화적 재현은 현재의 사회관계 속에서 그 정도와 방식이 결정된다.

**4** 1990년대 후반 한국의 조폭영화는 폭력을 문제시하기보다 오락화함으로써 관객들의 현실에 대한 불만을 대리만족시켜 주었다. 이들 영화에서 나타나는 공권력과 폭력의 친화 현상은 사회적 정의에 대한 신념이 흔들리고 있는 한국의 사회적 현실을 반영하는 것이다.

**5** 영화는 일상을 새로운 감수성으로 표현할 수 있다. 일상의 미학을 강조하는 한국 영화들 속에서 지루함과 무료함 속에 내재된 사회적 긴장감과 열망을 읽을 수 있다.

**01** 다음 중 영화에 나타난 타자의 의미를 올바르게 설명한 항목은 무엇인가?

① 타자는 항상 악인이다.
② 타자는 늘 나와 반대적인 관계에 있다.
③ 타자는 욕망과 두려움의 대상이라는 모호성을 지닌다.
④ 나는 타자로부터 항상 분리되어 있다.

**02** 현대 영화에서 표현된 차이의 정치학의 핵심적인 특성은 다음 중 어떤 개념으로 이해할 수 있는가?

① 억지스러움　　　　　　② 모호함
③ 권선징악　　　　　　　④ 패륜

**03** 다음 중 역사 영화의 정치성을 설명할 수 있는 적절한 개념은 무엇인가?

① 기억의 정치　　　　　　② 은폐의 정치
③ 왜곡의 정치　　　　　　④ 위장의 정치

**04** 지극히 자연스럽고 단조로운 느낌의 영화를 보게 되었다면, 이 영화의 의도를 어떤 문화적 관점에서 긍정적으로 이해할 수 있을까?

① 무성의　　　　　　　　② 탈정치
③ 일상　　　　　　　　　④ 상업화

**05** 다음 중 영화의 이데올로기적 효과를 바르게 이해한 항목은 무엇인가?

① 영화의 이데올로기 효과는 모든 사람에게 단일하게 나타난다.
② 영화의 이데올로기 효과는 만든 사람의 의도대로 나타난다.
③ 영화의 이데올로기 효과는 한 번 형성되면 절대 불변한다.
④ 영화의 이데올로기 효과는 다양하며 상황에 따라 유동적이다.

**정답 | 01 ③　02 ②　03 ①　04 ③　05 ④**

연구과제

**01** 최근 자신이 재미있게 본 영화들 중 하나를 선택하고, 그 영화에서 나타난 주인공과 경쟁자의 관계를 사회적 관점에서 논의해 보시오.

**02** 아시아의 역사를 다룬 영화의 사례를 들어 보고, 최근 아시아의 역사 영화가 세계적인 인기를 끄는 이유에 대해 토론해 보시오.

**03** 폭력적이며 오락지향적인 조폭영화를 보는 것은 어떤 장단점이 있을까? 그 긍정적 측면과 부정적 측면을 비교하면서 논의해 보시오.

＊국내서

• 김소영(2000), 『근대성의 유령들』, 씨앗을 뿌리는 사람.

• 김종엽(2004), 『우리는 다시 디즈니의 주문에 걸리고』, 한나래.

• 영화진흥위원회 교재편찬위원회(2004), 『영화 읽기』, 커뮤니케이션북스.

• 장일·이영음·홍석경(2008), 『영상과 커뮤니케이션』, 지식의 날개.

• 장일·조진희(2007), 『시네마 그라피티』, 지식의 날개.

• 주유신 외(2001), 『한국영화와 근대성』, 도서출판 소도.

• 주형일(2004), 『영상매체와 사회』, 한울.


＊번역서

• 그래엄 터너, 이영기·임재철 옮김(1994), 『대중영화의 이해』, 한나래.

• 데이비드 보드웰·크리스틴 톰슨, 주진숙·이용관 옮김(2011), 『영화예술』, 지필
미디어.

• 루이스 자네티, 박만준·진기행 옮김(2012), 『영화의 이해』, 케이북스.

• 수잔 헤이워드, 이영기 옮김(1997), 『영화 사전: 이론과 비평』, 한나래.

• 제프리 노웰 스미스 엮음, 이순호 외 옮김(2006), 『옥스퍼드 세계영화사』, 열린
책들.

• 크리스틴 글레드힐 엮음, 곽현자 외 옮김(1999), 『스타덤: 욕망의 산업』, 시각과
언어.

**장 일**

서울대학교 언론정보학과를 졸업하고, 뉴욕대학교에서 커뮤니케이션 및 영화연구 석사학위를, 런던대학교 골드스미스 칼리지에서 문화연구 박사학위를 취득했다. 주요 저서로는 『질 들뢰즈와 동아시아 영화』, 『대중문화와 영화비평』(공저), 『영상학』(공저), 『영화기획제작』(공저), 『영화산업과 마케팅』(공저) 등이 있다. 주요 논문으로는 「기억의 이미지, 역사의 이미지: 허우 샤오시엔, 들뢰즈, 시간-이미지」, 「운동-이미지의 위기와 시간-이미지의 재발견: 홍상수와 김기덕 영화의 상투성」 등이 있다. 현재 한국방송통신대학교 미디어영상학과에서 가르치고 있다.

**김예란**

서울대학교 언론정보학과를 졸업하고, 런던대학교 골드스미스 칼리지에서 언론학 석사와 박사학위를 취득했다. 주요 저서로는 『한국 사회의 소통 위기』(공저), 『컨버전스와 다중 미디어 이용』(공저)이 있으며, 주요 역서로는 『미디어 파워』(공역)가 있다. 주요 논문으로는 「텔레비전과 몸의 정치학」, 「가상공간의 공동체 문화에 대한 탐색」, 「성매매특별법의 보호와 처벌담론」 등이 있다. 현재 광운대학교 미디어영상학부에서 가르치고 있다.